트라우마 이야기치료

David Denborough 편저 | 이경욱 · 유미주 · 김민화 · 신정식 공역

Trauma: Narrative Responses to Traumatic Experience

학지사

역자 서문

세월호 참사 이후 트라우마라는 용어는 거의 일상어가 되었다. 그것은 누구에게나 있는 것이 되었다. 사람들은 제각기 자신의 트라우마에 대해 진지하게, 때로는 농담처럼 고백한다. 트라우마는 그 사람의 이해하기 어려운 행동에 대한 우호적인 방패가 되기도 한다. 너무나 일상적이고, 너무나 만연한 트라우마들이다.

그러나 정작 세월호 참사 당시 유가족과 생존 학생은 트라우마라는 용어에 부정적이었다. 역자들은 2015년과 2016년에 걸쳐 세월호 유가족과 생존 학생들을 만나면서 이들이 세월호 피해자 트라우마 개입에 대한 부정적 경험이 많다는 것을 발견하였다. 참사 직후 사고 피해자의 심리사회적 지원을 위해 안산트라우마센터가 설치되었고, 센터는 전례 없는 대형 참사의 혼란 속에서 유가족을 지원하기 위해 바삐 움직였다. 하지만 이 시기에 유가족에게 중요한 것은 자신의 정신건강보다 진실 규명이었고, 유가족을 고통스럽게 하는 것은 진실 규명을 가로막는 정치 현실이었다. 자식의 죽음을 둘러싼 진실 규명을 위해 나서는 것은 부모의 당연한 의무이자 책임이며, 자식을 잃은 슬픔을 우울증이나 트라우마라고 이름 붙이고 치료받아야 할 것으로 보지 않았다. 재난 대응에서 사회적 맥락을 고려하는 것이 매우 중요하다는 것이 분명해졌다.

단원고등학교 생존 학생 또한 사고 직후 병원에 입원한 후에 2개월간 수련원에서 지내면서 입소 직후 트라우마 치유 프로그램을 받았다. 학생들은 자신이 구조된 것이라 아니라 탈출한 것이라고 생각했고, 생존자의 고단함과 남은 책무를 나누고 싶어 했다. 허나 자신들을 치료대상으로 여기며 전문가가 일방적으로 진행하는 초단기 프로그램에는 피로감을 호소하였다. 대신 무엇을 하고 싶은지 선택하도록 하는 집단활동에 대해서는 긍정적으로 평가했다.

우리는 이러한 경험을 하면서 재난에 대한 심리사회적 지원체계와 트라우마에 대한 대응에 관심을 가지게 되었다. 모든 재난이 제각기 고유하고, 재난 대응에서 사회적 의미 구성이 매우 중요하며, 재난에 대한 대응 또한 개인차가 있다. 재난과 그 이후 상황에서 당사자의 목소리가 묻히고, 심지어는 당사자를 더욱 무력하게 만들기도 한다는 것을 알게 되었다. 트라우마 상담에서 어떻게 하면 고통에 대한 이야기가 당사자를 더 취약하게 만들지 않고, 희미해지고 묻힌 삶의 의미와 가치, 성취를 끌어내어 다시 힘을 가지게 할것인가? 재난 상황에서 피해자를 도우려는 실천가들의 선의와 헌신이 어떻게 보람과 자부심, 연대로 결실을 맺을 수 있을까?

 4

이러한 고민에서 이 책을 번역하게 되었다. 이야기치료의 트라우마 개입은 재난 피해자의 관점을 중심에 두고, 재난을 둘러싼 사회적 맥락을 중시하는 것이 특징이다. 재난으로 인한 문제는 사고나 재난의 물리적, 신체적 손실이나 손상뿐만 아니라 생존자나 피해자의 삶의 맥락에서 부여된 당사자의 목소리를 만나야 하며, 그의미는 사회와 관련된다. 마이클 화이트는 트라우마가 신체적, 심리적 고통이면서 기억체계의 손상을 수반하는데, 기억체계의 복구를 위해서 의미의 복구가 필요하다고 보았다. 흔히 트라우마 생존자에게 과거를 잊고 미래를 보라고 이야기한다. 하지만 그 사람에게는 현재뿐만 아니라 과거도 와해되었다. 이야기치료는 트라우마 생존자가 상실과 고립, 무기력과 수치를 말할 때 그것의 이면인 지향과 성취, 소망과 의도를 탐색하고, 이와 관련된 삶의 경험들을 끌어내고, 이를 가지고 선호하는 이야기를 다시 쓰도록 돕는다. 그 사람의 과거가 현재와 연결되고, 삶의 의미와 존재감이 뚜렷해지면서 비로소 미래를 볼 수 있다. 더불어 그 사람의 새로운 이야기를 지지하고, 확인해 줄 다른 사람들이 인생회원이나 외부증인으로 초대되면서 그 사람은 고립에서 벗어나게 된다.

이 책은 가정폭력과 아동학대와 같은 개인적 재난뿐만 아니라 가자지구 점령으로 인한 폭탄테러나 고문, 스리랑카 여성에 대한 염산테러와 같은 사회적 재난, 정치적 탄압과 대량학살, 쓰나미와 같은 자연재해까지 다양한 성격의 재난을 다루고 있다. 이야기의 주체도 다양하다. 아동과 성인, 개인과 부부, 집단과 지역사회, 국제적 협력 그리고 당사자뿐만 아니라 실천가들이 등장한다. 다양한 국가와 지역사회에서 재난에 대처하는 상담사와 지역활동가들의 경험과 성장 이야기도 볼 수 있다. 여러 현장에서 외재화 대화와 이중경청, 외부증인과 인정 의식 등을 활용해, 트라우마로 손상된 기억체계의 복구부터 희망과 용서, 연대의 회복과 확장 과정이 감동적으로 펼쳐진다.

세월호 참사 이후 트라우마 관련 교육과 전문가 양성이 활발해졌다. 또 트라우마를 개인의 증상으로 보는 것이 아니라 트라우마의 사회적 의미에 관심을 가지게 되었다. 미투(Me Too) 이후 성폭력이나 성추행을 개인적 불행이나 수치로 보는 것이 아니라 성차별과 인권의 문제로 보게 되었다. 일본군 '위안부'와 5 · 18 광주 민주화운동, 제주 4 · 3 항쟁 등 과거의 문제들을 재조명하는 가운데

5

그동안 드러나지 않았던 트라우마들이 새로운 의미를 갖게 되었다. 이렇게 재난과 트라우마 이야기가 늘어 가고 있는 가운데 트라우마 개입에 이야기치료가 새로운 대안이 되기를 바란다. 이 책은 트라우마 상담뿐만 아니라 재난 후 심리사회적 개입을 위해 일하는 다양한 분야의 실천가들에게도 도움이 될 것이다.

고통에 대한 이야기가 또 다른 고통을 주지 않도록 당사자를 존중하는 매우 조심스러운 접근, 절망과 무기력을 소중한 것을 지키고 있다는 증거로 보고 희미한 빛줄기를 따라 함께 가는 여정, 그리하여 겨울잠에서 깨어나는 것 같은 온 몸의 떨림과 더 이상 상처받지 않으려고 무표정하던 얼굴에서 반짝이는 눈빛을 발견하는 감동, 최고의 전문가보다 수백 배 더 큰 능력을 발휘하는 어린 친구들과 폭탄테러의 공포를 견디기 위해 올리브를 먹으라는 어린이의 지혜, 오래도록 살아남은 자를 괴롭히는 트라우마의 고통을 딛고 가족이 되는 희망, 트라우마 피해자와 상담자 그리고 고문과 테러의 행위자와 피해자가 함께 나누는 이해에 대한 새로운 이야기들이 풍성하게 펼쳐지기를 기대한다.

편저자 서문

데이비드 덴보로

    최근 몇 년 동안 '트라우마 작업'은 기하급수적으로 증가했다. 이 분야에 대한 관심이 크게 늘어나면서 어려움뿐만 아니라 가능성도 커졌다. 이 책에서는 통상적인 폭력과 트라우마, 학대 이상의 것을 다루고 있다. 이는 많은 사람에게 삶의 일부이기도 하다. 또 세계의 다양한 분야에서 트라우마에 대응하면서 변화를 만들어 내기 위해 헌신하는 개인과 단체의 고무적인 활동을 보여 주고 있다. 방글라데시와 스리랑카, 팔레스타인, 이스라엘, 남아프리카와 호주에서 작업한 이야기들도 소개하고 있다. 이 이야기들로 여러분의 실천현장에서 창조적인 대화가 활발해지기 바란다.

    이 책에서 관심을 기울인 질문은 다음과 같다.

- 1장: 트라우마 실천가들은 자기 경험을 어떻게 이해하는가? '트라우마의 악순환'이라는 말이 흔해지면서 치료사와 상담사들이 트라우마 이야기를 듣고 트라우마를 겪는다고 가정한다. 실천가의 경험을 이해하고 이에 대응하는 대안적인 방식이 있는가?
- 2장: 이야기치료 개념을 가지고 어떻게 복합적인 트라우마로 고통과 괴로움을 겪는 사람들과 작업할 수 있는가?
- 3장: 트라우마와 트라우마 실천에 대한 이해는 서구에서 개발

되어 이제 문화를 넘나들며 '수출되고' 있다. 이것이 주는 시사점은 무엇인가? 심리적 식민화의 복제를 피하기 위해 어떤 주의를 기울여야 하는가?

- 4장: 트라우마의 디브리핑 개념은 수년 동안 논쟁의 초점이 되고 있다. 최근에 트라우마를 경험한 사람을 만날 때 이야기치료 접근이 어떻게 도움이 될 수 있는가?

- 5장: 트라우마와 폭력, 학대를 겪은 사람들의 증언을 수집하고 문서로 만들 때 어떻게 하면 이 작업으로 그 사람이 트라우마를 재경험하지 않고, 트라우마의 부당한 영향을 바로잡는 데 기여할 수 있는가? 그리고 증언을 어떻게 보다 포괄적인 목적을 위해 사용할 수 있는가?

- 6장: 치료사나 사랑하는 사람들이 심각한 트라우마를 경험할 때 이것이 그들의 실천에 어떻게 영향을 끼치는가?

 8

- 7장: 심각한 트라우마를 견딘 어린이와 작업할 때 어떻게 하면 어린이들이 우리의 대화 때문에 트라우마를 재경험하지 않게 할 것인가? 어떻게 대안적인 영토를 마련하여 이 어린이들이 그 위에 서서 자기 경험을 소리 내어 말하게 할 것인가?

- 8장: 점령지에서 일할 때, 사람들의 트라우마가 과거나 미래가 아닌 현재 계속되는 상황에서 실천가는 어떻게 이에 대응해야 하는가?

- 9장: 방글라데시 염산테러생존자재단(Acid Survivors Foundation)의 활동에서 이야기치료가 활동의 가치를 어떻게 발견하고 풍부하게 하는가?

- 10장: 두 사람 모두 트라우마를 경험한 이성애 부부와 작업할 때 무엇을 고려해야 하는가?

• 11장: 광범위한 트라우마와 폭력을 경험한 나라와 공동체에는 '기억의 치유'에 기여하는 어떤 원칙과 실천들이 있는가?

고려해야 할 것은 이 외에도 많다.

이 책이 여러분의 작업에 도움이 되기 바란다.

차례

역자 서문 / 3

편저자 서문 / 7

CHAPTER 01 '당신은 어떻게 이 일을 할 수 있나요?':
아동기 성폭력 피해 여성과의 상담 … 13
수 만

11

CHAPTER 02 복합트라우마로 고통받는 사람들과의 이야기치료 작업 … 45
마이클 화이트

CHAPTER 03 심리적 식민화 피하기:
쓰나미에 대응한 스리랑카 사람들 이야기 … 113
샨티 아루라팔람, 라라 페레라, 사디스 드 멜, 셰릴 화이트, 데이비드 덴보로

CHAPTER 04 트라우마 사건 직후의 디브리핑:
팔레스타인 가자지구의 이야기치료 사례 … 135
수 미첼

CHAPTER 05 트라우마 증언 수집과 기록 틀 … 151
데이비드 덴보로

차례

CHAPTER 06 트라우마를 겪은 가족에 대한 반영:
개인 지식과 전문 지식의 통합 ⋯ 173
야엘 게르쇼니와의 인터뷰

CHAPTER 07 아동, 트라우마 그리고 부수적 스토리라인 개발 ⋯ 187
마이클 화이트

CHAPTER 08 짤막한 이야기치료 사례 모음 ⋯ 213
빌랄 하송, 이만 자오우니, 디마 알 티비, 아마니 알 자말, 마리암 부르칸, 위삼 압달라

CHAPTER 09 염산테러생존자재단 활동가들의 경험 ⋯ 225
쇼나 러셀, 모니라 라만, 마거릿 라이언, 염산테러생존자재단의 활동가들

CHAPTER 10 루디와 미키 이야기:
트라우마를 경험한 부부 상담 ⋯ 239
사비오나 크라메르, 야엘 게르쇼니

CHAPTER 11 로벤섬에서 온 이야기:
치유 여행 보고서 ⋯ 261
데이비드 덴보로

12

CHAPTER 01

'당신은 어떻게 이 일을 할 수 있나요?':
아동기 성폭력 피해 여성과의 상담

수만

이 장에서는 아동 성학대 분야에서 일하는 상담사의 경험을 이해하는 방법을 탐구한다. 저자는 여성들이 자주 던진 질문, 즉 '당신은 어떻게 이런 일을 할 수 있나요?'에 대해 설명한다. 이 장은, 첫째, 상담사에게 이 질문을 하는 여성들에게 이 질문이 가진 여러 의미를 탐구한다. 둘째, 저자가 아동기에 성학대를 경험한 여성들과 상담하면서 겪은 다양한 경험을 고찰한다. 셋째, 특별히 이와 같은 작업에 따르는 상담사의 고통 경험에 중점을 둔다. 다른 상담사들에게 도움이 되길 바라면서 다양한 질문을 제시한다.

도입

아동기 성학대 경험과 관련해서 상담한 여성한테서 '당신은 어떻게 이런 일을 할 수 있나요?'라는 질문을 처음 받았을 때 몹시 놀랐다. 그 질문은 그녀의 성학대 경험을 듣는 것이 나에게 '힘들고' '우울하고' '속상한' 일이라는 걸 전제하는 것 같았다. 이 질문은 상담하면서 내가 고통만 겪으리라는 것을 암시하는 것 같았다. 이후 다른 여성들도 같은 질문을 했다. 어떤 여성은 내가 다른 여성들을 많이 만난다는 것을 안다고 말하기도 했다. 그들은 온종일 학대 경험과 학대가 삶에 끼친 영향을 듣는다는 것이 나에게 어떤 의미인지 알고 싶어 했다.

그 여성들이 아동기 성학대 상담을 하는 내 경험을 고통과 우울, 분노로 본다는 사실에 처음에는 놀랐다.

이런 사실을 알고 나서 또 다른 의문이 생겼다. 그 여성들이 자신들한테서 들은 이야기에 부정적인 영향을 받지 않으려면 내가 어떤 방식으로든 이런 얘기를 듣는 데 둔감해져야 하거나, 뛰어나게 영리해져야 하거나, 전문가답게 분리되어야 한다고 생각하는지 궁금해졌다. 상담의 영향을 받지 않는 방법을 찾는 것도 이 일의 일부라고 생각하는지도 궁금했다. 이와 같은 성찰을 통해 '당신은 어떻게 이런 일을 할 수 있나요?'에 답하는 데 따르는 여러 복잡한 문제를 생각하게 되었다.

이 장에서는 두 가지 질문을 탐구하려고 한다.

15

- 첫째, 그들이 "당신은 어떻게 이런 일을 할 수 있나요?"라고 물을 때, 어떻게 그 질문에 답할 것인가?
- 둘째, 상담사로서 우리는 이 경험의 의미를 어떻게 탐구할 것인가?

🌱 1부: 여성들의 질문에 답하기

'당신은 어떻게 이런 일을 할 수 있나요?'라는 질문에 답하려면 먼저 우리한테 그 질문을 하는 여성들에게 그것이 어떤 의미인지 파악하는 것이 중요할 것이다.

이와 같은 문제를 생각하게 해 준 캐시(Cathy)라는 여성의 기여를 언급하는 것에서부터 시작해야겠다. 캐시는 나한테 어린 시절 당한 학대의 영향에 대해 상담했다. 처음 만났을 때 자신이 겪은 학대를 누군가에게 말해야 한다는 것은 알았지만, 상담사인 내가 이런 이야기를 듣는 게 너무 걱정스러워 말을 꺼내기가 망설여진다고 했다. 그녀는 전에도 자기 경험을 상담사들에게 말하지 못했다면서, 그런 걱정 때문에 말하지 못한 점도 있다고 했다. 나는 캐시한테 나한테 묻고 싶은, 학대에 관한 이야기를 풀어 나가는 데 도움이 될 만한 말이 있느냐고 물어보았다. 다음이 그녀가 한 질문들이다.

16

- 학대 관련 상담을 하면서 어떤 경험을 하나요?
- 학대에 대해 듣는 것이 어떤가요?
- 기관에서 어떤 지원을 받나요?

- 상담에 대해 어떤 생각을 가지고 있으며, 이것이 나와 같은 사람과 상담할 때 어떻게 적용되나요?

이와 같은 질문에 답하면서 나는 이 질문들이 그녀가 중시하는 어떤 것을 반영하는지, 그리고 그녀가 학대 영향을 말하기에 적합한 질문이 어떤 것이라고 생각하는지 궁금하다고 했다. 다음이 내가 캐시에게 한 질문들이다.

- 어떤 방식으로 말하는 것이 당신에게 도움이 된다고 생각하나요?
- 말을 해서 도움이 된 경험이 있나요?
- 어떤 것이 도움이 되는 말하기이고 어떤 것이 도움이 되지 않는 말하기라고 생각하나요?
- 어떤 방식으로 귀를 기울이는 것이 당신이 말하는 데 도움이 되나요?

17

캐시는 재빨리 자신에게 중요한 말하기 방식은 학대가 바로 여기서 멈췄다는 것을 드러내는 것이며, 학대에 대해 다른 사람의 삶에 지속적으로 파괴적이며 해롭고, 부정적이거나 트라우마적인 영향을 주는 식으로 말하는 것이 아니라고 했다. 여기에는 그녀의 상담사인 나의 삶도 포함되어 있었다. 우리는 다음과 같은 질문도 살펴보았다.

- 상담 과정에서 이런 방식의 말하기가 도움이 된다거나 되지 않는다는 것을 어떻게 해야 지속적으로 알아차릴 수 있나요?

• 이런 힘든 일을 말할 때 당신에게 도움을 주는 사람들이 있나요?

캐시와의 이 대화를 통해 나는 여성들이 그들의 삶에서 완강하게 침묵해 온 것을 말하려고 첫발을 떼는 것이 어떤 의미인지 알게 되었다. 또한 여성들이 말하고 싶어 한다는 것과 이를 나누고 싶어 하는 방식에 대해서도 알게 되었다.

캐시가 하는 그런 걱정은 상담에서는 너무나 흔한 것이다. 여성들한테서 자신들의 학대 경험을 듣는 나를 걱정하는 말을 자주 듣는다. 이 걱정은 주로 다음과 같은 질문을 통해 나타난다. '당신은 어떻게 이런 일을 할 수 있나요?' '이 일이 당신한테도 영향을 주지 않나요?' '어떻게 자신을 돌보나요?' 등. 이것이 다른 방식으로 표현되기도 한다. 예를 들면, 그들은 자신들이 하려는 말을 내가 잘 들을 수 있도록 세심하게 마음의 준비를 시킨다. 어떤 여성들은 사전에 학대와 관련해서 하고 싶은 힘든 이야기가 있으며, 이런 이야기를 듣는 것이 괜찮은지 알고 싶다고 말해 준다. 이 일을 하면서 내가 어떤 지원을 받는지 묻기도 하고, 학대에 대해 듣는 것이 어떤지 대놓고 묻는 여성들도 많다.

'당신은 어떻게 이 일을 할 수 있나요?'라는 질문에 답할 때, 다음 네 가지 주제를 살펴보려고 한다.

1. 여성들의 걱정이 그들이 학대를 이야기하려고 한 과거 경험과 그들이 겪은 침묵과 불신의 역사가 어떻게 연관되는지 이해한다.
2. 상담을 어떻게 이해하는지 고려한다.
3. 학대가 그들과 사람들의 삶에 준 영향을 이해한다.

18

4. 캐시와의 대화에서 언급한 것처럼, 여성들의 이야기를 듣는
   내 경험을 걱정하는 데 영향을 준 의도, 가치, 소신이 무엇인
   지 이해한다.

이를 주제별로 간략하게 살펴보려고 한다.

학대를 말한 과거 경험

이따금 학대의 영향을 상담한 여성들한테서 상담사와 친구, 가
족을 고통스럽게 한 것에 대해 책임을 느낀 적이 있다는 말을 듣는
다. 여성들은 자신들이 학대를 말하는 것이 부정적인 영향을 줄지
모른다는 사실에 상당히 민감하다. 어떤 여성들은 사람들이 과거
에 어떻게 반응했는지 털어놓기도 한다. 이를테면, 그들은 '이건 감
당하기에 너무 벅차다.' 또는 '네가 말하는 걸 차마 듣지 못하겠다.'
와 같은 말을 들었을 것이다. 어떤 여성들은 사람들이 자신의 학대
경험을 듣고 너무나 격분하는 통에 더 이상 말을 할 수 없었다고도
한다. 이런 여성들의 경험을 듣고 나서 내 작업을 되짚어 보게 되었
으며, 그들이 자신의 학대 이야기에 대한 내 반응을 어떻게 경험했
을지 돌아보게 되었다. 이로 인해 여성들이 그와 같은 경험에서 이
끌어 낸 의미에 관심을 기울이게 되었다. 여성들이 "당신은 어떻게
이런 일을 할 수 있나요?"라고 물을 때, 나는 학대를 말한 그들의 과
거 경험이 어떻게 우리 대화를 걱정하게 하는지 관심을 가지고 듣
는다.

여성들은 이런 대화에 자신을 학대한 사람뿐 아니라 자신을 믿
지 않은, 인생에서 중요한 어른들 그리고 학대당한 여성의 말을 믿

19

지 않는 보다 일반적인 사회담론 때문에 오랫동안 침묵 당해 온 학대와 관련된 역사를 끄집어내곤 한다(Linnell & Cora, 1993).

너무나 많은 여성이 처음 학대를 말했을 때 이런 경험을 했다는 사실을 인식한다면, 여성들이 "당신은 어떻게 이런 일을 할 수 있나요?"라고 물을 때 내가 무엇을 들어야 할지 감을 잡게 된다.

상담에 대한 이해

여성들이 상담사인 내 경험을 묻는 이유를 이해하려고 노력하면서 이들을 걱정하게 만드는 상담에 대한 특정한 가정이 있다는 것을 알게 되었다. 여성들이 나를 걱정하는 것은 상담이란 누군가 와서 '모든 것을 털어놓는' 또는 '모든 것을 내보내는' 곳이라는 생각과 관련이 있다고 말했다. 이런 생각, 즉 누군가 상담을 받으러 와서 자신이 받은 학대를 치료 공간에 던져 버린다는 생각이 널리 퍼져 있는 것 같다. 이는 자신들의 직접적인 상담 경험이나 다른 사람에게 들은 상담 경험 또는 책이나 영화를 통해 갖게 된 생각들이다. 어떤 여성은 '당신한테 모든 걸 던져 버렸다.'고 사과를 하기도 했다.

 20

상담에 대한 이와 같은 이해가 끼칠 영향을 고려할 때, 내가 이들 말을 경청하는 상황에서 중요하게 여기는 것은 마이클 화이트 (Michael White, 2004)의 '이중경청(double-listening)'이다. 내가 듣고 싶은 것이 학대가 삶에 끼친 영향뿐 아니라 그들 삶의 다른 어떤 이야기, 침묵되고 이야기되지 않고 인정받지 못했거나 주변으로 밀려난 이야기라는 사실을 알려 주려고 한다. 부정적인 이야기만이 아니라 그들의 신념과 가치, 희망과 꿈에 대한 이야기를 듣고 싶다는 것을 알려 주려고 한다. 말할 수 있는 것이 학대뿐만 아니라, 대안의 이야기도 들으려고 한다는 점을 분명히 하려고 한다. 이와 같은 이야기는 저항의 이야기가 될 수 있다. 할아버지의 작별 키스를 거절하는 것이 더 이상 '버르장머리 없는 계집애'의 예가 아니라 학대에 저항하려는 시도가 될 수도 있다. 이런 이야기는 타인을 보살피고 보호하는 이야기가 될 수도 있고, 사랑이나 인내, 용기나 독창성, 상상력에 대한 이야기가 될 수도 있다.

학대의 영향

처음 이야기를 나눌 때 여성들은 자신을 '무가치함'과 '자기의심' '자기혐오'의 방식으로 설명한다. '망가진 물건'이나 '박살난', 심지어 '혐오스러운' 존재로 표현하기도 한다. 이런 말을 들을 때, 내가 '학대의 목소리'를 듣고 있다는 것을 알아챈다. 여성들이 학대의 눈으로 자신을 표현하는 말을 듣고 있는 것이다. 어떤 여성이 나한테 "당신은 어떻게 이런 일을 할 수 있나요?"라고 물을 때, 학대의 목소리가 지금 우리 대화에 영향을 끼치고 있다는 사실을 인식하려고 애쓴다.

여성들은 처음 학대의 영향에 대해 말할 때, 내가 그녀들이 '미쳤고' '제정신이 아니며', 학대에 일정 부분 책임이 있다고 입증해 줄까 봐 겁이 났다고 말했다. 학대 사실을 누구한테도 더 일찍 말하지 않은 걸 볼 때 어린애치고는 '난잡해서' 학대를 자청했다고 생각하거나, '버르장머리가 없거나' '약해 빠졌거나' 아니면 학대를 멈추게 하지 못한 것을 보니 학대를 원한 것이라고 여기거나 혹은 학대가 '폭력적'이지 않다거나 학대를 가한 사람이 친절하기도 하기 때문에 학대의 영향을 최소화시키는 것으로 생각할까 봐 걱정했다고

21

한다. 이런 우려를 많이 했으면서도 그들은 나한테 학대에 대해 말했던 것이다.

'당신은 어떻게 이런 일을 할 수 있나요?'라는 말을 들을 때, 나는 학대가 삶에 끼친 영향을 말하기 위해 여성들이 무엇을 극복했는지에 주의를 기울인다. 다른 사람의 해석이 여성들의 자기이해 방식에 어떤 식으로 영향을 끼치는지에 주의를 기울인다. 그들은 자신을 무가치하고 비난받아 마땅하다고 역설하는 자기 삶의 이야기의 영향 아래 놓여 있을 것이다. 이런 영향 때문에 그들은 자신과 이야기 나누는 내 경험도 부정적일 수밖에 없다고 생각할 것이다.

이런 깨달음 덕분에 나는 이 작업을 하면서 희망을 갖게 된다. 왜냐하면 학대의 영향에도 불구하고 이 사람이 자기 경험을 말하기로 했고, 자기 삶의 진실이라고 받아들였던, 자신을 바라보는 몇몇 방식에 의문을 제기하기 시작했기 때문이다. 이럴 때 나에게는 마이클 화이트(2000)의 '부재하지만 암시된(absent but implicit)'이라는 개념이 중요하다. 고통의 표현은 훼손된 가치의 증거라는 이 개념이 우리가 함께 탐구해야 할 방향을 열어 준다. 그러므로 내가 만나는 사람은 학대를 당해 '손상된' 존재가 아니라 학대로 인해 침해된 가치와 희망, 꿈과 소신을 지닌 존재인 것이다. 이는 우리에게 이와 같은 가치가 무엇이며, 그들 역사가 어떠하며, 왜 그것들이 중요한지에 대해 탐구할 기회를 준다.

 22

질문에 담긴 가치와 의도

앞서 언급한 캐시와의 대화로 돌아가 보자. 어떤 여성이 "당신은 어떻게 이런 일을 할 수 있나요?"라고 물을 때, 나는 그 질문이 어떤 가치를 보여 주는지 파악하려고 한다. 캐시의 예에서 그녀는 학대가 여기서 멈췄다는 사실을 명확하게 하였다. 자신을 괴롭힌 경험이 나를 포함한 다른 사람의 삶을 파괴하는, 해롭고 부정적인 트라우마적 영향을 계속해서 주지 않는다는 점을 분명히 하느라 애썼다. 캐시에게 중요한 것은 우리 대화가 진행되는 방식이었으며, 이것이 바로 그녀가 자기 삶에서 강하게 지켜 내려는 가치라는 말을 들었다.

사람들이 지켜 낸 중요한 가치에 대해 들으면, 그것에 대해 더 많은 질문을 할 수 있게 된다. 보살핌과 관심을 둘러싼 그들의 역사를 질문할 수 있게 된다. 이와 같은 소신이 그녀 인생의 다른 소중한 관계에서 어떻게 나타나는지 들을 수 있다. 학대의 영향에서 보호된 삶의 영역에 대해서도 알게 된다.

누군가 "당신은 어떻게 이런 일을 할 수 있나요?"라고 물을 때, 여러 가지를 고려하고 염두에 두어야 한다. 바로 침묵의 역사가 끼친 영향, 치료에 대한 특정한 이해의 영향, 학대의 영향 그리고 그 질문이 나타내는 가치와 소신이다. 나는 그 여성이 관심을 두고 있는 질문의 의미를 넘겨짚지 않으려고 한다.

질문을 하는 여성의 의도를 존중하고, 그들이 어떤 식으로든 더 이상 침묵하지 않도록 하면서 '당신은 어떻게 이런 일을 할 수 있나요?'라는 질문에 답을 찾는 것은 나에게 힘든 일이다. 이 단계에서 맥락에 따라 선택하는 다양한 범주의 대응이 있다.

- 어떤 여성한테는 자신에게 중요한 것을 말하는 데 도움이 될 수 있는, 나의 상담 경험에 대해 궁금한 것이 더 있는지 물어볼 수도 있다. 그러면 그녀는 다음과 같이 물어볼 수도 있다. "당

23

신은 그 이야기를 집에 가져갑니까?" "이런 이야기를 누군가 다른 사람한테도 합니까?" 이런 질문은 나의 업무상 지원 방식을 설명할 기회가 된다. 그 질문은 또한 슈퍼비전과 비밀보장, 기록에 관한 기관의 관행과 충분하게 정보가 제공된 상태에서 할 말을 결정하도록 돕는 기관의 관행에 있어 투명해질 기회를 제공한다.

- 학대를 당한 이야기를 들으면서 내가 슬픔을 느끼거나 고통을 겪기도 한다는 것을 인정하는 것도 중요하다. 학대 이야기를 들을 때 나는 중립을 유지하지 않으며, 이것이 나한테 왜 중요한지 분명하게 표현하려고 애쓴다.

- 나는 상담에 대한 반응을 다양하게 표현하기도 한다. 그 반응은 슬픔에서부터 얼떨떨함, 기쁨, 연결된 느낌에까지 두루 걸쳐 있다.

- 각각의 대화에서 내가 얼마나 많은 것을 배우는지, 한 여성과의 상담이 다른 사람과 상담할 때 얼마나 큰 도움이 되는지도 말해 준다. 특정 여성과 나누는 대화가 다른 사람과 이야기할 때 도움이 된다고 알려 준다.

- 여성들의 이야기를 들을 때, 학대가 삶에 끼친 영향뿐 아니라 오랫동안 그들이 소중하게 간직하고 키워 왔지만 다른 사람과 나눌 기회가 거의 없었던 삶의 이야기도 살펴본다고 설명한다. 여성들을 오랫동안 지지해 준 관계에 대해서도 관심 있게 듣는다고 말해 준다.

- 과거에 학대 경험을 말해 준 여성들이 내 작업에 도움이 되었다는 사실을 인정하곤 한다. 여성들의 지식에서 얼마나 많은 것을 이끌어 냈는지 그리고 그와 같은 과거 대화의 도움이 없

었다면 이 일을 이와 같은 방식으로 할 수 없었다는 사실을 알
리려고 한다.

- 그 질문이 왜 여성들한테 중요한지, 그 질문이 어떤 가치와 소
  신과 연결되어 있는지에 대해 좀 더 많은 것을 배우려고 한다.
  그리고 할 수만 있다면 그것을 보나 풍부하게 표현하는 방법
  을 찾고 싶다.
- 마지막으로, 나의 대응이 어떤 효과가 있는지, 내가 말한 것이
  여성들의 주요 관심사인지, 이야기를 나누기에 좋은 다른 질
  문들이 또 있는지 함께 찾아보려고 한다(Morgan, 2000).

🌱 2부: '당신은 어떻게 이런 일을 할 수 있나요?'라는 질문이 나에게 주는 의미

'당신은 어떻게 이런 일을 할 수 있나요?'라는 질문을 떠올릴 때
마다 내 상담 경험이 날마다, 하루 중에도, 한 회기의 대화 안에서
도 다르다는 것을 인식하게 된다! 치료 맥락 밖에 있는 친구, 가족
이나 새로 사귄 사람들한테서도 이런 질문을 받는다. 질문을 받을
때마다 여성들이 말해 준 역겨운 배신과 속임수, 고통과 상처라는
아동기 성학대 경험의 다양한 속성을 떠올린다.

일주일 동안의 상담 대화 안에서 나는 다음과 같은 경험을 할 수
있다.

- 스포츠 코치가 어른들의 신뢰를 얻은 다음 그 집안의 아이를
  모두 교활하고 용의주도하게 학대했다는 말을 들을 때 느끼는

격한 분노

- 학대당한 것에 대해 자신이 비난받아서는 안 된다는 생각을 받아들인 여성과 함께 나눈 **흥분**
- 젊은 여성이 안전의 위협에도 불구하고 자신을 학대한 사람들한테서 아이들을 보호하기 위해 헌신적으로 취한 특별한 태도와 관련된 **영감**
- 여성들의 인생에서 많은 사람이 윤리적이고 돌보는 방식으로 그녀들의 삶에 기여했다는 사실을 확인하면서 느끼는 **즐거움**
- 학대자의 말이 어떤 식으로 음험한 영향을 미쳤으며, 이 말이 50년 후에도 여성의 삶에 영향을 주는 것과 관련된 **고통**
- 여성들이 학대의 영향에서 자기 삶을 되찾기 위해 개발한 전략적 대담함과 유머와 관련된 **웃음과 기쁨**

26

- 여성들의 자해 가능성이나 그들이 처한 폭력과 관련된 안전에 대한 **근심과 걱정, 두려움**
- 학대를 말하는 것이 여성들의 삶에서 학대의 영향을 줄여 줄 것이라는 **희망**
- 권력과 영향력이 있는 지위의 사람들이 그 권력을 취약한 사람을 학대하는 데 사용하는 것에서 오는 **절망**
- 어린아이가 완전한 고립 상태에서 학대를 알게 된다는 것이 어떤 의미인지 이해하게 되면서 느끼는 깊은 **슬픔**
- 자신과 타인을 돌보기 위해 헌신한 자기 삶의 이야기에 이름을 붙이고, 그에 따라 어린 시절 자신과 형제자매를 보호하려는 행동을 찾아내면서 **나누는 기쁨**. 그런 이야기는 '위대한 도망'이나 '아이들을 보호하고 돌보기 위해 헌신한 삶'이라고 이름 붙일 수 있을 것이다.

전하고 싶은 작업이 더 있지만, 이 목록이 상담의 다차원적 의미들을 전달해 주기 바란다.

지금부터는 이 작업을 지속 가능하게 하는 것이 무엇인지에 대해 좀 더 상세하게 살펴보려고 한다. 나에게 그것은 '당신은 어떻게 이런 일을 할 수 있나요?'라는 바로 그 질문에 답하는 것이다. 여기에는 트라우마와 학대 이야기를 듣고, 그에 대응하고, 이 과정에서 어떻게 지원을 받는지에 관심을 가지는 것 그리고 이 작업에서 나온 긍정적인 이야기를 다른 사람들과 인정하고 축하하는 방법을 찾는 것 등이 포함된다.

고립과 공동체

아동기에 성학대를 경험한 여성들과 일하면서 알게 된 중요한 사실 중 하나는 고립이 그들 삶에 크게 영향을 끼쳤다는 것이다. 나는 가해자들이 어린 그들을 어떻게 계획적으로 고립시켰는지 들었다. 어린아이를 위협하고 조종하여 혼란에 빠뜨림으로써 이런 고립이 발생했다. 그들은 다양한 방식으로 고립되었다.

27

- 그들은 어린 자신을 보호하고 도와줄 어른들로부터 고립되었다.
- 그들은 동일한 가해자에게 학대당한 다른 아이들로부터 고립되었다. 이들이 서로의 경험을 말할 수 있었다면 학대에 대해 다른 의미를 만들어 낼 수 있었을 것이다.
- 시간이 지나면서 그들은 자신에게 발생한 일에 대처할 모든 지식에서 분리되고 고립되었다(White, 2004).

• 그들은 자신에게 중요한 가치와 희망, 소신에서도 분리되고
고립되었다(White, 2004).

많은 여성이 이런 유형의 고립이 끼친 영향과 그것이 삶에 주는
의미에 대해 말해 주었다. 어린아이들이 고립된 상태에서 학대 사
건을 이해하려고 할 때, 그들은 치욕과 의구심, 죄책감과 걱정, 공
포심에 휩싸이게 된다.

아동기 성폭력을 경험한 여성과의 상담에서 이러한 고립의 영향
에 주목해야 한다는 점을 고려했을 때 정작 상담사들이 고립된 상
황에서 작업하는 것은 역설적이다. 치료대화는 대개 두 사람이 나
눈다. 상담사들은 종종 현장에서 물리적으로 분리된다. 그리고 개
인 슈퍼비전과 같은 기관 관행은 개인적 접근방법을 지지하는 경
 28 향이 있다.

이렇게 말한다고 해서 일부 여성이 개인 상담을 선호하는 것을
무시하는 것은 아니다. 상담사들이 개인과 작업할 때 회원재구성
(re-membering) 대화와 외부증인(outsider-witness) 대화를 활용하
는 것을 과소평가하는 것도 아니다(Mann & Russell, 2002). 많은 기
관에 여성들의 치료집단, 지지집단, 상담 경험 공유, 교육 포럼, 가
족치료 프로그램, 동료지지 프로그램이 마련되어 있다.

하지만 일부 기관이 고민 없이 고립 관행을 고수하고 있지는 않
은지 살펴보고 싶다. 나는 특별히 다음 사항에 주목하려고 한다.

• 치료사/상담사가 어렵고 복잡한 실천 경험을 혼자 해결하도록
맡겨 두는 기관 관행
• 동료 사이를 분리하고 분열시키는 관행. 성공적인 상담사라는

특정 정의에 부합하기를 요구하는 비교와 경쟁 관행
- 상담사들이 직무상의 딜레마를 말하지 못하게 하는 전제들. 여기에는 상담사가 개인적으로 '모든 해답을 가지고 있어야 한다'는 전제가 포함됨
- 치료사/상담사가 생각과 경험, 특별한 헌신과 가치 등을 표현하며 치료대화에 가져오는 자신의 지식과 분리되도록 하는 관행

기관의 관행에도 불구하고 이 활동에는 연결을 지지하는 대안적 관행이 존재한다. 다음과 같은 예가 그에 해당한다.

- 상담사들이 힘들고 복잡한 상담 경험을 이야기하도록 포럼을 구성하는 관행
- 상담사들이 상담 방식을 놓고 이야기하고 토론하도록 하는 관행
- 개인이 답을 '가지고 있다'기보다 대화와 협력을 통해 도출할 수 있다는 생각에 기반을 둔 직장 문화
- 상담사 개개인의 고유한 생각과 경험, 헌신을 인정하는 기관의 대화 방식과 과정 개발

29

나는 고립이 여성들의 삶에 끼친 영향을 들으면서 나 역시 사람들을 분리시키는 문화적 고립 관행의 영향에서 자유롭지 않다는 사실을 인식하게 되었다. 이런 점을 고려하게 되면서 내가 협력 덕분에 일을 지속해 간다는 사실을 보다 인정하게 되었다. 직무상 우리를 고립시키거나 분리시키는 관행을 의식하면서 다른 사람과 함께 하는 실천이 강하게 나를 지지해 준다. 그것이 고립 관행에 저항

하는 방법을 찾게 해 줄 뿐 아니라, 대화와 협력을 유지하는 창의적인 방법을 고려하도록 해 준다.

나는 공동체 개념이 고립을 이겨 내는 데 중요하다는 사실을 더욱 분명하게 인식하게 되었다. 나의 실천을 한 개인의 노력이 아니라 학대와 폭력 문제에 대처하는 공동체의 협력적인 노력의 일부라고 생각하고 싶다. 공동체 개념이 나와 이야기를 나누는 여성들을 지지해 준 관계에 대해 주의 깊게 질문하도록 해 준다. 이는 어린 시절의 관계이기도 하고, 친구와 자녀, 파트너 또는 지지집단과의 현재의 접촉일 수도 있다. 생존해 있지 않은 사람들과의 관계일 수도 있다.

공동체 지향은 상담에 대한 생각에도 영향을 준다. 이 단어를 쓸 때면, 상담에서 함께한 사람들의 공동체가 떠오른다. 이 공동체는 과거에 나와 상담한 사람들, 기관의 동료, 동료 상담사, 친구, 가족 그리고 글을 통해 생각을 나눠 준 저자들이기도 하다. 이것은 내가 권력을 남용하는 사회·문화적 관행에 도전하기 위해 함께 헌신한 사람들의 공동체이다. 이는 나에게 소중한 공동체이다. 이 공동체와 연결되면 이 일에서 내가 혼자가 아니라는 사실을 알게 된다. 또한 학대와 폭력에 대처하는 어떠한 시도도 개별적인 노력이 아니라 많은 사람이 다양한 맥락에서 취한 공유된 지식과 헌신, 행동에 연결되어 있다고 생각하게 된다.

🌵 3부: 상담 현장의 고통과 슬픔을 이해하고 대응하기

최근 상담사, 재난 활동가, 경찰, 구급요원에 대한 관심이 늘고 있다. 이들이 바로 사람들이 겪는 트라우마와 학대 사건에 귀를 기울이거나 그것을 목격하는 사람들이다(Weingarten, 2003). 상담 분야의 이런 관심은 특별히 상담사가 겪는 고통과 슬픔, 피로 경험을 이해하고 이를 지원하는 방식에 중점을 둔다(Richardson, 2001).

최근의 이러한 관심을 보면서 이 일의 '힘든 면'을 이해하는 방법을 좀 더 깊이 생각하게 되었다. 학대당한 여성들의 말을 듣는 것과 관련해서 실천가들의 복지와 자기돌봄의 의미를 숙고하게 되었다. 이 일에 따르는 고통과 슬픔, 충격과 혼란 경험을 어떻게 이해할 것인가 고심하게 되었다.

고통과 슬픔 경험에 대처하는 방식을 논하기 전에 내가 지지적인 환경과 자원이 풍부한 기관에서 안전하게 일한다는 사실부터 밝혀야겠다. 일상생활에서 내가 폭력을 경험할 기회는 매우 드물다. 모든 상담사가 그렇지는 않을 것이다. 나한테 적합한 것이 다른 환경에서 일하는 사람에게는 적합하지 않을 수 있다.

이 장에서는 아동기에 성학대를 경험한 생존자 여성에 대한 상담과 관련해서 극심한 고통과 심적 부담, 슬픔, 당혹감을 느꼈을 때 도움이 될 몇 가지 이해 방식을 제시하려고 한다. 이것이 다른 상담사에게 도움이 되고, 이 주제와 관련한 논의에 기여하기를 바란다.

상담사의 고통을 이해하는 방법: 새로운 발견을 인정할 기회로 삼기

고통은 우연히 생겨나지 않는다. 내 경험상 그것은 새로운 지식이나 학대와 트라우마에 관한 특별한 이야기를 듣고 생겨난 인식을 반영한다. 따라서 고통의 감정은 상담사가 새롭게 인식한 것에 이름을 붙이고 그것을 반영할 기회가 된다. 여기에는 삶에 대한 새로운 인식이 포함된다. 이를테면, 상담사는 학대와 세상의 고통에 대해 더 많은 것을 알게 되었다거나 무지 상태에서 벗어났다고 생각할 수도 있다. 달리 말하자면, 상담사의 고통은 학대당한 사람들의 경험에 대한 새로운 깨달음과 관련될 수 있다. 누군가의 어린 시절 내내 따라붙었던 공포나 그들이 겪은 권력과 함정과 같은 고통의 감성이 상담사의 인생 경험을 확인해 주기도 한다. 어떤 이야기는 상담사의 개인적 경험에 강하게 공명될 수 있다.

이러한 고통의 감정은 세상에 대한 우리의 생각과 우리가 살고 싶은 삶의 양식을 발전시키고 새롭게 하고, 더 깊이 고민할 기회를 준다. 그것은 다른 사람들과 대화할 때 어떻게 고통이 끼어드는지 생각할 계기가 되기도 한다.

32

가치와 소망, 희망을 인정할 기회로 삼기

상담사의 고통은 상담사가 중시하는 것이 무엇인지 말해 준다. 그것은 그녀/그가 세상에 대해 품고 있는 가치와 소망, 희망이 훼손되었다는 뜻이다(White, 2000, 2004). 나는 상담사가 겪는 고통의 의미를 이해하는 데 관심이 있다. 이는 어떤 현장에서 특정한 이야기를 듣거나 목격하거나 참여할 때 생겼을 것이다. 이 고통은 상담사한테서 더 많은 이야기를 들을 기회가 될 수 있다. 바로 세상이 어떠해야 한다는 그들의 가치와 희망, 꿈, 소망 그리고 이들 가치의 역사에 대한 것이다. 따라서 상담사가 고통을 경험하는 것은 이와 같은 가치와 소망, 희망을 말할 기회가 되고, 이를 보다 풍부하게 이야기할 기회가 된다. 이것이 결과적으로 가치와 소망과 일치하는 더 많은 행동의 기초를 제공할 수 있다. 고통 경험을 그들이 소중하게 간직한 가치와 관련해서 이해할 때 새로운 대화와 지원, 실천 방안이 가능해진다. 이것이 내가 나의 일에서 중요하게 보는 것이다. 어떤 대화에 특별히 감동하거나 분노한다면, 이는 내가 지금 다른 사람들과 생각하면서 대화하는 데 집중하고 있다는 것이다.

- 왜 나한테 이 대화가 특별히 중요한가?
- 내가 느끼는 분노나 고통은 내가 간직한 어떤 소중한 신념과 가치, 소망, 희망과 관련이 있는가?
- 이 가치들이 나한테 왜 중요한가?
- 어떻게 하면 내가 이 가치를 통해 나의 작업과 다른 삶의 영역에서 사람들과 연결될 수 있는가?
- 어떻게 하면 내 작업과 관련해서 이와 같은 가치에 부합하는 어떤 행동을 더 할 수 있는가?

33

상담 현장을 살펴볼 기회로 삼기

상담이 힘들다고 느껴질 때 도움이 되는 방법 중 하나는 내 작업의 어떤 부분이 무시되는지 생각해 보는 것이다. 나는 무시되거나 소홀히 다뤄지거나 강조될 필요가 있는 주제들을 주의 깊게 탐구한다. 특히 사람들이 고립을 극복하기 위해 취한 방법에 관심이 있다. 어떻게 해야 이런 무시되는 이야기를 공유하고 발견할 수 있을지 고심한다. 따라서 상담사의 고통은 상담사의 개인 작업에 영향을 주는 소신과 신념, 희망과 가치를 풍부하게 설명할 수 있는 현장 실천을 고민할 기회가 될 것이다. 작업에 대한 이야기를 좀 더 집단적으로 나누는 방안을 고려해 볼 수도 있다. 다음과 같은 질문을 생각해 볼 수 있다.

- 상담사들은 어떤 기회를 이용하여 자신들의 상담 경험을 이야기하는가?
- 상담에서 공유해야 할 이야기 중에서 어떤 이야기, 누구 이야기에 특권이 부여되는가?
- 사람들을 상담 현장에서 공유할 중요한 내용과 가치에 어떻게 연결할 것인가?
- 상담의 성취를 축하할 기회가 있는가?
- 슬픔의 순간, 아름다움의 순간, 기쁨의 순간을 나눌 기회가 있는가?

당사자 지식과 관계에 재접속할 기회로 삼기

어떤 사람들은 상담이란 상담사의 지식과 개입을 변화의 중심에 놓는 것이라고 이해한다. 그렇게 보면 절망하고 소진하게 된다. 상담사의 피로와 부담감은 트라우마와 학대 영향에 대처하는 당사자의 지식과 기술, 경험의 역사와 재접속할 기회가 될 수 있다. 상담사인 우리가 독단적으로 아동 성학대의 영향에 대처하도록 사람들을 도울 수 있다고 생각하지 않고, 탈중심적 실천을 통해 사람들의 기술과 지식을 우리 대화에 활용할 방법을 생각해 볼 수 있다. 다음과 같은 질문을 생각해 볼 수 있다.

- 어떻게 상담이 우리가 만나는 사람들을 지원하는 공동체의 기

여를 인정하고 그것에 토대를 둘 방안을 찾고 있는가?
• 우리가 만나는 여성들이 학대가 끼친 영향에 대처할 때 발휘한
기술과 지식을 기록하고 청중을 만들어 낼 방안을 찾고 있는가?

전문 상담의 도움을 전혀 받지 않고 트라우마의 영향에서 벗어나 삶을 회복하는 방법을 찾는 사람들도 많다. 당사자의 지식과 관계에 특권을 부여하는 것은 이런 사실들을 명확하게 인식하고 있기 때문이다. 여기에 다음과 같은 내용이 포함될 수 있다. 중요한 타인이 포기하지 않고 사람을 보살피는 것, 그 사람 안에서 시들지 않는 이미지와 신념, 생명을 유지해 준 자기돌봄, 영성의 역할, 정치운동, 반려동물, 지구와 강, 바다와의 연결 등. 나는 상담사의 역할이 트라우마와 학대에서 살아남은 사람을 돕는, 일상적으로 일어나는 의미 부여 행위를 넘어서지 않는다는 것을 분명히 하는 데 관심이 있다. 나는 당사자의 지식이 얼마나 가치가 큰 것인지에 관심이 있다.

상담의 정치학에 관련된 사람들과 연결할 기회로 삼기

상담사 개인의 고통은 상담의 정치학을 둘러싼 사람들을 인정하고, 이름 붙이고, 연결할 기회가 된다. 여성 폭력에 대한 대응은 집단적이고 정치적인 여성운동에서 비롯되었는데, 요즘 들어 심리치료가 여성 폭력의 일차적인 대응 방식이 되면서 많은 사람이 이러한 방식이 이 문제들을 개인화하고 탈정치화하는 것을 우려하고 있다. 상담사 개인이 자기가 들은 이야기에 고통받을 때, 이는 좀 더 광범위한 여성주의 의식화와 정치 행동에 다시 연결될 기회가

35

될 수 있다. 고통은 이런 문제를 사적이고 개인적인 영역에 남겨 두지 않게 하는 기회가 될 것이다. 다음과 같은 질문을 생각해 볼 수 있다.

- 이와 같은 고통/분노를 기꺼이 나누고자 하는 사람은 누구인가?
- 우리가 이 고통의 결과를 가지고 어떻게 함께 행동할 수 있는가?
- 치료대화에서 얻은 생각과 이해를 기관의 대처, 정책, 법적 대응, 다른 상담사의 교육에 어떻게 제공할 수 있는가?
- 치료대화에서 나눈 이야기를 가지고 공통의 경험을 한 여성들이 보다 폭넓은 사회적 행동을 하도록 어떻게 연결할 수 있는가?
- 치료대화와 좀 더 넓게는 기관에서 일어나는 젠더, 계급, 인종, 연령, 이성애 지배의 정치학을 어떻게 명명하고 어떻게 그에 대응할 것인가?

36

상담사를 가장 힘들게 하는 것이 자신이 듣는 이야기 때문이 아니라는 사실을 인정하는 기회로 삼기

기관에서 겪는 제일 힘든 고통이 상담에서 들은 이야기가 아닌 다른 업무와 관련될 때가 적지 않다. 의료사회복지사로 일할 때 나와 동료들이 겪은 가장 힘든 업무상 고충의 하나는 권력을 가진 사람들이 여성들을 대하는 방식이었다. 이런 상황 때문에 우리는 수차례 고통을 받았다. 우리는 이런 상황에 다양한 방식으로 대처했다. 그런 태도로 말하는 의도가 무엇인지 묻거나, 회의석상에서 공식적으로 문제를 제기하거나, 병원에서 대안적 관계를 보여 주는 식이었다. 이런 시도를 했음에도 불구하고 달라지는 것이 없다는 생각에 몹시 좌절하기도 했다.

나의 대응 방식에 중요한 변화를 일으킨 것은 다른 환경에서 일하는 한 상담사[1]였다. 상담의 정치적 본질과 병원 문화에 영향을 주려는 노력에 대해 토론을 한 후였다. 동료가 심해 잠수사 모양의 작은 플라스틱 모형을 주었다. 그녀는 심해 잠수사 이미지가 우리가 하는 일과 관련이 있다고 말했다. 우리가 하는 행동은 대부분 조용히, 눈에 띄지 않게, 땅 밑에서(잠수사의 경우 물 밑에서!) 이루어졌다. 하지만 그 행동은 생산적이며, 열심히, 바쁘게 그리고 세상을 다른 관점에서 바라보는 것이었다. 나는 심해 잠수사 모형을 업무 일지 맨 앞에 붙이고 병동 순회와 업무회의, 사례회의, 기획회의에 가지고 다녔다. 그 모형은 이와 같은 가치와 이해를 공유하는 사람들과 나를 연결시키는 실체적인 표지이면서, 내 작업에서 중시하는 것을 시각적으로 보여 주는 표지가 되었다. 나를 괴롭힌 것은 병원 환자와 나눈 대화보다 존중이 없는 병원 문화였다. 이 모형은 내 작업의 슬픔과 고통 경험이 상담사로서 들은 이야기 때문이 아니라는 하나의 표지로 내 곁에 있다. 다음과 같은 질문을 생각해 보면 좋을 것이다.

37

- 그 고통이 상담에서 들은 이야기와 관련된 것인가, 아니면 직장이나 가정생활에서의 다른 상호작용과 관련된 것인가?
- 다른 것이 고통의 원인이라면, 이와 관련해서 도움을 찾을 길이 있는가?

---

1) 이 상담사는 당시 내가 슈퍼비전을 받았던 리라 앤더슨(Leela Anderson)이다.

상담사의 고통을 달리 보는 것이 미치는 영향을 고려할 기회로 삼기

상담사의 고통이나 슬픔을 이해하는 방식은 우리의 일과 삶 그리고 우리에게 상담하는 사람들의 삶에 여러 영향을 줄 것이다. 상담 경험에 대해 이야기할 때, 어떻게 하면 우리가 이런 사실을 명심할 수 있을까? 다음과 같은 질문을 포함하면 좋을 것이다.

• 우리가 상담 경험을 어떻게 보는 것이 상담한 여성들이 다양한 방식으로 상담사의 삶과 일에 기여했다는 것을 존중하는 것인가?

38 다른 사람들과 연결될 기회로 삼기

여성들과 상담하면서 슬픔을 겪을 때면 나는 지금의 이 경험에서 분리되지 않겠다고 굳게 결심한다. 앞에서 열거한 각각의 주제는 친구와 가족, 동료, 공식적인 슈퍼비전의 대화 소재가 되었다.
이러한 탐구가 여러분의 상담에 어떻게 도움이 되는지 듣고 싶다.

성찰

몇 년 전 처음 '당신은 어떻게 이 일을 할 수 있나요?'라는 질문을 받은 이후, 나는 줄곧 이 질문에 대해 고민했다! 다른 여성들, 동료, 친구들과 나눈 대화는 이 작업과 관련해서 고통을 겪을 때 무엇이 나를 지탱해 줬으며, 어떻게 그에 대응했는지를 생각하는 데 영향을 주었다.

'1부: 여성들의 질문에 답하기'에서는 '당신은 어떻게 이 일을 할 수 있나요?'라는 질문의 여러 의미를 탐구했다. 이 질문이 상담사에게 그것을 묻는 여성들에게 여러 가지 의미가 있을 수 있기 때문이다.

'2부: '당신은 어떻게 이런 일을 할 수 있나요?'라는 질문이 나에게 주는 의미'에서는 이 질문이 나에게 어떤 의미를 주는지, 아동기에 성학대를 경험한 여성들과 치료대화를 하는 나에게 어떤 경험을 떠오르게 하는지에 대해 설명하려고 했다.

'3부: 상담 현장의 고통과 슬픔을 이해하고 대응하기'에서는 이와 같은 일에 따르는 고통 경험에 특별히 중점을 두었다. 압도당할 것 같은 기분을 느낄 때 숙고하는 데 도움이 될 질문들을 제공하려고 했다.

이와 같은 성찰과 질문들이 당신이 이 일을 지속하게 만드는 것이 무엇인지 그리고 '당신은 어떻게 이 일을 할 수 있나요?'라는 질문에 대한 자신과의 대화와 대답에 도움이 되길 바란다.

39

감사의 글

지금도 나는 상담에 대해 고민한다. 여기에서 다룬 내용은 캐시처럼 나한테 상담을 하고, 배움의 여정을 함께한 여성들과 나눈 대화의 결과물이다. 동료들과 나눈 대화의 성과물이기도 하다. 특별히 유나이팅 케어 웨슬리(Uniting Care Wesley)와 현재의 지지적인 일터인 리스폰드 에스에이(RespondSA)의 동료들에게 감사 인사를 전한다. 오랫동안 이 작업을 함께 해 온 동료 앤드류 그룹(Andrew

Groome)의 지속적인 도움에 감사한다. 우먼스 헬스 스테이트와 이드(Women's Health Statewide)와 덜위치센터(Dulwich Centre)의 동료들과 나눈 대화 또한 매우 각별했다. 데이비드 덴보로(David Denborough)의 격려와 편집 방향, 글쓰기에 대한 이해에도 감사한다. 조디 슬로언(Jodie Sloan)과 앨리스 모건(Alice Morgan)의 초벌 원고에 대한 의견도 크게 도움이 되었다.

참고문헌

Birchmore. K. 2003: 'Not the Only One.' *Spring Newsletter of Women's Health Statewide*. Adelaide: Women's Health Statewide.

Cora, D. & Linnell, S. 1993: *Discoveries: A Group Resource for Women Who Have Been Sexually Abused in Childhood*. Sydney, NSW: Dympna House.

Gavey, N. 1999: '"I Wasn't Raped, but …" Revisiting definitional problems in sexual victimization.' In Lamb, S. (Ed): *New Versions of Victims: Feminists struggle with the concept*. New York: New York University Press.

Haaken, J. 1999: 'Heretical Texts: The courage to heal and the incest survivor movement.' In Lamb, S. (Ed): *New Versions of Victims: Feminists struggle with the concept*. New York: New York University Press.

Hermann, J. 1992: *Trauma and Recovery: The aftermath of violence—from domestic violence to political terror*. New York: Basic Books.

Kitzinger, C. & Perkins, R. 1993: *Changing Our Minds: Lesbian feminism and psychology*. New York: New York University Press.

Lamb, S. 1999: 'Constructing the victim: Popular images and lasting labels.' In Lamb, S. (Ed): *New Versions of Victims: Feminists Struggle with the Concept.* New York: New York University Press.

Mann, S. & Russell, S. 2002: 'Narrative ways of working with women survivors of childhood sexual abuse.' *International Journal of Narrative Therapy and Community Work,* 3:3-22. Republished 2003 in Dulwich Centre Publications (Eds): *Responding to Violence: A collection of papers relating to child sexual abuse and violence in intimate relationships,* pp. 1-34 (chapter 1). Adelaide: Dulwich Centre Publications.

McPhie, L. & Chaffey, C. 1998: 'The journey of a lifetime: Group work with young women who have experienced sexual assault.' *Gecko: a journal of deconstruction and narrative ideas in therapeutic practice,* 1:3-34. Republished 1999 in Dulwich Centre Publications (Eds): *Extending Narrative Therapy: A collection of practice-based papers* (chapter 4), pp. 31-61. Adelaide: Dulwich Centre Publications.

Morgan, A. 2000: *What is Narrative Therapy? An easy-to-read introduction.* Adelaide: Dulwich Centre Publications.

Morris, A. 2003: *Working with Maternal Alienation in Domestic/ Family Violence and Child Sexual Abuse.* Adelaide: Northern Metro Community Health Service, Women's Health Statewide & University of Adelaide.

Myerhoff, B. 1982: 'Life history among the elderly: Performance, visibility and remembering.' In Ruby, J. (Ed): *A Crack in the Mirror: Reflexive Perspectives in Anthropology.* Philadelphia: University of Pennsylvania Press.

Neame, A. & Heenan, M. 2003: 'What lies behind the hidden figure of sexual assault: Issues of prevalence and disclosure.' *Briefing #1* September 2003 Melbourne: Australian Institute of Family Studies.

41

O'Leary, P. 1998: 'Liberation from self-blame: Working with men who have experienced childhood sexual abuse.' *Dulwich Centre Journal,* 4:24–40. Republished 1999 in Dulwich Centre Publications (Eds): *Extending Narrative Therapy: A collection of practice-based papers* (chapter 12), pp. 159–187.

Richardson, J. 2001: *Guidebook on Vicarious Trauma: Recommended solutions for anti-violence workers.* Ontario, Canada: National Clearinghouse on Family Violence.

Russell, S. 2005: 'Examining discourse when talking with women.' *International Journal of Narrative Therapy and Community Work,* 1:53–57.

Silent Too Long, 1998: 'Your voices inspire mine.' *Dulwich Centre Journal,* 4:2–8.

Silent Too Long, 2000: 'Embracing the old, nurturing the new.' *Dulwich Centre Journal,* 1 & 2:62–71. Republished 2003 in Dulwich Centre Publications (Eds): *Responding to Violence: A collection of papers relating to child sexual abuse and violence in intimate relationships,* pp. 71–91 (chapter 3). Adelaide: Dulwich Centre Publications.

Taylor, C. 2004: *Surviving the Legal System: A handbook for adult and child sexual assault survivors and their supporters.* Melbourne: Coulomb Communications.

Verco, J. 2002: 'Women's outrage and the pressure to forgive.' *International Journal of Narrative Therapy and Community Work,* 1:23–27. Republished 2003 in Dulwich Centre Publications (Eds): *Responding to Violence: A collection of papers relating to child sexual abuse and violence in intimate relationships,* pp. 119–128 (chapter 6). Adelaide: Dulwich Centre Publications.

Waldegrave, C., Tamasese, K., Tuhaka, F. & Campbell, W. 2003: *Just*

Therapy—a journey: A collection of papers from the Just Therapy Team, New Zealand. Adelaide: Dulwich Centre Publications.

Weingarten, K. 2003: *Common Shock: Witnessing violence every day— How we are harmed, how we can heal.* New York: Dutton.

White, M. 1995: 'Naming abuse and breaking free from its effects.' An interview by Christopher McLean in White, M., *Re-Authoring Lives: Interviews & essays,* pp. 82–111. Adelaide: Dulwich Centre Publications.

White, M. 2000: 'Re-engaging with history: the absent but implicit.' In White, M.: *Reflections on Narrative Practice: Essays & interviews,* pp. 35–58. Adelaide: Dulwich Centre Publications.

White, M. 2004: 'Working with people who are suffering the consequences of multiple trauma: A narrative perspective.' *International Journal of Narrative Therapy and Community Work,* 1:45–76.

43

CHAPTER 02
....

복합트라우마로 고통받는 사람들과의 이야기치료 작업

마이클 화이트

이 장에서는 트라우마 때문에 고통받는 사람과 상담할 때 '자기감 (sense of myself)'의 재개발과 재활성화가 중요하다는 것을 보여 준다. 정의의식, 외부증인, 다시 쓰기 대화를 통해 어떻게 이를 성취하는지 이야기한다. 이 장의 말미에서는 기억이론을 소개하고, 이것이 트라우 마를 경험한 사람들과의 작업에 어떻게 연관되는지 논의한다. 특히 해 체된 기억을 재조합하기 위해 '자기감'을 재활성화하는 것이 필요하다 고 제안한다.

도입

트라우마를 경험한 사람을 상담하는 데 적합한 이야기치료 실천 방법에는 여러 가지가 있다. 다양한 이야기치료 실천으로 사람들의 삶과 정체성에 대한 이야기를 풍부하게 다시 쓸 수 있다. 지면 관계 상 이 장에서는 이야기치료 방법 중에서 '정의의식' 구조와 '외부증 인 대화' '다시 쓰기 대화'에 초점을 둘 것이다. 차후 연구에서는 이 방법들을 좀 더 상세하게 다루고, 다른 방법들도 덧붙이려고 한다.

47

🌵 1부: 가치, 공명, 정의의식

복합트라우마가 사람의 정체성에 미치는 영향

나는 상담사로 일하면서 심각하고 반복적인 트라우마로 의뢰된 사람들을 많이 만났다. 그들 대부분은 공허함, 황폐함, 절망감을 호 소한다. 절망과 무력감에 짓눌려 자기 삶이나 주변 사건에 아무런 영향을 줄 수 없다고 믿는다. 그들은 사람이라는 느낌을 잃는다. 자 기 자신이 독특하고 가치 있는 존재라는 '자기감'[1]을 상실한다.

---

1) 이 자기감은 윌리엄 제임스(William James, 1892)가 '의식의 흐름'이라고 이름 붙인 내적 삶의 언어의 한 현상이다.

독자들은 이런 '자기감'에 친숙할 것이다. 힘들었던 사건을 돌아보고 그때 자신이 어떻게 대응했는지 생각하면서, '그래, 그게 나지. 하지만 그게 내 전부는 아니잖아!'라고 할 때가 있을 것이다. 하지만 트라우마 경험 중 하나는 사람들이 상당 기간 자기 정체성에 대한 친밀한 감각을 잃는다는 것이다.

정체성은 삶의 '영토(territory)'라 할 수 있다. 트라우마를 겪으면, 특히 반복적으로 트라우마를 겪으면 이 정체성의 영토가 극히 축소된다. 정체성의 영토가 축소되면 어떻게 인생을 끌어가야 할지, 개인적 기획을 어떻게 추진해야 할지 알기 어렵고, 생활계획을 실행하는 것이 매우 어려워진다. 이렇게 되면 인생에서 가치를 부여한 것의 존재와 의미가 사라지거나 줄어든다.

반복적으로 트라우마를 겪으면 '자기감'이 줄어들어 인생에서 소중하게 여긴 것을 설명하기가 매우 어렵게 된다. 반복되는 트라우마가 인생에서 소중하게 여긴 것들을 침식해 버리기 때문이다. 반복되는 트라우마는 인생 목표와 생활 정서의 정당성을 무효화시킨다. 그래서 치료 맥락에서 상담사가 심각하고 반복적인 트라우마를 겪는 사람들이 자기 삶에서 소중하게 여기는 것을 끌어내기가 아주 어렵다.

복합적이고 반복적인 트라우마로 고통받는 사람들과 작업할 때 무엇보다 먼저 고려해야 할 것은 자신이 가치가 있다는 느낌, 이 장에서 '자기감'이라고 말한, 선호하는 정체성을 회복하는 것이다. 회복으로 가는 열쇠는 여러 개이다. 그중 하나는 사람들이 인생에서 가치를 두는 것이 무엇인지 확인하는 것이다. 그다음 그 가치를 인정하고 풍부하게 펼치도록 치료적 반응을 하는 것이다. 이야기치료의 여러 실천 방법은 이 과업에 아주 잘 들어맞는다.

이 방법은 반복되는 트라우마 때문에 상담하러 온 사람이 거의 아무것도 기억하지 못하는 상황에서 더욱 중요하다. 이 상황에서 이야기치료는 과거와 현재, 미래에 걸쳐 연속적으로 존재하는 '자기감'을 다시 일깨워 그가 자신을 짓누르는 트라우마에 어떻게 대응했는지를 설명할 토대를 제공한다. 다른 작업과 별개로 이 작업은 해체된 기억을 '재조합'하는 토대를 제공한다.

이중경청—두 개의 이야기 찾기

반복적으로 트라우마를 겪는 사람과 작업할 때 무엇보다 중요한 것은, 사람들이 말하고 싶어 하는 것이라면 무엇이든 상담사가 듣는 것이다. 이것이 가능하려면 치료가 그 사람이 예전에는 말하지 않았을 것을 말할 수 있는 맥락이 되어야 한다.[2] 이에 못지않게 중요한 것은 그 사람이 그 모든 일을 겪으면서도 인생에서 줄곧 소중하게 여긴 표지와 트라우마에 대응한 희미한 단서가 될 표현에 귀를 기울이는 것이다.

트라우마를 수동적으로 받아들이는 사람은 없다. 사람들은 언제나 자신을 지배하는 트라우마를 막으려고 애쓰며, 트라우마 예방이 불가능할 경우 다양한 방법으로 이를 완화하거나 또는 삶에 미치는 영향을 완충하기 위해 필요한 조치를 취한다. 이런 조치들 덕분에 소중하게 여기는 것을 유지하고, 그것을 기반으로 삼을 수 있

49

---

2) 다른 것과 별개로 이때 나는 사람들에게 자기가 겪는 트라우마의 성격에 이름을 붙이고 트라우마 맥락에서 그들을 굴복시키는 권력의 전략이 무엇인지 알아보는 기회를 준다. 이것이 대부분 첫 작업이 된다. 트라우마에 대응하는 이야기 실천에 대해서는 다른 곳에서 논의한 바 있으므로(White, 1995) 여기서는 그에 초점을 두지 않는다.

게 된다. 트라우마가 압도하는 상황에서도 사람들은 소중히 여기는 것을 지키고 유지할 방법을 강구한다.

트라우마에 대한 대응은 사람들이 인생에서 가치를 두고 중요시하는 것에 바탕을 둔다. 그러나 이런 대응은 트라우마 상황과 이후의 상황에서 감소되고, 폄하되어 보이지 않게 된다. 이와 같은 대응과 사람들이 가치 있게 여기는 것이 무시당하고 조롱당하기 때문이다. 트라우마에 대한 대응이 이런 방식으로 평가절하되지 않는다 해도, 간과되거나 의미 없는 것으로 간주될 때가 있다. 그렇게 되면 사람들은 황폐함을 느끼고, 트라우마의 지배를 받는 사람들이 강하게 경험하는 수치심이 커지며, '자기감'이 침식된다.

요약하자면, 사람들은 트라우마를 겪으면서 트라우마를 예방하고, 완화하고, 그 영향에 저항하는 행동 등의 대응이 무시당하고 쓸모없게 취급되면 대체로 황폐함과 수치심을 심하게 느낀다. 어떤 상황에서는 비참함과 자기혐오를 느끼기도 한다.

트라우마를 겪는 사람과 상담할 때 상담사는 당사자와 트라우마 경험과 그 결과를 공유해야 한다. 뿐만 아니라 트라우마에 어떻게 대응했는지 찾아내는 치료적 탐색을 시작하는 것이 중요하다. 이와 같은 대응을 풍부하게 서술하고 인정하는 것이 선호하는 '자기감'을 다시 개발하는 데 아주 중요하다. 이를 통해 해체된 기억을 다시 연결할 토대가 마련된다. 이에 대해서는 이 장의 끝에서 논의할 것이다.

트라우마에 대한 대응, 즉 트라우마를 예방하고 그 영향을 완화하려는 사람들의 시도는 트라우마가 있음에도 불구하고 소중하게 여기는 것을 놓치지 않고 유지하려는 노력과 관련된다. 이런 조치들이 삶에 대한 지식과 생활 기술을 형성한다. 트라우마 맥락에서

는 사람들이 트라우마 와중이나 이후 취한 조치가 언제나 평가절
하되거나 감소된다. 이 조치는 그들의 인생과 다른 사람과의 관계
에서 개발된 삶의 지식과 생활 기술에 기반을 둔다. 치료는 이런 조
치와 그들이 보인 지식과 기술이 알려지고 진지하게 인정되는 맥
락이 될 수 있다.

우리가 살면서 개발하는 지식은 가치를 부여하는 것과 관련된
다. 우리는 인생에 가치를 부여하는 것에서 삶의 목적과 의미, 삶의
방향에 대한 감을 얻는다. 인생에서 가치를 부여하는 것은 가족, 친
지, 친구들이 포함된 중요한 사람들, 공동체, 공동체의 제도, 문화
로 구성된다. 그것은 그 사람의 생활 정서와 관련된 말, 존재의 윤
리, 삶의 미학, 때로는 특정한 영적인 말 등과 연결된다. 상담사는
그 사람이 가치를 부여하는 것을 확인하면, 이를 토대로 그 사람의
역사를 추적하여 어떻게 이와 같은 삶의 지식과 행위가 만들어졌
는지에 대한 풍부한 대화를 펼치도록 한다. 이것이 풍부한 토양이
되어 그 사람이 '자기감'을 회복하고, 활성화하고, 트라우마와 그
영향에 대한 대응을 이해하고 개발할 수 있다.

나는 '이중경청(doubly listening)'이라는 말로 이 대화 자세를 설
명한다. 트라우마와 그 영향 때문에 사람을 만날 때 트라우마에 대
한 이야기도 듣지만 그와 동시에 고통이 있음에도 불구하고 그들
이 삶에서 지속적으로 가치를 부여한 표현도 듣는다. 그들이 겪은
트라우마에 대한 개인적인 대응의 표시도 발견한다. 또한 대응의
다층적 성격을 풍부하게 찾아내고, 강력하게 인정하고, 명예롭게
할 맥락을 만든다. 처음 트라우마와 그 영향 때문에 상담을 하러 올
때, 사람들은 트라우마에 대한 자신의 대응을 이해하는 정도가 매
우 빈약하다. 치료대화를 하면서 트라우마 대응에 대한 그들의 이

51

해는 점점 풍부해진다.

거듭 말하지만, 트라우마를 겪는 사람들과 하는 모든 치료대화는 단일한 이야기가 아닌 '이중이야기(double-storied)' 대화이다. 언제나 트라우마와 그 결과에 대한 이야기가 있고, 사람들은 자신의 트라우마 경험을 말할 기회를 갖는다. 그런데 나는 사람들이 이전에 하지 않았던 이야기를 하도록 적극적으로 지지한다. 대부분 트라우마에 대한 개인적 대응과 관련한 이야기는 알려지지 않는다. 이야기의 흔적이 매우 희미해서 이를 확인하는 것이 몹시 어렵기 때문이다. 이 자취를 따라가면서 사람들이 그것을 풍부하게 말하도록 지지하는 것이 대단히 중요하다. 이를 위한 첫 단계는 사람들이 어려움을 겪으면서도 계속 가치를 부여한 것이 무엇인지 알아내는 것이다.

이제 이 원리를 반영하는 치료대화 이야기를 하나 나누려고 한다.

줄리 이야기

줄리(Julie)는 반복적으로 학대를 당한 여성이다. 아버지와 이웃에게 학대를 당했으며, 상담 당시에도 계속 학대하는 남자와 살고 있었다. 학대 상황을 벗어나려고 숱하게 시도를 했지만 번번이 폭력적 상황으로 되돌아가 더 극심한 트라우마로 고통을 받고 있었다. 줄리는 경계선 인격장애 진단을 받았고, 공허감에 압도되었으며, 수치심과 절망감에 짓눌려 있었다. 그녀는 자해를 하기도 했다.

줄리의 전형적인 피난 경로는 동거하는 남성의 폭력을 피해 여성 쉼터에 가는 것이었다. 사회복지사들이 최근 쉼터에 입소하면서 쉼터에 오는 주기와 자해에 대해 이야기를 했으며, 달리 조치를 취하지 않으면 또다시 폭력적인 상황으로 돌아갈 것이라고 했다. 그들은 줄리에게 나를 만날지 물어봤다. 그녀가 동의해서 쉼터 사회복지사인 샐리(Sally)와 다이앤(Dianne)과 함께 나를 만나기로 했다. 두 사람은 줄리와 수년 동안 알고 지냈다.

앉아서 이야기를 나누게 되자 줄리는 자신이 경계선 인격장애이며, 거의 언제나 공허함과 황폐함을 느낀다고 했다. 자신의 인생이 비극적이고 의욕을 꺾는 사건의 연속이며, 그런 일들이 아무런 관련 없이 일어난다고 말했다. 자신이 이 흐름을 조절할 수 없고, 상황을 개선하기 위해 취할 수 있는 조치가 전혀 없다고 느꼈다. 그녀가 자기 인생을 이런 사건들로 회고할 때, 이 사건들에서 행위주체(personal agency)라는 느낌과 통합된 '자기감'의 흔적을 전혀 찾아볼 수 없었다.

약 40분간 이 비극적이고 의기소침한 사건의 연대기를 들은 다음, 나는 질문을 하나 해도 되는지 물었다. 그녀는 괜찮을 것 같다고 답했다. 그래서 그녀가 겪은 비극적이고 충격적인 경험 몇 가지를 확인하게 되었다. 최근 겪은 고통스러운 경험 중 하나는 8개월 전에 있었다. 길거리에서 어린아이가 차에 치여 쓰러진 것을 목격한 것이다. 어린아이는 심하게 다쳤다. 그 자리에 있던 사람들이 아이를 도우러 갔고, 응급차가 곧 도착했다. 그녀는 이때 자신이 마비된 것 같았다고 했다. 움직일 수 없어서 도우러 갈 수 없었다는 것이다. 이 마비 경험이 그녀에게 중요하다는 것이 명확해졌다. 마비에 대해 말할 때 그녀에게서 부끄러움을 보았다. 줄리에게 들은 이야기 중에서 유일하게 느낌 또는 정감 있는 어조가 드러났다.

질문을 하나 해도 되는지 확인하고 나서 다음과 같이 물었다. "당신이 자동차 사고로 다친 아이 이야기를 할 때 어떤 중요한 감정

53

이 표현되었다고 느꼈습니다. 이것은 거기 있던 사람들이 아이를 도울 수 있다는 안도감인가요? 아니면 당신이 아이를 돕지 못한 것에 대한 부끄러움인가요? 아니면 어떤 다른 느낌인가요?" 줄리는 이전에는 전혀 생각해 본 적이 없지만, 그것은 틀림없이 부끄러움, 즉 '어린아이를 내버려 둔 부끄러움'이었을 것이라고 말했다. 그것이 약간의 부끄러움인지, 중간 정도의 부끄러움인지, 심한 부끄러움인지 알고 싶었고, 그녀가 강한 정도나 최소한 중간 정도의 부끄러움이라고 평가하기를 기대했다. 곱씹어 생각한 후, 그녀는 그것이 심한 부끄러움이며, 당시에는 그걸 깨닫지 못했다고 했다. 심한 부끄러움이라는 결론에 대해 나는 거의 열광 상태가 되었다. 이것이 줄리가 인생에서 가치를 두는 것에 대한 이야기를 시작할 중요한 입구를 가리켰기 때문이다.

나는 그녀에게 왜 부끄러움을 느끼는지 물었다. 그녀가 "정말 모르세요?"라고 물었다. 나는 "글쎄, 나는 내 인생을 살지 당신 인생을 살지는 않아요. 나는 내가 어떻게, 왜 대응하는지는 알아요. 하지만 당신이 왜, 어떻게 대응하는지는 몰라요. 그래서 이 사건이 당신에게 어떤 의미인지, 당신이 왜 이것에 부끄러움을 느끼는지 몰라요."라고 말했다. 줄리가 대답했다. "글쎄요. 어린아이가 자동차에 치인 것을 봤어요. 아이를 돕기 위해 뭔가 했어야 하는데 못했고, 그래서 지금까지 이 부끄러움을 안고 사는 것 같아요." 나는 "그런데 이 특정한 상황에서 행동하지 않은 것이 왜 부끄러움을 일으키나요?"라고 물었다. 줄리는 "인생에서 어린아이의 목숨보다 더 가치 있는 것은 없어요! 그건 달라요. 정말 모르세요?"라고 했다. 우리는 이에 대해 이야기를 더 나눴으며, 그녀는 서서히 자신이 가치 있게 여기는 것을 털어놓기 시작했다. 그녀의 부끄러움이 좀 더 잘 드러나면서 우리 둘 다 그녀가 어린아이의 생명을 소중히 여긴다는 것을 알게 되었다.

줄리는 자신이 소중하게 여기는 것에 대해 이렇게 말한다는 사실에 몹시 놀랐다. 이 지점에서 어린아이의 생명을 소중히 여기는 것을 가지고 줄리의 인생이야기를 엮으려면 어떤 치료적 탐색을 해야 할지 고심하게 되었다.

소중히 여기는 것에 대한 청중 찾기

줄리와의 상담 첫 단계는 그녀가 소중히 여기는 것을 찾는 것이었다. 극심한 트라우마를 겪는 사람들과 만날 때 이 작업이 쉽지는 않다. 트라우마 맥락에서는 그들이 소중히 여기는 것이 축소되고, 때로는 완전히 무시된다. 이 때문에 사람들은 소중한 것을 안전하게 지키려고 조치하는데, 이 조치에는 그것을 비밀에 부치는 것도 포함된다.

작업의 두 번째 단계는 그녀에게 소중한 것을 진심으로 인정해 주는 정리 방식이다. 가장 강력한 인정 방식 중 하나는 청중의 적극적인 참여이다. 치료대화에 참여할 청중을 소집할 때, 특별히 이 청중을 '외부증인(outsider-witness)'(White, 1995, 1997, 2000a: Russell & Carey, 2003)이라고 부른다. '외부증인'이라는 말은 미국의 문화인류학자 바버라 마이어호프(Barbara Myerhoff, 1982, 1986)의 현장 연구에서 빌려 왔다. 줄리를 면담할 때 쉼터 사회복지사인 샐리와 다이앤도 함께했다. 두 여성이 외부증인이 될 수 있다. 우리 대화에서 줄리가 소중하게 여기는 것을 말하는 지점에 이르자, 그녀에게 뒤로 물러나 앉아 내가 샐리와 다이앤과 함께 나누는 이야기의 청

55

중이 되어 달라고 요청했다. 그런 다음 나는 샐리와 다이앤과 함께 줄리 이야기를 들은 것에 대해 면담하기 시작했다.

사전에 샐리와 다이앤에게 청중 또는 '외부증인' 전통을 소개했다. 핵심은 외부증인 반응이 '공명(resonant)' 반응이라는 점이다. 외부증인은 공감적 반응이나 충고, 의견 피력, 판단, 강점과 자원에 대한 지적, 칭찬, 개입을 하지 않는다. 줄리는 자신이 소중하게 여기는 것, 즉 어린아이의 생명에 대해 이야기했으며, 외부증인의 '다시 말하기'에서 쉼터 사회복지사들은 줄리 이야기에서 그들의 심금을 울린 것에 대해 반영해야 한다. 줄리가 인생에서 소중히 여긴 것을 샐리와 다이앤이 풍부하게 인정하며 다시 표현하는 것이다.

'공명' 반응이 외부증인의 다시 말하기에서 일어난다는 점은 명확하다. 나는 다시 말하기의 중심에 있는 사람 앞에서 외부증인을 면담했다. 이 면담은 네 개의 주요 탐색 범주로 구성된다.

특정한 표현

샐리와 다이앤에게 줄리 이야기에서 그들의 주의를 끈 것, 상상력을 사로잡은 것, 특별히 마음을 끈 것, 심금을 울린 것, 줄리가 가치 있다고 여기는 것이 무엇이라고 생각하는지 물었다.

샐리와 다이앤은 부상당한 아이를 돕지 않은 것에 대해 줄리가 부끄러움을 느낀 것이라고 말했다. 그들은 줄리가 어린이의 생명을 소중하게 여기는 것을 들었다고 강한 어조로 말했다.

줄리는 나와 두 명의 쉼터 사회복지사가 대화할 때 청중이 되었다. 그녀가 대화 안에 있지 않다는 것이 매우 중요하다. '외부증인' 반영의 힘은 그 사람이 대화에 있지 않을 때 훨씬 더 강력하다. 줄리는 나와 쉼터 사회복지사의 대화에서 청중이 되어 그녀가 대화 속에 있었다면 듣지 못했을 것을 들을 수 있었다.

정체성 이미지

그다음 샐리와 다이앤에게 물었다. 줄리 이야기가 그녀에 대해 무엇을 말해 주는가? 그것이 줄리를 한 인간으로 보는 데 어떤 영향을 주는가? 그것이 그녀를 어떻게 보게 하고, 줄리에게 무엇이 중요하다는 것을 보여 주는가? 그녀가 인생에서 무엇을 지키려 하고, 무엇을 믿고 있다고 말해 주는가? 이런 질문을 통해 쉼터 사회복지사들이 줄리 이야기를 들으면서 마음에 떠올랐던 표현으로 줄리의 정체성의 이미지를 설명해 보도록 초대했다.

샐리와 다이앤은 질문에 반영하면서 생명을 소중히 여기는 줄리 이야기에 유난히 마음이 끌렸고, 이 이야기에서 끌어낸 생명과 정체성의 이미지를 말하기 시작했다. 그들이 이 이미지를 이야기할 때 그것이 줄리의 가치, 믿음, 의도, 꿈, 소신 등에 대해 암시하는 것이 무엇인지 생각해 보도록 했다. 샐리와 다이앤은 보살피고 보호하는 어른의 이미지, 자신보다 약한 사람을 도우려는 강한 열망을 지닌 사람의 이미지를 제시했다.

57

샐리와 다이앤은 이런 이야기를 나한테 말했다. 그들은 줄리에게 직접 말하지 않았다. 줄리를 돌아보며 "줄리, 당신이 이 이야기를 할 때 이런 것이 떠올랐어요."라고 말하지 않았다. 이와 같은 다시 말하기 과정은 줄리가 청중의 자리에 있을 때 그녀가 가치를 부여하는 것을 매우 강력하게 인증해 주는 것이다. 샐리와 다이앤이 줄리를 돌아보고 직접 말했다면 "봐요, 당신이 어린이의 생명을 귀

하게 여기는 것은 정말 중요해요. 그러니 계속 그렇게 해요!"라고
했을 것이다. 그것은 줄리에게 별로 영향을 주지 않았을 것이다.
줄리가 외부세계의 공명을 보는 경험을 하지 않는다면 그것은 너
무도 쉽게 평가절하될 것이다.

관심의 체화

우리는 사람들 삶의 중요한 이야기를 들으면 어떤 식으로든 마
음이 움직이고 영향을 받는다. 우리가 사람들 이야기의 특정 측면
에 연결되는 것은 우연이 아니다. 줄리가 부끄러워하는 것, 생명을
소중히 여기는 것이 샐리와 다이앤의 심금을 울렸다. 줄리의 정체
성 이미지는 두 사람 삶의 역사에 파문을 일으켰다. 이 파문이 그들
개인 역사의 특정한 경험을 건드렸다. 다시 그 경험을 떠올리게 했
으며 불이 밝혀지게 했다.

 58

샐리와 다이앤에게 왜 줄리 이야기의 특정 표현에 마음이 끌렸
는지, 그녀의 정체성 이미지가 그들의 어떤 개인적인 이야기를 건
드렸는지 물었다. 샐리는 두 아이를 갖게 된 과정과 줄리의 말을 통
해 그녀에게 아이들의 생명이 갖는 의미 그리고 아이들을 갖게 되
면서 그녀 자신의 생활이 달라진 것을 말했다. 다이앤은 어린 시절
경험을 몇 가지 말했다. 그녀는 어린이의 생명을 전혀 귀하게 여기
지 않는 몇 명의 어른과 존중하는 한두 명의 어른을 안다고 했다.
아이를 보살피는 이 어른들을 아는 것이 자기 삶에 어떤 의미인지,
그것이 그녀를 어떻게 만들었는지에 대해 감동적으로 말했다.

샐리와 다이앤이 이렇게 개인적인 공명을 하자, 줄리는 자기 인
생에 대한 그들의 관심이 학문적 관심이거나 전문가의 관심이 아

닌 개인적 관심이라는 사실을 분명히 알게 되었다. 샐리와 다이앤이 줄리의 말에 보인 관심을 그들 인생 경험의 역사 속에 자리매김하자, 이는 체화되지 않은 관심이 아닌 체화된 관심이 되었다. 이런 방식으로 관심이 구체화되면 설득력이 커진다.

카타르시스 인정

사람들 삶의 이야기가 공명을 일으켜 우리 경험의 역사를 건드릴 때, 우리는 '이동(moved)'한다. 이동은 정서적 이동만이 아닌, 넓은 의미의 이동을 의미한다. 우리는 자신의 존재와 삶을 성찰하고, 이해하며, 다른 사람과 나눌 대화를 숙고하고, 자신의 역사에서 가치를 발견하며, 현재의 곤경에 대처하는 행동을 하면서 이동한다.

광의의 이동 경험에 대해 샐리와 다이앤을 면담하기 시작했다. 다이앤은 이렇게 말했다. "글쎄요, 줄리가 말하는 것을 들으면서 어린아이로, 또 젊은 여성으로 내가 어떻게 대처해 왔는지 새롭게 이해하게 되었어요. 너무나 힘든 시기에 두 분의 어른이 보살펴 줬다는 것이 막 떠올랐어요. 한 사람은 이웃이고, 다른 한 사람은 동네 야채상이었어요. 다시 연락해서 이분들이 그때 베풀어 주신 것이 얼마나 소중했는지 전해야겠다는 생각이 들었어요. 이것이 나한테는 정말 중요한 단계랍니다. 인생에 대해 보다 충만한 느낌을 갖게 해 줄 테니까요." 샐리는 자녀와의 관계를 말했다. "줄리가 말할 때 두 아이의 삶에 대해 더 많이 생각하게 되었어요. 내 아이들이 어린이의 생명을 귀하게 여기는 어른들과 지냈으면 하는 소망이 얼마나 귀한 것인지 느꼈어요. 나는 이 약속을 지키지 못한 상황을 견뎌 낸 것 같아요. 내 아이들이 어린아이를 소중히 여기지 않는

59

어른들과 함께 있는 걸 원치 않아요. 줄리 이야기를 듣고 그런 친척들과는 접촉하지 못하게 해야겠다, 그들과의 관계를 끊어야겠다는 생각이 들었어요."

이동을 인정하는 맥락에서 줄리는 자기 이야기의 파문이 두 여성의 삶에 닿아 그들을 다른 중요한 자리로 데려갔다는 사실에 마음이 움직였다. 이 맥락에서 줄리는 자신이 다른 사람의 인생에 정말 도움이 되었다는 것을 체험했다. 이보다 더 강력하게 인정해 주는 치료 방법을 나는 알지 못한다. 내가 매일 줄리를 만나 그녀가 가치 있는 사람이라는 사실을 인정하도록 도울 수 있다. 그러나 이것은 그녀의 자기감에 영향을 주기 어렵다. 그렇게 하면 심지어 그녀와 멀어질 수도 있다. 그러나 외부증인이 누군가의 이야기 때문에 자기 삶에서 이동을 인정하는 경험은 언제나 놀랍도록 강력한 인정 효과가 있으며, 이것이 회복에 도움이 된다. 줄리는 자기 인생사에서 스쳐 지나간 '자기감'을 회복할 수 있다.

외부증인의 다시 말하기 4단계에서 달리 생각해 볼 것이 바로 '카타르시스' 개념이다. 지금 시대에 카타르시스는 역사적 트라우마든 아니든 증기기관의 뚜껑이 압력을 가하는 것처럼 통증 같은 물질이 정서체계를 억누른다는 생각과 관련된다. 이런 물질을 발산하거나 방출하는 것을 치유라고 한다. 카타르시스에 대한 이런 근대적인 이해 방식은 별로 달갑지 않다. 오히려 관심이 가는 것은 카타르시스에 대한 고전적 이해이다. 고대 그리스인들에게 카타르시스는 여러 의미가 있지만 핵심적인 것은 그리스 비극과 관련된다. 그리스 비극을 본 관객이 공연 시작 지점과 다른 곳으로 이동하게 되면, 이 강력한 드라마로 인해 자기 삶을 달리 생각하고, 개인적인 이야기를 새로운 관점에서 보게 된다. 그리고 이것이 소중한 가치 및 신념과 새롭게 연결된다면, 인생을 살아갈 새로운 아이디어를 얻는다면, 이런 가치와 믿음과 더 조화를 이루게 된다면, 이는 카타르시스를 경험한 것으로 이해되었다.

이 은유를 우리의 치료 장면에 적용하면, 샐리와 다이앤이 그들 삶의 이동에 대해 면담했을 때 그들은 카타르시스를 인정했다. 그들은 줄리 이야기가 자기 삶에 닿아 변화를 일으켰다고 했다. 나는 카타르시스가 인정되는 것을 줄리가 목격하는 것이 어떤 의미인지 말했으며, 이를 다시 언급할 것이다. 세상이 자신의 존재에 대해 아무런 반응을 하지 않는다고 믿었던 줄리에게 이것이 얼마나 강력할지 상상이 되는가? 누구에게도, 어떤 긍정적인 영향도 줄 수 없다고 굳게 믿었던 여성에게 이것이 어떤 영향을 줄 것이라고 상상하는가? 이와 같은 카타르시스 인정을 목격하는 것이 행위주체라는 느낌이 전혀 없는 사람에게 어떤 것일지 상상할 수 있는가? 이것이 줄리의 인생에서 그토록 찾아내기 힘들었던 '자기감'을 회복하고 개발하는 데 어떤 역할을 할지 상상할 수 있는가?

샐리와 다이앤과의 면담을 끝낸 다음, 나는 줄리를 돌아보고 그녀가 들은 내용에 대해 질문했다. 이 면담에서 외부증인이 말한 내용을 그녀가 전부 다시 말하도록 하지는 않았다. 면담은 외부증인인 샐리와 다이앤을 면담했을 때와 똑같은 네 가지 탐색 범주로 이루어졌다. 첫째, 듣고 나서 뭉클했던 것, 특별히 마음이 끌린 것, 주의를 끈 것, 상상력을 사로잡은 것이 무엇인지 물었다. '들으면서 마음이 끌린 것은 무엇인가요? 심금을 울린 특별한 단어가 있나요?' 등의 질문이었다.

둘째, 외부증인의 다시 말하기를 듣고 그녀가 떠올린 자기 인생의 은유나 심상이 무엇인지 물었다. '들으면서 어떤 이미지가 떠올랐나요? 당신의 인생에 대해 뭔가 알아차린 것이 있나요? 이것이 자신에 대해 갖고 있던 그림에 어떤 영향을 주었나요?' 등의 질문이었다. 또 이런 이미지가 그녀의 정체성을 반영하는지도 물어보았다. '이것이 당신에게 중요한 것, 소중히 여기는 것에 대해 무엇을 말해 주나요? 이것은 당신이 삶에 어떤 목적을 가지고 있다는 것을 보여 주나요? 이것이 어떻게 당신이 인생에서 지키고 싶은 것이나 희망을 보여 주나요?' 등의 질문이었다.

셋째, 줄리에게 그녀가 외부증인의 다시 말하기에서 들은 것과 공명이 어떻게 연결되는지 물었다. 샐리와 다이앤의 반영에서 마음이 끌리고 공명한 것과 관련된 그녀의 개인적 경험을 찾도록 했다. '샐리와 다이앤의 이야기를 듣고 심금이 울린 것을 이야기했는데, 이것이 당신 인생의 어떤 경험을 건드렸다고 보나요? 당신 인생의 어떤 부분에 닿은 건가요? 이때 특별한 기억이 떠올랐나요? 왜 마음이 끌렸는지 말해 줄 만한, 개인적 경험 중에서 뚜렷해진 것이 있나요?' 등의 질문이었다.

마지막으로, 줄리가 카타르시스를 확인하고 표현하도록 질문했다. 외부증인의 반영에 대해, 이 반영에 대한 그녀의 반영이 그녀를 이동시킨 것에 대해 말하도록 했다. '이 대화가 당신을 어디로 데려간 것 같나요? 지금 있는 장소는 이 대화를 시작할 때 있지 않던 자리인가요? 당신 인생에 대해 몇 가지 중요하게 깨달은 것, 샐리와 다이앤의 이야기를 들으면서 깨닫게 된 것을 이야기했는데, 이 깨달음이 어떤 영향을 미칠 거라고 생각하는지 궁금합니다. 당신은 이미 당신 인생에 대해 몇 가지 중요한 결론을 이야기했는데, 당신의 역사에 대한 이런 새로운 이해가 어떻게 도움이 될지 궁금합니다.' 등의 질문이었다.

정의의식 구조: 말하기와 다시 말하기

지금까지 요약한 치료 과정을 '정의의식(definitional ceremony)' 이라고 부른다. 정의의식은 말하기와 다시 말하기 구조로 되어 있다. 이것이 정의에 대한 특별한 전통을 재생산하는 이야기 실천 방식이다. 정의의식은 이야기치료의 특징을 기술하는 은유로 적절하다. 그것이 사람들의 정체성을 재정의하는 하나의 의식이기 때문이다. 정의의식이라는 말은 미국의 문화인류학자 바버라 마이어호프의 작업(1982, 1986)에서 가져왔는데, 이 용어가 관련된 은유의 본래 정서에 어울린다고 생각한다.

줄리와 샐리, 다이앤과 나눈 대화에서 보여 주었듯이, 이야기치료의 정의의식은 최소 다음 세 부분으로 구성된다.

63

1. 말하기
앞의 예에서 먼저 두 개의 이야기를 끌어내는 방식으로 줄리를 면담했다. 이것은 비극과 트라우마에 대한 말하기인 동시에 줄리가 비극과 트라우마에 대응하면서 인생에서 소중하게 여긴 것을 드러내는 말하기이다. 이 면담에서 상담사는 적절한 질문으로 이중이야기를 하는 맥락을 만든다. 이때 외부증인은 정확하게 청중의 위치에 있다. 나는 '외부증인'을 청중으로 기술하는 것이 적절하다고 본다. 대화의 적극적 참여자가 아니라 대화 바깥에서 대화를 지켜보기 때문이다.

2. 말하기에 대한 다시 말하기
줄리의 이중이야기가 펼쳐지면서 그녀가 인생에서 소중히 여기는 것이 어느 정도 분명하게 드러날 때 외부 반영을 위한 자리를 만든다. 인생에서 줄리가 소중하게 여기는 것을 강력하게 공명하는 것이 외부 반영이다. 이 공명 반영은 샐리와 다이앤이 외부자의 입장에서 목격한 결과물이다. 이 반영에서 외부증인은 줄리가 소중히 여긴 것을 생생하게 재현한다. 줄리는 이때 청중이 되어 외부증인의 반영에 귀를 기울인다. 줄리는 내가 외부증인의 심금을 울린 것(표현), 환기된 심상과 은유(이미지), 그들의 개인적 경험에 울림을 준 것(체화), 이것이 그들을 이동시킨 방식(카타르시스)에 대해 면담하는 것을 듣는다. 나는 매우 적극적으로 외부증인의 다시 말하기를 구조화하였다. 샐리와 다이앤에게 "줄리가 무엇을 말했다고 생각하나요?"와 같이 단순하게 질문하지 않았다. 대신 이미 설명한 탐색의 네 가지 범주에 따라 주의 깊게 면담했다. 네 가지 탐색 범주에 따라 면담을 하면서 비계설정(scaffolding)[3]을 할 때 상담사가 전적으로 중요한 책임을 진다는 것을 거듭 강조해야겠다. '그 말을 듣고 정말 줄리에게 깊이 감동했어요……'와 같은 식상한 공감 표현은 그 사람이 가치를 두는 것에 강력하게

---

3) 역주: 이야기치료에서는 사람들이 잘 알고 익숙한 방법과 거기에서 나오는 익숙한 결론으로 삶을 지속하는 것이 힘들 때 상담사를 찾는다고 본다. 이때 익숙하고 잘 알고 있는 것과 잘 모르지만 앞으로 하게 될 가능성이 있는 것 사이에 비계를 세우면서 자기 삶에서 무엇이 중요한지를 찾아내고, 조금씩 익숙한 것과 거리를 두는 대화를 비계설정 대화라고 한다. 이렇게 잘 알고 익숙한 것에서 시작하여 지금은 잘 모르지만 앞으로 가능한 것을 향하는 대화를 통해 행위주체로서 자기에 대한 의식을 갖게 된다. 이러한 변화는 상담사와의 협력을 통해 일어난다(이선혜, 정슬기, 허남순 공역, 2010, 이야기치료의 지도, White, M. 저, 2007, *Maps of Narrative Practice*, 서울: 학지사 참조). 이 장의 2절에 자세하게 서술되어 있다.

공명하지 못한다. 이 장의 앞에서 언급한 것처럼 충고, 의견 피력, 인정이나 강점 지적 등은 공명을 일으키기 어렵고, 자칫 이 맥락을 위험하게 만들 수도 있다.

정의의식의 초반부터 외부증인의 다시 말하기 비계설정을 책임지고 진행하는 것이 중요하다. 예를 들어, 외부증인이 다시 말하기를 '줄리, 정말 대단해요. 왜냐하면……'과 같은 극찬으로 시작한다고 해 보자. 상담사는 재빨리 "줄리 이야기가 당신을 사로잡았나 봐요. 보거나 들은 것 중에 주의를 끈 것, 줄리에게 정말 중요한 것이 정확하게 무엇인가요?"와 같이 줄리 이야기에서 외부증인의 마음을 끈 특정한 것을 말하도록 질문해야 한다.

3. 다시 말하기에 대한 다시 말하기   65

정의의식 구조의 첫 번째 '말하기'와 두 번째 '말하기에 대한 다시 말하기' 다음에 다시 줄리를 면담한다. 외부증인한테 들은 것을 반영하는 면담이다. 정의의식의 세 번째를 '다시 말하기에 대한 다시 말하기'라고 하는데, 이는 외부증인의 다시 말하기를 구성하는 탐색의 네 가지 범주와 동일한 내용이다. 즉, ① 외부증인의 주의를 끈 특정 표현, ② 이 표현이 환기한 그의 인생과 정체성의 이미지, ③ 그 사람에게 공명을 일으킨 표현, ④ 그 사람의 카타르시스 경험이다. 이때 외부증인은 다시 청중의 위치가 된다. 정의의식의 세 단계 사이에 이루어지는 이 자리 바꾸기는 명확하고 다소 공식적으로 진행한다. 자리 바꾸기가 분명하게 이뤄지지 않으면 대화는 구조화된 말하기와 다시 말하기가 아니라 여러 부분 사이의 단순한 대화가 되고

만다. 그렇게 되면 이 대화로 트라우마와 그 영향에 대처하는
데 반드시 필요한 '자기감'을 다시 개발하고 활기를 되찾게 할
가능성이 매우 낮다.

요약

정의의식을 시작할 때 줄리는 자기 인생과 정체성에 대해 매우
빈약한 결론을 내렸다. 그녀는 과거와 현재, 미래에 걸친 소중한 주
제의 연속적인 경험, 개인적 친밀함의 경험, 다른 사람과의 친밀한
관계의 기초가 되는 '자기감'의 흔적이 인생에 전혀 없었다. 줄리의
지배적인 감정은 황폐함, 공허함, 무능감, 무가치함이었다.

 66 줄리가 인생에서 가치 있는 것을 확인하고, 외부증인의 다시 말
하기를 통해 강력한 공명 반응을 위한 맥락을 만든 것이 그녀의 '자
기감'의 재개발과 재활성화의 첫 번째 단계였다. 이것이 시작 단
계라는 것이 그녀가 외부증인의 반영에 대한 다시 말하기를 풍부
하게 하고, 외부증인의 반영을 신체 감각으로 설명하면서 증명되
었다. 그녀는 말했다. "들으면서 평소와 다른 느낌이 들었어요. 이
느낌을 뭐라고 해야 할지 모르겠어요. 말이 턱 막혀요. 하지만 정
말…… 깊은 얼음에서 나오기 시작한 것 같아요. 겨울잠에서 깨어
나 밖으로 나온 것 같아요."

외부증인의 자원

이야기치료의 정의의식에는 항상 외부증인이 참여한다. 이 사례
의 외부증인은 줄리에 대해 잘 알고 있었다. 상담을 받는 사람과 외

부증인으로 초대된 사람이 아는 사이인 경우가 있다. 친척이나 친구, 지인이기도 하고 줄리의 경우처럼 알고 지내는 전문가일 수도 있다. 하지만 상담받는 사람이 언제나 외부증인으로 초대받은 사람하고 이전에 알고 지내던 사이인 것은 아니다. 트라우마 영향에 대한 상담의 외부증인은 트라우마와 그 영향에 대한 내부자 지식이 있는 자원봉사자 중에서 찾기도 한다. 나는 트라우마의 영향 때문에 상담했던 사람 중에서 나와 함께 작업하려는 열정이 있는 사람들의 명단에서 이 봉사자들을 찾기도 한다.[4] 또는 개인적이거나 사회적인 관계, 아니면 교육과 자문을 위해 덜위치센터를 방문한 동료 전문가 중에서 찾기도 한다.

나는 최선을 다해 책임 있게 외부증인의 다시 말하기 틀을 만들려고 한다. 이 책임을 다하기 위해서 적극적으로 외부증인을 면담하는데, 이 면담은 이 장에서 개략적으로 설명한 네 가지 탐색 범주로 구성된다. 외부증인을 전문가 중에서 택한 경우에는 외부증인의 다시 말하기 대화에서 인정의 특징에 대해 이야기를 나누는 것이 중요하다. 그렇게 하면 전문가들은 사람들의 생활과 관계를 이론의 틀로 보고, 가정하고, 전문가 집단의 전문 지식에 따라 사람들의 표현을 평가하고, 사람들의 생활 문제에 대한 개입과 처치를 정식화하는 것에서 한 발 물러날 수 있다. 외부증인의 다시 말하기 특성에 대해 이야기를 나누면 전문가들이 다음과 같은 원칙을 유지할 수 있게 된다.

67

---

4) 면담이 끝났을 때 줄리는 외부증인에 자기 이름을 넣어 달라고 요청했다.

1. 내담자의 표현에서 마음이 끌린 것을 알아챈다.
2. 표현이 환기한 이미지를 의식한다.
3. 표현과 이미지에 공명한 자기 경험에 주의를 기울인다.
4. 그들이 말하기의 청중이 되고, 다시 말하기에 참여하면서 이동하는 것을 성찰한다.

카타르시스의 확대 실행

이 장에서는 외부증인이 카타르시스를 인정하는 것이 중요하다는 것을 강조했다. 정의의식의 두 번째 단계에서 외부증인이 카타르시스를 인정하는 방식을 설명했다. 이제부터 카타르시스를 확대 실행하는 방법을 이야기하려고 한다.

심각하고 반복적인 트라우마를 겪는 사람들은 세상이 자기 존재에 대해 일체 반응하지 않는다고 강하게 느낀다. 자신이 주변 세계에 어떤 식으로든 영향을 준다는 것을 믿지 않을 때 능동적 주체라는 느낌은 당연히 줄어든다. 그 결과, 자신이 자기 인생과 관계없으며, 공허하고 마비되거나 생명이 얼어붙은 것처럼 느낀다. 이 때문에 트라우마의 지배를 받는 사람들은 세상이 그들 존재에 대해 어떤 식으로든 반응한다는 것을 알고, 세상에 작은 차이를 만드는 경험을 하는 것이 대단히 중요하다. 카타르시스의 확대 실행으로 이것이 상당 부분 가능할 수 있다.

이 가능성을 보여 주는 이야기를 하나 나누려고 한다.

매리앤(Marianne)은 심각하고 반복적인 트라우마를 겪었다. 이로 인해 오랫동안 해리로 고통을 겪었다. 스트레스 상황에서 트라우마를 재경험하곤 했는데, 그녀가 재경험하는 것이 기억(역주: 실제가 아님)이라는 것을 전혀 알지 못했다. 두 번째 면담을 할 때 세 명의 외부증인이 있는 자리에서 매리앤을 면담했다. 이 중 두 사람은 트라우마의 영향 때문에 상담을 한 적이 있는데, 상담을 종결하고 흔쾌히 외부증인 명단에 이름을 올렸다. 다른 한 증인은 상담사인 헤이즐(Hazel)이었다. 헤이즐은 트라우마로 고통받는 사람들과 작업하는 데 특별히 관심을 가지고 있다.

상담 초반, 트라우마 경험과 그것이 매리앤의 인생에 끼친 영향에 대해 이야기를 나눴다. 이 단계에서 주의 깊게 경청하면서 트라우마에 대한 대응을 탐색할 문을 찾아 그것을 토대로 그녀가 인생에서 소중히 여기는 것을 찾아냈다. 그런 다음 이 장에서 소개한 것처럼 외부증인을 면담했는데, 매리앤이 헤이즐의 카타르시스 인정에 특별히 끌리는 것을 알아챘다. 헤이즐은 인정 과정에서 자신이 두 명의 내담자와 작업하는 데 도움이 될 새로운 깨달음을 얻게 되었다고 했다. 이들은 트라우마의 영향 때문에 헤이즐한테 상담을 받는 사람들이었다. 헤이즐은 지금껏 두 여성과 상담하면서 갑갑증이 났고, 만족스럽게 진행되지 않아 좌절했다고 말했다. 그래서 지난달 내내 상담에 실패할까 봐 걱정을 했다고 한다.

외부증인의 다시 말하기에서 헤이즐은 두 여성의 상담에 적용할 수 있는 새로운 가능성을 깨달았다고 말했다. 그녀는 "내가 매리앤의 말을 들었기 때문에 이제 내담자와 어떻게 상담할지 생각이 분명해졌어요."라고 이야기를 마무리 지었다. 외부증인의 다시 말하기에 대한 반영을 면담할 때, 매리앤은 자신이 헤이즐의 상담에 기여했다는 것을 몇 차례 강조했다. 그녀는 약간 충격을 받은 것 같았다. "제가 언제나 쓸모없고 다른 사람한테 짐밖에 안 된다고 생각했어요. 다른 사람에게 도움이 될 수 있다고 생각해 본 적이 없어요.

69

이건 정말 제 생각에 굉장한 일이에요. 이건 좀 오래갈 것 같아요!"

상담이 끝날 무렵 헤이즐은 자신이 카타르시스를 인정한 것이 매리앤에게 어떤 의미인지를 명확하게 이해했다. 3주 후에 나는 두 통의 편지를 받았다. 헤이즐이 편지 한 통을 보냈다. 그 안에는 매리앤에게 보내는 편지가 따로 동봉되어 있었다. 헤이즐은 봉투 겉표지에 이 두 통의 편지는 자신과 그녀의 내담자 둘이 같이 작성한 것이며, 매리앤의 이야기가 트라우마의 영향과 싸우는 이 여성들에게 새로운 길을 보여 주었다고 했다. 그녀는 다음번에 매리앤을 만나면 편지를 읽어 주라고 부탁했다.

나는 곧장 그렇게 했다. 매리앤은 몹시 감동했으며, '정신을 차리려고' 정원으로 담배를 한 대 피우러 나갔다. 그녀는 두 장의 봉투에 든 선물에도 크게 감동했다. 편지 한 통에는 매리앤에게 받은 도움을 적은 아름다운 손 카드가 들어 있었다. 또 다른 편지에는 시내 카페의 에스프레소와 케이크 쿠폰이 다섯 장 들어 있었다. 두 여성이 카드와 쿠폰을 선물로 보낸 것이다. 그들은 편지에서 매리앤이 트라우마를 치유하려는 자신들의 노력에 도움을 주었다고 인정했다.

편지와 카드, 쿠폰은 카타르시스의 확대 실행을 보여 주는 예이다. 카타르시스의 확대 실행은 정의의식의 두 번째 단계인 외부증인의 카타르시스 인정 다음에 이루어진다. 카타르시스의 확대 실행으로 줄리는 행위주체로서의 감각을 분명하게 느꼈으며, 세상이 자기 존재에 반응한다는 것을 알았다. 카타르시스의 확대 실행은 이런 식으로 '자기감'을 재개발하고 재활성화하는 데 크게 기여한다. 매리앤은 편지를 읽고 선물을 받고 나서 줄리가 말한 것과 비슷한 신체 감각을 말했다.

70

앞서 언급한 것처럼 매리앤은 이런 인정을 받고 숨을 쉬지 못할 지경이 되었다. 얼마 후 그녀는 살아오면서 이런 인정을 받은 경험이 전혀 없으며, 그것이 자신이 알던 것에서 빛의 속도로 멀어지게 만드는 경험이었다고 말했다. 이 인정이 자신이 반박하거나 부인할 수 없는 형태였던 것도 중요했다고 말했다. 기분을 맞춰 주려고 긍정적인 점을 알려 주는 인정이 아니었다. 그녀는 자기 말에서 나온 사실적인 설명이 다른 사람에게 파문을 일으키고 의미 있게 가닿는 것을 경험한 적이 없었다. 이 경험은 그녀가 트라우마 역사에서 회복하여 인생에서 새로운 주도권을 갖는 플랫폼이 되었다.

나중에 나는 이 카타르시스의 확대 실행이 매리앤에게 깊은 치유적 공명을 일으켰다는 것을 알았다. 그녀가 불의에 맞서는 사람들에게 도움이 될 수 있다는 깨달음은 오랫동안 희미하지만 가슴 깊이 간직한 희망, 즉 자신이 겪은 모든 일이 의미 없는 것이 아닐 것이라는 희망에 공명을 불러일으켰다. 나는 이 소식에 놀라지 않았다. 왜냐하면 심각한 트라우마로 고통받는 사람들이 공통적으로 세상은 자신이 겪은 것을 다르게 보기를 열망하거나, 자신이 겪고 견딘 모든 것이 무의미하지 않기를 은밀하게 염원하거나, 자신이 비슷한 경험을 하는 사람에게 도움이 되기를 숨죽여 바라거나, 다른 사람을 고통에서 구제하는 데 뭔가 역할을 했으면 하는 환상을 갖거나, 세상의 불의를 바로잡는 일에 어떤 역할을 했으면 하는 열정을 오랫동안 품고 있는 것을 보았기 때문이다.

71

정의의식 구조의 가치

이 장에서는 트라우마로 고통을 겪는 사람들과 상담할 때 정의

의식 구조를 확립하는 데 초점을 둔다. 이 구조가 얼마나 효과적인 지는 아무리 강조해도 지나치지 않다. 이 구조는 트라우마 경험으로 위축되고 지워진 '자기감'을 되살리는 데 큰 도움이 된다. 경험 상 이런 상황에서 이보다 더 강력한 치료 과정은 있을 수 없다. 예를 잘 보여 주는 또 다른 이야기를 소개하겠다.

폴

폴(Paul)은 12세 소년이다. 그의 부모가 폴을 너무 걱정해서 데리고 왔다. 그들은 폴이 슬프고, 불안하고, 외롭다는 식으로 늘 자기 정체성과 생활을 아주 부정적으로 표현한다고 했다. 부모가 걱정을 털어놓는 동안 그는 조용히 훌쩍이고 있었다.

72

그들은 폴이 예민하고 매사를 마음에 담아 두는 습관이 있다고 했다. 이런 그가 어렸을 때부터 크고 작은 어려움 때문에 스트레스를 받는 것은 이상할 게 없지만, 지난 18개월 동안 불안과 슬픔이 커져서 생활 전반에 영향을 준다는 것을 알게 되었다고 한다.

폴이 계속 울고 있어서 부모한테 최근 상황을 어떻게 이해하는지 물었다. 폴의 어머니는 여러 문제가 있지만 최근 폴이 학교에서 지속적으로 괴롭힘과 따돌림을 당한다고 했다. 이때 그가 흐느끼기 시작했다. 나는 어머니가 아는 것처럼 괴롭힘과 따돌림이 폴에게 중요한 문제라는 것을 확실하게 알게 되었다.

그에 대해 폴에게 물었지만 아직 대화에 낄 준비가 안 된 것 같았다. 부모님 하고 괴롭힘과 그것이 그에게 미친 영향을 더 이야기해도 좋은지 물었더니 좋다고 했다. 그래서 그의 부모와 함께 이 괴롭힘의 특별한 책략에 대해 아는 것, 폴의 생활에서 그것의 결과라고 생각되는 것에 대해 대화를 시작했다. 예를 들어, 이런 책략과 태도가 폴의 자기 이미지에 어떤 영향을 주는지 탐색했다. 그것이 폴의 사회적·정서적 세계를 어떻게 방해한다고 생각하는지도 물었다. 괴롭힘이 폴을 고립시키고, 정서생활을 황폐하게 만든다는 것이 명확해졌다. 이 지점에서 어머니가 처음으로 폴이 당하는 것을 '학대'라고 분명하게 말했다.

이제 폴은 대화에 들어올 준비가 좀 더 된 것 같았다. 질문에 답하면서 폴은 부모님의 생각처럼 자신이 슬프고, 외롭고, 정체성과 생활에 대해 '나약하고' '병적이고' '부적절하고' '무능하다'는 부정적 결론을 가지고 있다고 인정했다. 또 학교에서 당하는 끝없는 괴롭힘과 따돌림 때문에 부모님이 그렇게 이해하는 것이 맞다고 했다. 폴이 어떻게 우리 대화에 들어오게 되었는지 궁금해졌다. 나는 이것이 부모가 또래 괴롭힘의 책략과 태도라고 이름 붙인 것인지, 또 이것이 그의 생활에 미친 영향이라고 보는지 적극적으로 물어보았다. 폴은 이를 모두 인정했고, 대화가 진행되면서 이런 책략과 태도, 결과에 대해 처음으로 이 자리에서 그 독특성을 확인하고 이름 붙인다는 것을 알았다. 이를 통해 그가 다소 위안을 얻은 것이 분명했다.

가족이 상황에 대처하기 위해 시도한 일에 대해 대화하면서 어머니가 학교에 몇 차례 문제를 제기했으나 소용이 없었다는 것을 알게 되었다. 그녀의 걱정은 매번 "문제를 검토했지만, 문제는 폴이 가지고 있다고 봅니다. 자존심과 관련해서 폴은 도움이 필요해요." 또는 "이제는 폴이 자신을 봐야 할 때라고 보지 않으세요? 바깥세상은 넓어요. 그 아이는 좀 더 자기주장하는 법을 배워야 해요."라는 식으로 묵살당했다.

73

부모가 폴의 곤경에 대해 취한 조치를 더 이야기를 하고 난 다음, 그가 어려움에 대응한 것들을 탐색했다. 어느 누구도 학대를 수동적으로 당하지만은 않는다. 모든 사람은 어려움에 끊임없이 대응하지만, 이런 대응은 알려지지 않는다. 학대의 맥락에서 이런 대응은 대부분 무시되고, 조롱당하고, 축소되고, 모욕당하고, 눈에 띄지 않기 때문이다. 학대에 대한 사람들의 대응은 그들이 인생에서 소중하게 여기는 것과 폭력에 대항하는 방식에 바탕을 둔다.

학대로 힘겨워하는 사람들과 대화할 때는 언제나 그들이 곤경을 겪으면서 대응한 것을 가시화하고 풀어헤치는 것이 대단히 중요하다. 이렇게 사람들의 대응이 펼쳐질 때 그들이 소중하게 여기는 것이 풍부하게 드러난다. 이를 통해 사람들이 소중히 여기는 것이 독특한 모습으로 인정되고 또 정교해질 수 있다. 이것이 폭력에 대항하는 행위를 더 발전시키는 토대가 된다. 일상생활에서 권력에 대항하는 것은 특별한 사회적 기술이 있어야 하지만 이런 행위의 발달과 수행이 인정되는 경우는 거의 없다.[5]

 74

폴이 겪는 곤경을 탐색한 결과, 그가 학교 사서와 친해져서 점심시간에 운동장 문화와 거리를 두고 도서관에서 시간을 보낸다는 것을 알게 되었다. 이것과 또 다른 시도들이 대화에서 풀려나왔다. 이 이야기가 나오자 폴과 부모는 폴이 폭력에 맞서 개발한 행동을 더 잘 알게 되었다. 그것이 폴이 삶에서 소중하게 여기는 것을 반영한다. 폴은 좀 더 편안하게 대화에 참여했고, 그의 트라우마에 대한 대응은 더욱 풍성하게 드러났다.

---

5) 상담사가 이러한 폭력에 대항하는 행위를 더 광범위한 저항 기술로 인정하는 것이 도움이 된다.

폴과 부모의 동의를 얻어 학교에 전화를 걸었다. 학교 관계자와 협력해서 폭력적인 학교 운동장 문화에 대처하고 싶었기 때문이다. 괴롭히는 아이들도 만나고 싶었다. 학교의 반응은 폴의 어머니가 예측한 대로였다. 학교는 긍정적이지 않았다. 조심스럽게 말했는데도 교장은 나의 제안에 짜증 내면서 "근거도 없이 운동장 문화가 어떻다고 말하는 겁니까?"라고 했다.

나는 폴의 어머니에게 전화를 걸어 대체된 계획, 즉 폴이 알지 못하는, 또래 괴롭힘을 당한 어린이 몇 명을 다음 상담에 초대하는 것을 말해 주었다. 이 어린이들이 어른인 우리가 놓친 폴의 이야기를 인정해 주고, 우리의 능력을 넘어서 폴의 이야기에 정당성을 부여해 줄 것이라고 했다. 폴의 어머니는 이 생각을 적극 지지했다. 무엇보다 아들이 너무나 외롭다고 걱정했기 때문이다. 그의 아버지는 "글쎄요, 우리가 놓친 게 없는 것 같은데요."라고 반응했다. 폴은 다소 불안해하긴 했지만 이를 긍정적으로 받아들였다.

나는 치료를 위해 나한테 등록된 사람들한테 연락을 하기도 한다. 나와 과거에 상담한 사람들과 그들의 뒤를 따르는 사람을 돕겠다고 하는 이들의 명단이 있다. 명단에서 또래 괴롭힘 때문에 의뢰된 어린이 등록자 가운데 가장 최근에 상담한 세 가족에게 전화를 했다. 부모들과 마찬가지로 아이들도 이 소집에 열정적으로 응해서 다른 사람을 찾을 필요가 없었다. 오래지 않아 폴과 부모를 만날 때 이 세 손님도 참여했다.

모임 초반에 또래 괴롭힘의 경험, 그를 힘들게 하는 또래 괴롭힘의 책략, 그의 생활에서 그것의 결과, 어려움에 대응한 방식에 대해 폴과 이야기를 나누었다. 대화를 하면서 그가 자신의 대항 행위와 삶에서 소중하게 지켜 온 것, 굴복하지 않은 것을 풍부하게 이야기할 수 있도록 비계를 설치했다. 대화를 하는 동안 세 손님은 청중 자리에서 참여했다.

그다음 폴과 부모에게 뒤에 가서 앉으라고 하고, 세 아이와 다음에 대해 이야기를 나누었다.

1. 폴의 이야기를 들으면서 마음에 특별히 끌린 것이 무엇인가?
2. 여기에서 떠오른 이미지는 무엇인가? 이것이 폴이 어떤 사람 이고, 폴에게 무엇이 중요하다는 것을 보여 주는가?
3. 이 이미지와 그들은 어떤 관계가 있는가? 이것이 그들의 어떤 경험을 건드리는가?
4. 폴의 학대 이야기의 증인이 되어 이야기에 반영하면서 어디로 이동했는가?

아이들의 다시 말하기에서 폴이 폭력에 맞선 행위의 의미가 보다 또렷해졌고, 폴이 삶에서 지켜 온 것이 더욱 풍성하게 드러났다. "폴은 전혀 끌려가지 않았어요. 그 아이들이 다른 애들을 괴롭히고 따돌리는 데 끼라고 했지만 하지 않았어요." "폴은 다른 아이를 걱정하고 이해하면서 버텼어요." "폴은 다른 아이들에게 책임을 떠넘기지 않았어요. 더 작은 아이들을 따돌리지 않았어요."

아이들의 다시 말하기가 진행되는 동안 폴이 울기 시작했고, 그러다가 흐느꼈다. 학대 맥락에서 무시되고 평가절하된 존재 방식이 인정되고 존중된다는 것이 지금 분명해졌기 때문일 것이다. 폴은 학대 맥락에서 부과된 정체성에 대한 부정적 결론과 갈라서고 있었다. 세 명의 외부증인이 뒤로 물러나 앉은 후, 다시 말하기에서 그가 들은 것과 이 때문에 자신의 생활에 대해 알게 된 것을 이야기해 보니 내 직감이 맞았다. 다시 말하기 경험은 그의 삶에서 전환점이 되었으며, 폴이 자기 인생과 정체성에 대한 부정적 결론 때문에 다시는 상처받지 않으리라는 게 확실해졌다.

세 명의 어린이가 폴의 이야기를 듣고, 그의 이야기에 다시 말하기를 하면서 이동했다. 이들은 이동 경험을 인정하고, 무엇보다 정의롭지 못한 또래 괴롭힘을 바로잡는 데 도움이 되는 행동을 이야기했다. 이동의 인정은 언제나 괴롭힘을 경험한 사람에게 강력한 공명을 일으킨다. 이는 그들이 어려움을 겪으면서 품게 된, 세상이 달라져야 한다는 갈망을 포함하여 삶에 대한 다양한 감정에 공명을 일으킨다.

폴과 부모, 외부증인인 세 어린이와 나눈 이야기가 더 있다. 우리가 만나면서 펼쳐진 발전에 대해 간단하게만 이야기하겠다. 그것이 뛰어난 성과라고 보기 때문이다. 다섯 번째 만남에서 폴은 또래 괴롭힘에 대해 내부자 지식을 가지고 있는 다른 아이들을 찾아다니기 시작했다. 이 아이들 대부분이 폴의 학교에 다녔다. 이 아이들을 확인하고, 또래 괴롭힘을 당하는 것이 그들이 소중하게 여기는 것에 어떤 영향을 미쳤는지, 그들이 운동장 문화에서 좀 더 명예롭게 소년답게 지키려고 한 것이 무엇인지에 대해 이야기를 나눴다. 또래 괴롭힘에 대응한 것을 폭력에 맞선 행위로 인정한 것이 폴에게는 매우 중요했기 때문에 이 아이들이 어려움을 겪으면서 대응한 것에 대해서도 이야기를 해 나갔다. 이를 통해 폭력에 맞선 행위에 대해 함께 지식을 모으고, 운동장 문화의 대안 문화를 개발하기 시작했다. 그다음 상담에서 나는 폴과 이 가운데 몇 명을 아주 즐겁게 만났다.

일련의 상담이 끝난 후 폴과 부모에게 우리 상담을 반영해 주고,

77

그들에게 가장 도움이 된 것과 그 의미를 말해 달라고 했다. 도움이 되지 않은 것도 이야기해 달라고 했다. 질문에 답하면서 그들은 세 명의 어린이가 외부증인으로 참석한 면담에 대해 한참 동안 이야기했다. 나는 우리가 함께 한 모든 작업에서 그들의 기여가 얼마나 가치가 있었는지 물었다. "그들이 상담을 한 번 더 한만큼 가치가 있었나요? 아니면 한 번 상담의 절반 아니면 두 번 상담만큼? 어떻게 보시나요?" 이 질문에 폴과 그의 어머니와 아버지 모두 개별적으로 평가를 했다. 점수는 모두 다 높았다. 이 숫자를 3으로 나누어 평균을 냈는데, 평균이 837.4회기였다. 이 가족과 여섯 번 만났으니 나의 치료 기여도는 6이었다. 폴의 트라우마 대처를 위해 진행된 843.4회기 중에서 나의 기여도는 1%에도 미치지 못한 것으로 나타났다. 이는 트라우마 경험 때문에 찾아온 사람들과 상담할 때 정의의식 구조의 효과를 보여 주는 특별한 사례가 아니다. 앞서 제시한 것처럼 인정하는 구조로 외부증인 반영을 하면 누구든 외부증인 반영을 높게 평가한다.

트라우마 고통을 겪는 사람과 작업할 때 정의의식 구조를 활용한 세 가지 예를 보여 주었다. 줄리와 매리앤, 폴의 사례 모두에서 외부증인은 내 능력 이상의 일을 해냈다. 그러나 나도 이 사례 모두에 영향을 주었다. 이 장에서 개략한 네 가지 탐색 범주에 따라 외부증인 면담을 하지 않았으면 외부증인 반영이 사례와 같이 이루어지지 않았을 것이기 때문이다. 네 가지 범주에 따라 면담했기 때문에 다시 말하기가 촉진되었고, 줄리와 매리앤, 폴에게 그토록 강한 공명이 일어났을 것이다.

🌱 2부: 다시 쓰기 대화─하나의 이야기에서 여러 개의 이야기로

이번에는 앞서 이중경청 원칙을 설명할 때 언급한 주제를 살펴보기로 한다. 주제는 인생이 여러 이야기로 이루어진다는 것이다.

트라우마를 경험한 사람을 처음 만나면, 그들은 자신이 겪은 슬픔과 고통스러운 처지를 전력을 다해 설명한다. 그들은 비극과 상실이라는 특정 주제에 맞춰 인생의 몇 가지 사건을 순서에 따라 드러내고, 연결해서 설명한다. 이런 설명은 종종 매우 빈약하고, 잘 연결이 되지 않고, 선호하는 '자기감'을 반영하는 가치 있는 주제를 빠뜨리지만, 그럼에도 불구하고 이야기로 구성된다.

이런 상황에서 사람들은 이야기로 자기 존재의 총체성을 나타낸다. 즉, 자기 삶을 단일한 이야기라고 보고, 자신이 희망 없고, 황량하고, 공허하고, 수치스럽고, 절망적이고, 우울한 느낌으로 가득 찬 단일 차원의 삶에 꼼짝 없이 묶여 있다고 생각한다. 하지만 인생은 언제나 여러 개의 이야기로 이루어진다. 건물의 은유가 인생이 여러 개의 이야기라는 것을 이해하는 데 도움이 될 것이다. 인생은 엘리베이터와 계단, 에스컬레이터, 비상구가 없는 여러 개의 이야기로 이루어진 건물이 될 것이다. 1층에서 다른 층으로 접근하는 것이 제한된 사람에게는 길이 없다. 이 사람은 다양한 인생이야기가 있는 건물의 다른 층으로 접근하는 것이 거부되었다. 그들은 자신을 지배하는 트라우마를 벗어나도록 도와줄 삶의 다양한 지식이나 경험을 포함하여 인생에서 소중히 여기는 것을 발견할 다른 영토에 접근하는 것이 거부되었다.

79

건물의 은유를 가지고 이야기하자면, 건설노동자가 건축 작업을 도울 비계를 설치하는 것처럼 정의의식을 포함한 이야기치료 방식이 치료대화를 전개하는 비계가 된다고 할 수 있다. 비계를 설치해서 상담사가 탐색하고 질문하는 구조가 만들어지면, 사람들은 자기 삶의 다른 이야기와 그것에 관련된 다른 정체성의 영토로 접근한다. 치료대화의 맥락에서 이 다른 이야기와 다른 존재의 영토를 처음 확인할 때, 이것은 너무나 미세한 틈처럼 보일 것이다.

은유를 뒤섞는 것이 다소 위험하지만 이 다른 존재의 영토가 처음에는 거센 해류와 연이어 태풍이 부는 망망대해에 떠 있는 산호초처럼 보일 것이다. 하지만 대안적 이야기가 치료대화에서 좀 더 전개되면 그것은 안전하게 생명을 유지할 수 있는 섬이 되고, 더 나아가 다도해가 되어 다른 세계를 열어 준다. 대안적 이야기가 전개되고 다른 삶의 영토가 탐색될 때, 사람들의 트라우마와 고통의 이야기가 무효화되거나 추방되지는 않는다. 대신 사람들은 대화하면서 트라우마 경험에 제한받지 않으며 이 경험을 표현할 수 있는 다른 자리를 찾게 된다.

이 장에서 설명한 것처럼 대안적 삶의 영토에 접근하는 첫 단계는 사람들이 소중히 여기는 것을 발견하는 것이다. 사람들은 언제나 무엇인가에 가치를 부여한다. 사람들이 살아 있다는 것 자체가 그 증거일 것이다. 사람들이 가치를 부여하는 것을 확인하는 것이 어렵기는 하지만 고통과 힘겨움의 표현이 대개 단서가 된다. 예를 들어, 어떤 사람이 고통을 표현하는 것은 트라우마 맥락에서 그 사람이 소중히 여긴 것이 침해당하고 모욕당했다는 증거로 간주될 수 있다. 이렇게 볼 때 고통의 강도는 침해당하고 모욕당한 것을 소중히 여긴 정도에 상응한다고 할 수 있다. 트라우마로 인한 나날의 고통 경험은 그 사람이 계속 가치를 지키려는 헌신을 반영하고, 그들의 경험과 상황, 환경에 체념하기를 거부하는 정도를 반영한다고 할 수 있다(White, 2000b, 2003). 트라우마로 인해 계속되는 고통은 그 사람이 트라우마에 굴복하기를 거부하고, 소중한 것을 지키려고 바치는 공물이라고 할 수 있다.

거듭 말하지만, 그 사람이 소중히 여기는 것을 확인하는 것은 대안적 인생이야기를 전개하고, 정체성의 다른 영토를 탐색하는 문을 여는 것이다. 이 장의 사례들에서 대안적 이야기를 전개하고 새로운 영토를 여는 다음 단계는 사람들이 소중히 여기는 것에 대한 공명 반응을 잘 정리하는 것이었다. 공명 반응에서는 사람들이 소중히 여긴 것이 풍부하게 이야기되고, 가치 있고 진실하다는 것을 인정하는 방식으로 다시 부각된다.

다음에서는 다시 쓰기 대화를 삶에 대한 대안적 이야기를 전개하고 대안적인 정체성의 영토에 대한 지도 그리기(mapping)에 활용하는 방식을 살펴보기로 한다.

다시 쓰기 대화

트라우마로 고통받는 사람들과 작업할 때 '다시 쓰기 대화 지도(re-authoring conversation map)'의 역할을 빼놓을 수 없다. 여기서 다시 쓰기 대화 지도를 충분하게 다룰 수는 없지만 이 지도와 관련된 실천의 맛을 보여 주려고 한다. 이 지도와 관련된 치료에 관심이 있는 독자들이 이용할 수 있는 자료가 매우 많다(White, 1991, 1995; Morgan, 2000; Freedman & Combs, 1996).

다시 쓰기 대화는 행위 조망과 정체성 조망이라는 두 개의 조망

81

정체성 조망				
	먼 역사	최근 역사	현재	가까운 미래
행위 조망				
	먼 역사	최근 역사	현재	가까운 미래

그림 1

으로 구성된다.[6] 이 두 개의 조망은 제롬 브루너(Jerome Bruner, 1986)와 문학이론가 그리머스와 코츠테(Griemas & Courtes, 1976)에게서 빌려 온 것이다.

행위 조망

82

행위 조망은 주제나 구성이 시간 순서에 따라 연결된 사건으로 구성된다. 네 가지 요소가 이야기의 기본 구조가 된다. 예를 들어, 소설을 읽다 보면 특정한 사건에 대해 주제나 구성이 단선적이지 않을 때도 있지만 순서대로 이야기가 전개된다. 구성은 연애소설이나 비극, 희극, 막간 소극 같은 것이 될 수 있다.

---

6) 브루너(1986)는 문학이론에 따라 정체성(identity)이 아닌 의식 조망(landscape of consciousness)이라는 용어를 사용하였다. 나는 이것이 좀 더 정확한 기술이라고 보지만 심리치료 문화의 맥락에서 '의식'이라는 용어는 다른 역사적 조합이 있어 혼동되는 경향이 있다.

역주: 마이클 화이트는 '의식'이라는 단어가 '불의에 대한 각성'을 의미하거나 '의사결정에 관여하는 심리 메커니즘'을 의미하거나 '무의식'과 대비되는 개념으로 의식적 행동을 의미하기도 하는 등 다양한 의미로 사용되기 때문에 '의식 조망' 대신 '정체성 조망'의 용어를 사용한다고 한다(이선혜, 정슬기, 허남순 공역, 2010, 이야기치료의 지도, White, M. 저, 2007, Maps of Narrative Practice, 서울: 학지사 참조).

정체성 조망

정체성 조망은 마음(mind)의 서류함 같은 정체성의 범주로 구성된다. 이 정체성의 범주는 문화와 연관되는데, 여기에는 동기, 소인, 성격 특성, 강점, 자원, 욕구, 추동, 의도, 목적, 열망, 가치, 신념, 희망, 꿈, 소신 등이 포함된다.

사람들은 이와 같은 마음의 서류함으로 정체성에 대한 여러 가지 결론을 정리한다. 정체성 결론은 대개 행위 조망으로 들어온 사건을 성찰함으로써 얻어진다. 이야기를 형성하는 '구성적 관점'에 따르면, 사람들의 삶은 동기나 성격 특성처럼 이름 붙여진 것으로 이루어지는 것이 아니라, 이런 마음의 서류함으로 자신의 동기나 성격 특성에 내린 결론으로 형성된다.

다시 쓰기 대화 지도를 가지고 진행하는 치료대화에서 상담사가 할 일은 질문으로 비계를 만들어 인생에서 무시되었지만 보다 빛나는 순간과 행동을 많이 끌어내어 함께 이야기를 만들어 내는 것이다. 또 사람들이 사건과 그로부터 펼쳐지는 대안적 이야기의 주제를 성찰하고, 지금까지 자기 삶을 제약한 결함 중심의 정체성과는 모순되는 결론을 끌어내도록 돕는 것이다.

다시 쓰기 대화를 가지고 트라우마를 경험하는 사람과의 상담을 간단하게 설명해 보려고 한다. 이를 위해 줄리 이야기로 돌아가 보자. [그림 2]는 줄리 이야기에서 이루어진 지그재그식 다시 쓰기 대화 진행을 시각적으로 잘 보여 준다.

줄리와 나눈 이야기 가운데 정의의식 말하기와 다시 말하기 구성을 다시 쓰기 대화 지도를 가지고 살펴보자. 줄리는 자동차 사고로 쓰러진 어린아이를 보고 마비되었다고 말했다. 이는 행위 조망

83

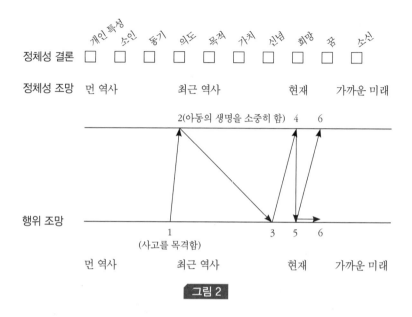

정체성 결론 | 개인특성 | 소인 | 동기 | 의도 | 목적 | 가치 | 신념 | 희망 | 꿈 | 소신

정체성 조망   먼 역사   최근 역사   현재   가까운 미래

2(아동의 생명을 소중히 함)   4   6

행위 조망
1
(사고를 목격함)   3   5   6

먼 역사   최근 역사   현재   가까운 미래

그림 2

84

의 재료이다([그림 2]의 1 참조). 대화를 해 나가면서 이 사건과 그에
대한 줄리의 대응 이야기는 그녀가 인생에서 소중히 여기는 것, 어
린아이의 생명을 소중히 한다는 것으로 가는 길이 되었다(정체성
조망의 소재; [그림 2]의 2 참조).

그다음에 줄리가 자신이 소중히 여기는 것이 강한 울림을 준다
는 것을 경험할 수 있는 맥락을 만들었다. 이것은 외부증인의 다시
말하기를 통해 이루어졌다. 외부증인은 줄리의 이야기에서 심금을
울렸던 것(행위 조망의 소재; [그림 2]의 3 참조), 그녀 이야기가 환기
시켜 준 정체성 이미지(정체성 조망 소재; [그림 2]의 4 참조), 자신의
개인적 경험에 울림을 준 것(행위 조망의 소재; [그림 2]의 5 참조), 이
것이 그들을 이동시킨 것(행위 조망과 정체성 조망의 소재; [그림 2]의
6 참조)에 대해 이야기했다.

면담의 세 번째 부분에서는 외부증인의 '다시 말하기'를 들은

것에 대해 면담했다. 이 면담은 다시 말하기로 된 똑같은 탐색의 네 가지 범주를 가지고 진행되었다. 내 질문에 대해 줄리는 그녀의 마음을 끈 외부증인의 표현(행위 조망의 소재), 이 표현이 환기한 자기 인생에 대한 심상(정체성 조망의 소재), 이것 때문에 떠올린 경험(행위 조망의 소재), 이것이 자기 삶의 관점에 미친 영향(정체성 조망의 소재)을 이야기했다. 이 역시 [그림 2]와 같이 나타낼 수 있다.

두 번째 상담에서도 줄리와 이야기치료의 다시 쓰기 대화를 계속했다. 이 대화를 [그림 3]으로 설명한다.

> 마이클: 첫 번째 상담이 끝났을 때 외부증인 이야기에서 당신의 주의를 끈 것이 무엇인지, 흥미를 끈 것이 무엇인지 물었습니다. 그중에서 당신은 어린아이의 생명이 당신에게 얼마나 소중한지 그리고 당신이

85

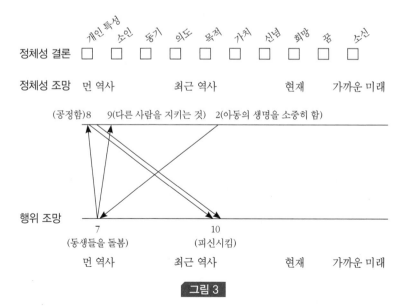

그림 3

항상 그것을 지켜 왔다는 것을 명확하게 깨닫게 되었다고 했습니다. 저는 어린아이의 생명을 소중히 한다는 것을 보여 줄 어린 시절 이야기가 뭐가 있을지 궁금해졌습니다.

이것은 줄리 삶의 사건에 대한 행위 조망 질문이다. 행위 조망 질문은 줄리가 어린아이의 생명을 소중히 한다는 것을 분명하게 깨닫게 된 것을 확인한 정체성 조망의 전개에 따른 것이다.

> **줄리:** 글쎄요…… 음…… 딱히 이야기할 건 없는데요. 그러니까 전 기억에 문제가 많아요. 기억나지 않는 게 많아요.…… 그래서 잘 모르겠어요.

줄리가 '모르겠어요.'라고 반응하자 좀 더 적극적으로 다시 쓰기 대화 비계를 만들 필요가 있었다. 대화를 위한 비계 세우기가 진행되면 줄리가 자기 인생을 탐색해서 더 많은 지식을 얻게 될 것이라고 가정했다.

> **마이클:** 여동생과 남동생이 있다고 했지요. 동생들이 오늘 우리와 같이 있다면. 그리고 우리 대화를 듣고 당신이 어린아이의 생명을 소중히 여긴다고 하면 어떤 이야기를 해 줄까요?
>
> **줄리:** 내 동생들이 여기 있다면 그들이 나에 대해 뭐라고 할 것 같냐고요?
>
> **마이클:** 네. 내가 동생들에게 당신이 어린아이의 생명을 소중하게 여긴다고 한다면 그들이 당신에 대해 뭐라고 할까요?

여기서 나는 남동생과 여동생이 그 자리에 있다고 환기시키려고 했다.[7] 줄리의 정체성과 관련해서 동생들의 존재를 드러내는 것이 그녀의 자기 경험에 대한 익숙함이나 자신이 잘 아는 친숙한 것들, 예컨대 정체성에 대한 부정적 결론과 거리를 두게 할 수 있다. 이 거리두기를 통해서 줄리가 자신의 정체성에 대해 동생들의 의식으로 들어가고, 자신의 어린 시절에 대한 질문을 통해 다른 것을 알아낼 기반을 만들고자 했다.

> 줄리: 좋아요. 글쎄…… 아! 어쩌면 여동생은 선생님한테 내가 아주 어린 소녀였을 때를 말해 줄지 모르겠어요.
>
> 마이클: 좋아요. 여동생이 무슨 이야기를 할까요?
>
> 줄리: 제가 어렸을 때 여동생이 말하곤 했는데…… 아마 아홉 살이나 열 살 때일 거예요. 이 이야기를 할 것 같은데요. 아버지가 술을 많이 마시면 우리를 때리기도 했어요. 그럴 때면 동생들을 집 근처 나무 사이 숨을 곳으로 데려갔어요. 동생들을 보호하는 것이 내 일이라고 생각했어요. 제일 나이가 많았으니까요. 정말 의지할 사람이 아무도 없었어요. 아버지가 술에 취해 의식을 잃고 쓰러져 잠들면, 우리는 집에 돌아가도 안전하다고 생각될 때까지 거기 숨어 있었어요.
>
> 마이클: 그런 이야기가 있었군요!
>
> 줄리: 그리고 기억나는 게…… 예, 이제 기억이 나요. 거기 숨는 장소에 먹을 것과 마실 것, 동생들이 갖고 놀 것을 남겨 두었어요. 동생들이 배가 고프거나 목마르지 않고 시간을 잘 보낼 수 있도록…….

이것은 행위 조망의 소재([그림 3]의 7 참조)인데, 정말 특별한 이

87

---

7) 안타깝게도, 줄리의 남동생과 여동생은 우리 상담에 참여할 수 없었다. 그들이 올 수 있었다면 외부증인으로 초대했을 것이다.

야기이지 않은가? 줄리는 자신이 소중하게 여긴 것, 어린 동생들의 생명과 관련된 행동을 아름답게 설명하고 있다. 상담사인 우리가 대단히 주의를 기울여서 질문해야만 들을 수 있는 이야기들이다. 상담하러 온 사람들은 다시 쓰기 대화의 비계를 만들지 않으면 이런 이야기를 기억해 내지 못한다. 줄리가 소중히 여기는 것의 역사를 이런 식으로 추적해 가면 그녀가 현재 소중히 여기는 것이 자신의 역사에서 끌어낸 주제라는 것을 알아차리고, 몇 가지 눈에 띄는 주제가 그녀 인생에서 연속되고, 여러 행동이 시간에 걸쳐 연결되는 것이 선명해질 것이다. 이런 의식이 나타나기 시작하면 앞서 언급한 '자기감'을 다시 개발하는 데 도움이 될 것이다.

> 마이클: 줄리! 남동생과 여동생이 여기 있다고 상상해 봐요. 동생들에게 당신의 이런 행동에 대해 물어보면 그들이 뭐라고 할 것 같아요? 아니면 이런 행동으로 한 인간으로서 당신을 어떻게 보게 됐냐고 묻는다면 뭐라고 할까요? 또는 이런 행동을 보고 당신이 인생에서 무엇을 소중히 여기는 것 같냐고 물으면 뭐라 말할 것 같나요?

88

이 질문은 정체성 조망 질문들이다. 이것은 행동에 대한 것이 아니고, 줄리의 행동에 대한 새로운 이야기에서 나온 것이다. 이 질문을 통해 사람의 정체성에 대해 새로운 결론을 끌어낸 행동을 성찰할 수 있다. 이 질문은 그런 행동이 그 사람의 성격이나 의도, 가치, 신념에 대해 어떤 것을 보여 주는지 돌아보게 해 준다.

> 줄리: 잠시만 생각해 보고요. 여동생이 뭐라고 이야기할 것 같으냐고요? 아마 제가 공정성을 지킨다고 할 것 같아요. 그래요. 전 불의에 맞서는

편에 있는 것 같아요.

마이클: 그럼 남동생은요?

줄리: 남동생한테는 무슨 이야기인가 했던 것 같은데…… 글쎄…… 음. 아마도 힘든 일을 겪는 사람을 지키는 것이 중요하다는 제 신념에 대해 뭔가 말했던 것 같아요.

이 말은 새로운 정체성 결론을 개발하는 데 도움이 되었다(정체성 조망 소재; [그림 3]의 8, 9 참조). 이것은 줄리가 첫 상담을 시작할 때 말한 부정적 결론과 극명하게 대조되었다. 이런 새로운 결론이 이 장의 앞에서 언급한 마음의 서류함 안에 끼워 있다고 상상해 보라. 이 새로운 결론이 부정적 결론으로 채워졌던 자리를 대신하게 된다고 상상해 보라.

89

마이클: 당신이 불의에 맞서는 것에 대해서요? 힘든 일을 겪는 사람을 지키는 것이 중요하다는 것에 대해서요?

줄리: 네, 그래요.

마이클: 최근 삶에서 당신이 불의에 맞서고 힘든 일을 겪는 사람을 지켰다는 것을 보여 줄 만한 예가 뭐가 있을까요?

이것은 정체성 조망 결론에서 개발된 것에 근거한 행위 조망 질문이다. 줄리가 소중하게 지킨 원칙과 신념을 반영해 주는 행동이나 사건을 묻는 것이다.

줄리: 잠깐 생각을 좀 해 볼게요.…… 뭘 찾아낼 수 있을지 잘 모르겠어요. 죄송해요. 그런 것을 기억할 수가 없네요.

마이클: 생각을 최근 몇 주 전까지로 더 가 보세요. 당신이 여성 쉼터에 머물렀던 시기가 될 거예요. 이 몇 주 동안에 불의에 맞서고 힘든 일을 겪는 사람을 지킨 예가 될 만한 것이 있으면 아무것이나, 무엇이라도 도움이 돼요.

줄리: 글쎄…… 하나쯤은 있을 텐데…… 전에는 이런 걸 생각해 본 적이 없어요. 그래서 제가 틀릴 수도 있어요.

마이클: 뭐가 있는데요?

줄리: 베브(Bev)라는 여자가 있어요. 쉼터에 있을 때 그녀가 정말 힘들게 지냈어요. 공포에 떨고 있는 것 같았어요. 말도 하지 않고, 누구하고도 가까이 지내지 않았어요. 점심시간에 제가 옆에 앉았어요. 그냥 옆에 앉아서, 아무 말 하지 않아도 된다고 분명하게 말해 주고 그냥 옆에 앉아 있었어요(행위 조망 자료; [그림 3]의 10 참조). 어떤 일을 겪었으며, 그 때문에 말을 하지 않는다는 것을 내가 안다는 것을 그녀가 알고 있다고 생각했어요. 그녀는 자신이 겪은 일이 좋은 일이 아니고, 나한테 말하지 않아도 된다는 것을 알고 있었다고 생각해요.

마이클: 그것이 당신이 불의에 대해 어떤 입장을 취하고 있는지, 또 당신이 힘든 일을 겪는 사람을 지키는 것을 중요하게 여긴다는 것을 보여 주는 예가 될 수 있나요?

줄리: 글쎄, 그런 것 같아요. 전에는 이런 생각을 해 본 적이 없어요. 하지만 지금 그런 예가 될 수 있을지 생각해 봤어요. 맞아요, 예가 돼요.

90

최근 쉼터의 다른 여성과 나눈 유대를 행위 조망과 정체성 조망에서 추가로 질문하면서 40분 동안 지그재그식 다시 쓰기 대화를 계속했다. 이 과정에서 줄리의 인생과 정체성에 대한 대안적 이야기가 훨씬 풍부하게 전개되었다. 정체성의 재구성이 진행되는 것은 이와 같은 실제적인 대화를 통해서이다. '자기감'이 점차 다시 살아나고 펼쳐지는 것도 실제 대화를 통해서이다. 줄리는 재활성화와 재개발을 통해 단절감을 느끼던 자리에서 벗어나 선호하는 자기에 대한 연속성을 자신이 살아 온 이야기로 경험하기 시작했다. 이것이 그녀가 선호하는 자기감이었는데, 여기에서 그녀가 소중히 여긴 것과 그에 근거해서 능동적 주체로 행동한 것들이 나타났다.

줄리와의 다시 쓰기 대화의 초점은 이야기를 펼치는 것이었다. 이 대화를 통해 이전에 줄리의 인생에서 무시된 무수한 사건이 시간의 순서에 따라 펼쳐지고 특정한 주제로 정리되었다. 이것은 '비극적인 인생'이나 '황폐한 인생'과는 상반되는 주제이다. 대안적 이야기의 개발은 대개 점진적으로 진행된다. 이 장의 서두에서 언급한 '영토'의 은유로 다시 돌아간다면, 이와 같은 대화는 인생에서 무시되었던 영토가 점차 드러나 산호초에서 시작해서 다도해가 되고, 군도가 되고, 대륙이 된다고 상상할 수 있다.

줄리와의 상담을 정리해 보면, 처음에 줄리의 상황에 대한 이야기를 주의 깊게 듣고, 그녀가 소중히 여기는 것을 찾아내려고 노력했다. 그다음 나의 반응과 외부증인의 다시 말하기를 통해 줄리가 소중히 여기는 것에 대한 강력한 공명이 일어났다. 그러고 나서 줄리와 외부증인의 다시 말하기에 대한 경험 그리고 그녀의 삶과 정체성에 대해 환기한 이미지에 대해 이야기를 나누었다. 이 이미지들이 다시 쓰기 대화를 확장하는 입구가 되었다. 이것으로 그녀 인생의 일화를 통해 '자기감'이 다시 살아나면서 줄리는 존재의 연속성을 경험했다. 이것은 트라우마로 고통받는 사람과 상담할 때 매우 중요한 성취이다.

주목할 것은 정의의식과 다시 쓰기 대화 지도를 가지고 치료대화를 할 때 상담사가 사람들의 삶에 대한 대안적 이야기의 제1저자 역할을 맡지 않는다는 점이다. 줄리와 상담할 때 그녀가 소중히 하는 것을 설명하는 것이 그녀의 인생에 대한 대안적 이야기로 가기에는 빈약해 보이지만 대화를 통해 풍부하게 펼쳐질 수도 있는 것이다. 하지만 나는 행위 조망 질문에 대한 줄리의 반응을 듣기 전에는 대안적 이야기의 세세한 내용을 전혀 알지 못했다. 정체성 조망 질문을 하기 전까지는 줄리의 역사에서 무시된 사건 중 어떤 것이 그녀가 공명하는 정체성을 보여 준다고 가정할 수 없었다. 나는 그녀의 행위에 대한 설명이나 새로운 정체성 결론의 어떤 것에 대해서도 저자가 될 수 없다. 하지만 나는 치료 구조를 만들고 질문을 하는 것으로 영향을 미쳤다. 이런 구조와 질문이 비계를 제공해 준 덕분에 줄리는 자신이 알고 있고 익숙한 것에서 벗어나 자기 인생과 정체성에 대한 새로운 결론에 도달할 수 있었다고 생각한다.

🌱 3부: 기억체계와 트라우마의 결과

트라우마는 사람들의 삶을 여러모로 힘들게 한다. 트라우마 기억은 사람들의 삶을 침범하고, 여러 가지 방식으로 자기감에 불쑥불쑥 끼어든다. 이 때문에 트라우마 영향에 대한 연구에서 인간의 기억체계 탐색을 중요시한다. 기억에 대해 알아보는 것이 트라우마 영향을 이해하고 치유 작업을 개발하는 데 중요하기 때문에 기억이론을 살펴보려고 한다. 나는 트라우마로 고통받는 사람들과 하는 작업이 대부분 이야기치료 탐색에 기반을 두고 있으며, 기억이론이 이와 같은 이해와 긴밀하게 연관되어 있다는 것을 알게 되었다. 기억이론 덕분에 나는 치료 작업을 조율할 수 있었고, 이 작업의 한계를 조금이나마 넘어설 수 있었다.

기억이론과 기억에 미치는 트라우마의 영향에 대한 내 지식은 상당 부분 러셀 미어스(Russell Meares)[8]의 이론에서 온 것이다. 여기서 다루는 이 주제는 수년 전 학술 포럼에 참석하여 러셀 미어스로부터 배운 것과 그의 책 『친밀함과 소외(Intimacy and Alienation)』(2000)에서 온 것이 대부분이다.

기억체계

오늘날 많은 기억이론가가 인간의 기억에 대한 연구 성과로 받아들이는 것은 몇 가지 구별되는 기억체계가 있으며 그것이 출생 이후 연속적으로 발달한다는 것이다. 툴빙(Tulving, 1993)은 기억을 이해하는 데 많은 기여를 했다. 그는 다섯 가지 기억체계가 인간이 성장함에 따라 순차적으로 발달한다고 보았다. 즉, 기억체계는 발달 순서에 따라 ① 지각표상, ② 절차기억, ③ 의미기억, ④ 일화기억, ⑤ 단기기억으로 나뉜다. 여기에서는 이와 함께 넬슨(Nelson, 1992)

93

---

8) 러셀 미어스는 시드니의 정신과 의사로, 트라우마를 겪는 사람들과 일하는 전문가이다. 나는 운 좋게도 몇 년 전 정신과 학술대회에서 러셀 미어스와 포럼을 같이 한 적이 있는데, 우리는 관심사가 일치하는 게 많았다. 우리 둘 다 트라우마 작업의 접근법을 개발하는 데 상당한 시간을 들였을 뿐만 아니라 윌리엄 제임스(1892), 레프 비고츠키(Lev Vygotsky, 1962), 가스통 바슐라르(Gaston Bachelard, 1969)와 같은 많은 흥미로운 사상가에 대해서도 관심을 가졌다. 뿐만 아니라 우리는 '공명' 개념을 포함한 치유 작업에서 핵심 개념의 의미 그리고 이 장에서 여러 번 언급한 사람들이 '가치를 부여하는 것'을 확인하는 작업의 중요성에 대해서도 이해를 같이했다.

의 자전적 기억과 미어스가 윌리엄 제임스(William James, 1892)를 따라 '의식의 흐름'이라고 한 기억체계를 간략하게 살펴보기로 한다.

1. 지각표상체계-'재인기억'

지각표상체계(perceptual representation system: PRS)는 재인기억(recognition memory)이다. 갓난아기는 출생 후 첫 주 안에 목소리와 동작, 모양과 냄새를 포함한 친숙한 자극을 인식한다. 지각표상체계는 뚜렷한 감각 경험으로 기록되는 재인기억이다. 이 기억에는 이전 경험에 대한 명시적인 회상이 포함되지 않는다. 이 기억체계는 비언어적이고 비의식적이다. 그것은 알아차림 없이 작동되는 기억체계이기 때문에 비의식적이다. 갓난아기는 익숙한 자극을 인식하면 기억한다.

2. 절차기억-'회상기억'

절차기억(procedural memory)은 동작 기술과 목록 개발과 관련된다. 이는 갓난아기가 세상 경험을 회상하는 능력에 기반을 둔다(회상기억, recall memory). 이 기억은 갓난아기가 지금 눈앞에 없는 자극을 떠올리는 능력, 예를 들어 찬장이 닫혀 있거나 찬장 옆에 있지 않을 때 찬장 안에 인형이 있다는 것을 떠올리는 것 그리고 이런 회상을 기반으로 특정한 동작 기술과 행위 목록을 조정하는 능력에 있는 것으로 보인다. 갓난아기는 절차기억에 따라 찬장 안에 있는 인형을 얻는 것과 같이 회상에 기반을 두고 특정한 성과를 얻기 위해 행동을 조절할 수 있다. 절차기억은 처음에는 의식적이지 않고 언어적이지 않다. 갓난아기가 학습이 일어나는 상황을 의식하지 못하기 때문이다.

3. 의미기억

보통 2세경 '의미기억(semantic memory)'이 발달한다. 의미기억은 '사실'로 보이는 것, 즉 유아가 '세상 자체'에 대한 지식을 저장하고, 이를 이용해서 주변 세계를 탐험하는 것이다. 의미기억은 절차기억보다 발전된 형태라고 볼 수 있다. 이 기억은 2세가 끝날 무렵 분명하게 낱말이 되어 소리로 표현된다.

의미기억이 발달하면 유아는 주변 세계에 있는 대상의 이름과 속성을 명료하게 기억하고, 세계의 특정 규칙을 수행하는 능력을 갖춘다.

이것은 세계에 대한 학습을 말로 저장하는 기억체계인데, 특정 사건에 대해 떠올릴 기억이 없으면 회상되지 않는, 암시적이거나 비의식적인 것이다. 의미기억과 결합된 언어는 대처와 적응의 체계이다.

95

4. 일화기억

일화기억(episodic memory)은 3세경에 발달한다. 3세가 되면 가까운 과거 경험을 특정한 일화로 기억할 수 있다. 일화기억 체계의 개별적 기억은 언어로 이루어지며, 명시적이거나 의식적인 기억으로 저장된다. 유아는 개인사에서 최근 일화를 회상할 때 자기 삶의 특정 사건을 기억하고 있음을 의식하며, 이를 현재의 경험과 혼동하지 않는다.

5. 단기기억-'작업기억'

단기기억(short-term memory)체계는 흔히 '작업기억(working memory)'이라 불린다. 이는 최근 겪은 생활 사건을 저장하는 기억체계로, 복잡한 특정 과제를 수행하는 데 곧장 사용된다. 사람들은 작업기억에 기반을 두고 한꺼번에 여러 가지 일을 해낼 수 있다. 단기기억은 원칙적으로 최근 사건 경험에 대한 임시 저장체계인 일화기억과 결합된다. 이것은 언어적이고, 의식적인 기억체계이며, 3세 무렵 유아에게서 뚜렷해진다.

6. 자전적 기억

넬슨(1992)은 최근 일화의 단기기억체계를 이루는 단기기억과 고도로 선별되어 오래 지속되는 일화기억을 구분했다. 그녀가 보기에 고도로 선별되어 오래 기억되는 일화기억은 5세경에 형성되는 자전적 기억(auto-biographical memory) 발달의 토대가 된다. 이 자전적 기억이 개인의 정체성 감각을 이루어 '이것이 내 인생이야, 이것이 나야.'라고 주장하는 토대가 된다.

자신의 개인사에서 상대적으로 안정되고, 공식적이며, 사실적인 이야기가 자전적 기억이다. 자전적 기억은 의식적이고, 언어적이다. 이 기억체계는 성찰 능력, '이것이 나야.'라거나 '나에 대해 말하자면…….' '내 인생에 대해 말한다면…….' '내 생각은…….' '내가 기억하기로는…….' '내가 돌아 보니…….' '내 이야기는…….' '내 인생은 이래.'라고 말할 수 있는 능력의 발달에 기여하기도 하고 그 발달에 의지하기도 한다.

7. 의식의 흐름

또 다른 기억체계가 자전적 기억으로 설명되지 않는 특별한 자기감의 감각을 발달시킨다. 이는 개인의 내적 경험의 흐름에 친숙한 감각의 연속성을 발달시키는 데 기여한다. 이는 생

활 경험을 순서대로 정렬해서 인생을 시간에 따라 펼치고 개
인적 통합감을 부여하는 능력과 관련된다. 이 기억체계가 흩
어질 수 있는 다양한 경험 조각을 통합적인 주제로 엮어 준다.
내적 삶을 언어로 드러내 주는 것이 이 기억체계이다.

의식의 흐름(stream of consciousness)은 이야기의 형태로 나타
난다(James, 1892). 의식의 흐름에서 한 사람의 여러 측면의 경
험이 이야기 구조로 점진적으로 연합하여 비선형적 순서에 따
라 조직된다. 상상과 흉내 내기는 유추와 은유, 직유와 함께
이 흐름에 중요한 역할을 한다.

우리 대부분에게 의식의 흐름은 언제나 일상생활의 기반에 존
재하며, 중요한 과제를 수행하느라 집중할 때에는 거의 나타
나지 않는다. 하지만 환상이나 명상 상태, 일상의 과제와 직접
관련된 사람들의 관계에서 물러나 있을 때 우리는 의식의 흐
름에 빠져들곤 한다. 이럴 때 내적 언어의 웅얼거림과 그것이
만들어 내는 파도, 이와 관련된 주제에 대해 좀 더 분명하게
알게 된다. 때로 우리는 이 이미지들을 오래도록 간직하기도
한다.[9]

97

---

9) 트라우마로 고통받는 사람들과 상담할 때 이러한 의식의 흐름의 재활성화와 재개발
에 우선순위를 두는 것에 대해 기억체계와 그 발달을 중심으로 자세하게 설명을 하
려고 한다. 이 설명은 윌리엄 제임스(1892)와 레프 비고츠키(1962), 가스통 바슐라르
(1969)의 저서에서 왔다.

〈의식의 흐름〉
이것은 자전적 기억으로는 설명할 수 없는 자기에 대한 특별한 감각을 개발하는 기억
체계이다. 이 기억체계는 자신이 내적 경험의 흐름에 있다는 친숙한 감각의 연속성
발달에 기여한다.
자신이 내적 경험의 흐름에 있다는 친숙한 감각은 사회적 협력의 산물이다. 이것은

18개월경 갓난아기의 삶에서 중요하게 나타나는 특정한 대화의 내재화를 통해 일어난다. 이것은 단선적이지 않고 연합적인 발화로 구성되는 하나의 대화이며, 어떤 외부적인 의도에서, 즉 갓난아기가 자신의 세계의 대상들과 관계를 맺기 위해서 하는 발화가 아니다. 이런 대화는 종종 자기중심적인 발화가 특징적인데, 의사소통을 목적으로 하지 않고 상징적 놀이나 상징을 가지고 하는 놀이의 발달과 연관된다.

이러한 상징적 놀이나 상징을 가지고 하는 놀이는 사회적·관계적 성취이다. 그중에서 돌보는 사람은 갓난아기가 자기 경험의 친밀성과 거리를 둘 수 있도록 다양한 활동 속에서 '비계'를 만들어 준다. 예를 들어, 돌보는 사람은 규칙적으로 갓난아기의 표현과 행동을 따라 하거나 거울처럼 보여 준다. 이렇게 해서 갓난아기는 '나를(me)' 인식하게 되고, '나를'이 갓난아기의 표현과 행동의 재현에서 떠오르게 된다. 돌보는 사람은 갓난아기 흉내 내기와 척하기로 갓난아기가 다른 사람을 모방하도록 하여 종종 가상적 인물의 형태를 띠는 상징적 놀이의 발달의 토대를 마련해 준다. 이를 통해 외부의 낯선 세계는 개인적이고 친숙한 것이 된다. 게다가 돌보는 사람들은 갓난아기가 초보적인 게임을 통해 차례 바꾸기나 이어서 하기와 같은 대화 능력 발달에 필수적인 활동을 하도록 한다. 이것은 갓난아기가 자신의 삶의 경험들을 순서에 따라 정렬하는 능력을 갖추어 삶이 시간에 따라 펼쳐진다는 감각을 가지고 개인적 통합성을 경험하는 데 필수적이다. 또한 이러한 초보적인 게임을 통해 문제해결의 문화에 들어서게 된다.

상징놀이와 관련된 이러한 특별한 대화 그리고 그 속에서 갓난아기가 개인적 현실을 구성하여 자기감을 경험하는 것은 이야기의 구조로 조직된다. 돌보는 사람은 이러한 대화를 하면서 갓난아기가 의미를 만들도록 촉진하는 맥락을 만들어 준다. 갓난아기는 이러한 대화에서 의미를 만드는 구조와 틀을 얻어 다양한 경험의 조각을 엮어서 그것들을 흩어지지 않게 통합된 주제로 연결한다. 갓난아기는 이렇게 경험의 많은 측면을 가지고 점진적이고 연합적이며 비선형적 순서로 이야기 구조를 조직할 수 있게 된다. 상상과 시늉하기는 유추와 은유, 직유의 발달과 함께 이 대화의 특징이다. 이 대화에서 소외된 세상의 대상들은 친숙한 세계 현상으로 변화하여 '나의 세계'로 감지되고, '나의 것'인 세계가 되고, 그렇지 않은 것과 구별된다.

4세가 되면 자아중심적인 발화는 점차 깨지고, 축약되고, 압축되어서 점차 내면화된다(비고츠키의 주장). 그것은 그때부터 사라지기 시작한다. 대개 5세 무렵의 유아는 상징놀이의 내면화를 통해서 내면의 현실을 개발한다. 이것은 내적 생활의 언어가 되는데, 이것이 윌리엄 제임스가 '의식의 흐름'이라고 한 것이다. 우리 대부분에게 이 의식의 흐름은 우리의 일상적 삶과 만나는 배경으로 언제나 존재한다. 우리는 과제와 관련된 사회적 맥락과 관계에서 뒤로 물러나 있거나 무언가에 몰입할 때에 이 의식의 흐름으로 빠져 들어가는 것을 경험한다. 그럴 때 이 내적인 언어들의 웅얼거림과 이것이 만들어 내는 파도 그리고 그것과 연합된 이미지와 주제를 알게 된다.

이럴 때 우리는 반향과 공명을 경험하는데, 이러한 내적 언어와 연관된 이미지와 주

나는, 나를, 나 자신을

윌리엄 제임스(1892)는 의식의 흐름의 발달이 '의식의 이중성 (doubling of consciousness)'과 연관된다고 보았다. 그는 사람들이 특정한 생활상의 일화를 기억할 뿐만 아니라 자신이 회상하는 것이 과거의 일화라는 것을 의식하고 있는 것도 사실이라고 했다. 우리 는 과거에 경험한 것을 다시 떠올리고 있다는 것, 이전에 이런 경험 이나 생각을 했다는 사실을 의식한다. 기억을 할 때 우리는 개인적 인 존재로 '앎의 대상(known)'인 동시에 '앎의 주체(knower)'이다.

이것이 제임스가 의식의 이중성이라고 말한 것으로, '나는(I)'으 로 언급되는 아는 자의 출현인 동시에 '나를(me)'로 언급되는 알려 지는 대상의 출현이다. '나는'의 입장에서 우리의 주의를 끌어내고, 삶의 다양한 경험을 통합하여 개인적 존재감을 형성하고, 개인적

99

제가 우리 생활 경험의 역사에 들어오면 반향이 일어날 수 있고, 이러한 반향에 대한 반응으로 과거의 특별한 경험이 공명을 일으키는 것을 경험한다. 이러한 기억들이 살 아나면 종종 강력하게 시각화되고, 우리 삶의 개인적 이야기로 들어오고, 자기감이 강해진다. 이 모든 것은 기억을 하고 있는 '나는(I)'에 대한 자각과 동시에 경험된다.

내적 삶의 이러한 언어가 내재화되어 개인적 현실이 발달하면 개인적 친밀감을 갖게 된다. 이것은 동시에 타인에 대한 개인적 친밀감을 갖는 기초가 되기도 한다. 이 친밀 감 덕분에 자신의 내적 경험을 표현하여 다른 사람과 공유하고, 이것이 다른 사람의 내적 경험에 공명을 일으킬 수 있다. 이것이 대인관계에 대한 친밀감 그리고 다른 사 람들과 친밀하게 관계 맺는 데 중요한, 서로 이해한다는 감각에 도움이 된다. 이 때문 에 사회적 협력에 기원이 되는 자기감은 관계에도 매우 중요하다. '자기를 느끼는 것' 이 친밀한 관계에서 공명을 경험하는 데 매우 중요하기 때문이다.

이 내적 생활 언어의 내재화는 세계의 친숙하고 이해할 수 있는 면에 '공감하는' 관계 를 가능하게 해 준다. 그것이 없다면 세계는 낯선 것이 될 것이다. 이것은 그 사람의 내적 생활의 원래의 주제와 의도, 계획이 외부 현실의 사건의 전개와 공명하는 것 그 리고 내적 경험과 외부세계 간의 연관성을 경험해야 가능하다.

현실을 구성한다.

미어스(2000)는 이 현상에 의식의 이중성 이상의 것이 있다고 보았는데, 개인적 존재는 이중적인 것이 아니라 삼중적(세 부분이 내적으로 연관됨)이라고 하였다. 그는 사람이 '나를' 본다는 감각을 가지면서 어떤 정체성을 유지하지만('봐, 이게 나야.') 동시에 '나 자신'에 대한 친밀한 감각이 없을 수도 있다('하지만 나는 나 자신이 아닌 것 같아.')고 하였다. 즉, 자서전적 기억이 현재 있고 그것이 '나를'에 대한 감각을 제공하는데, 이야기로 구성된 내적 생활언어에 개인적 현실과 존재에 대한 안정감이 없을 수도 있다.

미어스는 제임스의 저작을 읽고, 제임스가 의식의 이중성을 근거로 상대적으로 구별되는 자아의 두 가지 경험을 이야기하고 있다고 했다. 하나는 '나를'에 대한 '나는'의 경험이고, 다른 하나는 '나 자신'에 대한 '나는'의 경험이다. 이 정식을 따르면 '나를'과 관련된 '나는'은 상대적으로 변함이 없고, '나 자신'과 관련된 '나는'은 가만히 있지 않고 끊임없이 변화한다. 이 '나를'의 내용은 자전적 기억에 기록된 사실적 지식에 기반을 둔다. 반면, '나 자신을'의 내용은 상대적으로 가변적이고, 끊임없이 삶과 만나면서 구성되고 재구성된다.

트라우마가 기억체계에 미치는 영향

트라우마 기억은 스트레스나 특정 상황의 제약, 특정 단서를 만나면 여지없이 촉발된다. 이런 단서들은 원래 트라우마의 한 부분을 비춰 준다. 그것은 특정한 정서적·감각적 경험처럼 내적인 것일 수도 있고, 특정한 상황이나 사건처럼 외적인 것일 수도 있다.

이런 외부 단서는 사회적으로 정당화되지 않거나 조롱과 비난처럼 위축되는 경험을 하는 상황과 관련된다.

미어스를 비롯해서 이론가들이 정리한, 트라우마가 기억체계에 미치는 영향을 간단하게 정리한다.

해리

트라우마 상담에서는 기억의 해리를 경험하는 사람들을 자주 만나게 된다. 트라우마 기억은 과거 경험에 대한 기억이 아니라 현재의 것으로 재경험된다. 트라우마 기억은 의식의 흐름과 연관되고, 자기감의 기초가 되는 기억체계에 불쑥 끼어든다. 이런 틈입이 심각하면 개인 현실에 대한 친숙한 감각이 완전히 지워지고, 분리, 해체 및 소멸을 경험하게 되며, 취약성에 극도로 민감해진다. 이렇게 해리된 트라우마 기억은 종종 일상적 의식을 해체해서 그 기원을 알 수 없게 만든다.

101

위계적 해체

기억체계 중 가장 나중에 발달하고 더 천천히 발달한 것이 트라우마와 연합된 공격에 보다 취약하고 깨지기 쉽다. 잭슨(Jackson, 1931)은 기억 발달 경로와 관련한 공격이 심할수록 퇴보를 많이 한다고 하였다. 이 제안에 따르면, 기억체계는 위계적 방식으로 와해된다. 나중에 형성되고 보다 복잡한 기억체계가 먼저 무너진다. 보통의 트라우마는 의식의 흐름을 활성화하지 못하게 해서 '나 자신'에 대한 감각을 상실하게 할 수 있다. 의식의 흐름이 해체되면 사람들은 실체가 없다고 느끼고, 공허감을 느끼며, 개인적인 무게감을 잃고, 해체된다고 느낀다.

혼히 재발되는 트라우마는 의식의 흐름뿐 아니라 자전적 기억과 일화기억까지도 지울 수 있다. 자전적 기억을 잃어버리면 사람들은 시간에 따른 삶의 경로를 설명하는 데 어려움을 겪고, '이것이 나야.'라는 감각이 극히 희미해질 수 있다. 단기기억이 손상되면 한번에 한 가지 이상의 과업에 대처하는 것이 몹시 힘들고, 일상적인 단순 작업을 하는 데도 만성적인 스트레스를 받는다고 한다.

위계적 해체이론에 따르면 트라우마가 반복될수록 비의식적 기억체계에 많은 것이 저장된다. 심각하고 반복적인 트라우마 경험이 의미기억이나 절차기억, 지각표상체계에 기억된다는 것이다. 이 이론에 따르면, 심각한 트라우마는 의미기억을 와해시켜 오로지 절차기억과 지각표상체계만 작동하게 할 수 있다.

102

연합 해체

트라우마 기억이 일상의 의식에 끼어들면 의식의 연합 해체, 즉 의식의 이중성이 해체되는 일이 빈번하게 일어난다. 그러면 현재 경험하는 것을 삶의 다른 시간대에 경험한 것과 구분하기가 어렵게 된다.

의식의 연합이 해체되면 시간을 초월하여 연속되는 자신에 대한 친숙한 감각, 즉 '나 자신'과 관련한 '나는'의 경험이나 '나를'과 관련한 '나는'의 경험이 심각하게 축소되고 때로는 사라지기도 한다. 그렇게 되면 자신의 경험과 행위를 평가하고 점검하는 능력이 눈에 띄게 줄어들고, 틈입적 기억이 심각하고 반복적인 트라우마와 관련될 때 그 능력이 완전히 사라질 수도 있다.

의미

트라우마 경험의 와중에도 사람들은 자신에게 일어나는 일을 알아차리려고 애쓴다. 자신의 정체성에 친숙한 주제나 선호하는 이야기는 자전적 기억과 정체성의 주제와 관련된다. 그러나 트라우마 경험은 이와 같은 설명과 양립하기 어렵다.

사람들은 자기에 대한 친숙한 주제와 이야기가 트라우마 경험과 양립하기 어려워지면 친숙한 주제와 떨어진 의미의 영토로 들어간다. 이 영토에서 만들어지는 의미는 대부분 아주 부정적이고, 자기에 대한 이야기와 연결되는 방식으로 이야기를 개정할 여지가 없다. 이와 모순되는 다른 인생 경험이 전혀 영향을 미치지 못한다. 트라우마 맥락에서 만들어진 의미는 한 사람의 정체성에서 불변의 사실이 된다.[10]

103

평가절하

트라우마 경험이 반복되면 정체성과 인생에 대한 부정적 결론이 너무나 확고해져서 불변의 사실이란 지위를 얻는다. 또 그 사람이 가치 있게 여기고 소중히 지켜 온 통합감의 핵심이 줄어든다. 예를

---

10) 어떤 기억이론에 따르면, 사실적 지위로 굳어진 정체성의 결론은 의미기억에 저장되어 그것을 수정하거나 폐기하려는 노력을 무력화시킨다. 나는 외재화 대화가 부정적 결론을 약화시킨다는 것을 발견했다. 외재화 대화의 목적은 이런 결론을 해체시키는 것이지, 그것을 수정하거나 폐지하는 것이 아니다.

들면, 긍정적 감정과 개인적인 따뜻함과 친밀감을 부여한 인생과 정체성에 대한 이미지와 기억, 결론과 진술이 평가절하된다.

소중히 여긴 것이 평가절하되는 것은 '손상되고' '망한' '무력한' 느낌을 일으키는 데 결정적 영향을 미친다.

연대기

의식의 흐름이 트라우마 기억에 침해당하면 인생은 문제로 가득한, 파편화된 사건 목록으로 이야기된다. 따라서 인생은 생동감과 활기가 부족한, 재미없고 죽은 이야기가 된다. 이야기에 사용되는 단어는 단선적이고 사실의 나열일 뿐 개인의 내적 현실과 연결되지 않고, 현재형으로 펼쳐지고 진행되는 존재라는 감각을 갖게 해 주는 은유와 연합, 주제의 조정이 전혀 없고, 자기의 통합이나 연속성에 대한 감각이 빠져 있다.

존재의 연속성과 개인적 통합 감각이 붕괴되면 지금 이 순간에 사로잡혀 특정 자극의 덫에 걸리고 만다. 시간을 가지고 천천히 훑어볼 여지가 사라진다. 자기 인생을 조정하고, 통합하고, 자기규제를 하는 역할과 이에 관련된 행위주체라는 감각이 사라진다.

트라우마 경험이 기억체계에 미치는 영향에 대한 이해가 치료에 갖는 시사점을 검토해 보자. 트라우마로 고통받는 사람과 일할 때 다른 용어를 곧잘 사용하기도 하지만, 나는 러셀 미어스가 말한 치료의 일차 과제에 동의한다. 일차 과제는 기억체계의 재활성화와 재개발로 의식의 흐름에서 '자기감'을 복위시키는 것이고, 사람들이 소중히 여기는 것을 확인하고, 그에 대한 공명 반응을 확고히 하여 그것을 성취하도록 하는 것이다. 실천 방식은 다양한데, 나는 이야기치료 탐색의 전통에 따른다.

치료의 시사점

어떤 사례에서나 트라우마를 경험하는 사람들이 그 경험을 직접 다시 보는 것은 잘해 봤자 비생산적이고, 대부분의 경우 위험하다. 그렇게 하면 트라우마를 재경험하고, 소외감을 느낄 수도 있다. 트라우마 맥락에서 나온 그 사람의 정체성에 대한 부정적 결론이 의미기억체계에 저장되어 사실처럼 굳어 있기 때문에, 그것에 직접 도전하고 위협하려고 애쓰면 그 사람은 무시당하고 조종당하고 조롱받는다고 여길 수 있다.

트라우마 영향에 대처하는 일차 치료 과제는 '나 자신을'이라고 하는 자기감을 일으키는 개인적 현실을 개발하고 재개발하는 맥락을 만드는 것이다. 이 자기감은 윌리엄 제임스가 '의식의 흐름'이라고 부른 이야기 형태로 된 내적 삶의 언어 개발과 관련된다.

이야기치료 관점에서 내적 삶의 감각을 개발하고 재개발하려면 이야기를 탐색해서 인생의 다양한 경험을 가지고 이 경험을 통합할 이야기를 엮을 비계를 만들어 자신의 역사에서 개인적 연속성에 대한 감각을 갖게 해 주어야 한다. 특정 주제로 인생 경험을 정돈하고 관련된 은유를 찾아내면 통일성과 연속성이 생기고, '나 자신'과 관련한 '나는'이 나타나는 의식의 이중화가 복구된다.

다시 가치 부여하기와 공명

이 장에서 제시한 예에서 치료적 탐색은 일차적으로 사람들이

105

가치를 부여한 인생의 면면을 확인하는 것이었다. 이로써 그 사람 인생의 특정한 의도가 가치 있는 것이 되고, 수용과 정의, 공정함과 같은 가치와 신념이 명예롭게 되고, 열망과 희망, 꿈, 삶에서 지켜낸 개인적인 맹세와 서약과 헌신이 존중되고, 인생의 특별한 기억과 이미지와 환상이 특정한 주제와 연결되고, 은유가 특별한 존재 영역을 재현해 준다. 나는 치료대화 맥락에서 사람들의 삶의 모습이 공명 반응을 통해 발견되고, 재평가되는 것을 보여 주었다.

사람들이 소중히 여기는 삶의 모습을 찾아내는 것이 언제나 쉽지는 않다. 그것은 흔히 더 이상 조롱당하고 축소되지 않게 안전한 곳 깊숙이 감춰져 있고, 발견된다고 해도 이름을 붙이기 어렵기 때문이다. 가치와 관련된 인생 경험을 확인하는 것이 처음에는 어려울 수 있다. 하지만 사람들의 삶의 표현에 그것이 언제나 존재한다고 믿는다. 사람들은 트라우마로 해체된 기억의 노예로 살 때도 미어스(2000)가 관찰했듯이 기억 선택의 몇 가지 원리가 작동한다고 믿는다. 이는 그 사람이 포기하지 않은 것 또는 무시하고 비하하는 것들과 떨어진 것을 이례적으로 인정하는 것이다.

일단 그 사람이 인생과 정체성에서 가치를 부여한 것이 확인되면 그것이 무엇이든지 치료대화에 공명을 일으키는 방향이 생긴다. 앞서 제시한 치료 사례에서 비계대화가 공명을 개발하는 데 도움이 되었다. 사례 중 하나는 1회 상담한 줄리 이야기인데, 줄리는 쉼터 활동가와 쉼터에 사는 다른 여성의 적극적 참여로 '자기감'을 다시 풍부하게 개발할 수 있었고, 그 성과로 자신을 학대한 남성에게 다시 돌아가지 않았다.

106

해체된 기억 다시 연합하기

해체된 기억은 그 사람 삶의 바깥에 외따로 존재하기 때문에 시간 개념이 없는 기억이다. 이 기억은 시간을 초월하여 특정 주제에 따라 연속적으로 연결된 경험으로 이루어지는 인생이야기와는 별개이다. 트라우마 기억은 시간 차원의 바깥에 있기 때문에 시작도 없고 끝도 없다. 트라우마 기억이 이런 식으로 시간 바깥에 있기 때문에, 그것을 실제 시간에서 다시 살아 움직이게 만드는 특정한 상황이 언제나 존재한다. 이때 트라우마 기억이 현재의 경험으로 다시 살아나고, 그로 인해 트라우마가 다시 경험된다.

시간 개념이 없는 기억과는 별개로 해체된 기억은 절반의 기억이다. 해체된 기억에서 배제된 것이 그 사람의 대응에 대한 설명이다. 사람들은 자신을 지배하는 트라우마를 수동적으로 받아들이지 않는다. 그들이 겪는 고통의 영향이 아무리 지대해도, 무력감을 느끼거나 트라우마 상황을 피할 방법이 없을 때조차도 그 영향을 줄일 수 있는 조치를 취하거나 트라우마가 자기 삶이나 정체성에 미치는 영향을 조정한다. 해체된 기억에서는 이런 세부적인 반응 내용이 빠질 뿐 아니라 반응의 토대도 지워진다. 즉, 그 사람의 삶의 의미와 그와 관련된 시도를 포함해서 이 경험에서 계속 가치를 두는 것이 지워진다. 트라우마 기억이 절반의 기억인 까닭은 그것이 그 사람에게 친숙하고 선호하는 자기감과 조화를 이루는 행위주체에 대한 설명을 빼 버리기 때문이다.

해체된 기억을 발달시키는 요인은 여러 가지이다. 트라우마 경험은 ① 사람들이 소중히 여기는 것과 공존할 수 없고, ② 그들이 소중히 여기는 것을 직접적으로 공격하고, ③ 문화적으로 삶의 소

107

중한 가치로 간주하는 것과 양립하기 어렵고, ④ 종종 사람들이 처한 상황에 대한 대응 및 그것의 토대가 되는 것을 축소하고 평가절하하고 처벌한다.

해체된 기억을 다시 연합하려면 절반의 기억을 온전한 기억으로 복구해야 한다. 달리 말하면, 해체된 기억에서 지워진 것, 즉 고통에 대한 그들의 대응과 그것의 토대를 되살려야 한다. 기억을 되살린다는 것은 행위주체라는 감각을 회복하는 것이고, 그 사람이 선호하는 '자기감'과 조화를 이루게 하는 것이다. 이것이 이 장에서 여러 차례 강조한 '자기감'이다. '자기감'은 개인사의 일화를 통해 개인 경험에 연속성을 제공한다. 이런 기억이 온전하게 복구되면, 그것이 그 사람 인생이야기의 역사적 토대가 되어 더 이상 자신을 소외된 존재로 설명하지 않으며, 그 사람의 인생이야기는 시작과 끝이 있게 된다. 트라우마 기억이 이렇게 다시 연결되면 이 기억 때문에 트라우마를 다시 경험할 가능성은 크게 감소한다.

해체된 기억의 재연합을 고려할 때, '자기감'을 재활성화하고 재개발하는 것이 무엇보다 중요하다. 해체된 기억을 받아들일 틀이 없다면, 개인사의 여러 일화로 선호하는 '자기감'을 엮어 낼 줄거리가 없다면, 해체된 기억은 재연합될 수 없다. 일단 '자기감'의 재활성화와 재개발이 진전되면 사람들은 자신이 살아온 내력에서 트라우마에 어떻게 대응할지, 대응의 토대가 무엇일지 상상하고 숙고할 수 있다. 상상하고 숙고하면서 자기 삶의 역사로 들어가 보기도 하고, 자기 삶에 대한 느낌과 이와 연관된 삶의 시도(폭력에 대항한 시도도 포함)를 보다 풍부하게 알게 된다.

경험상 해체된 기억을 재연합할 때 언제나 이런 상상과 숙고를 해야 하는 것은 아니라는 점을 덧붙이고 싶다. 이 장에서 서술한 대로 '자기감'을 재활성화하고 재개발하면 해체된 기억이 저절로 재연합된다. 치료대화 과정에서 트라우마 경험은 종종 의식적 기억으로 들어오고, 처음으로 역사를 갖게 된다.

줄리 이야기로 돌아가면, 그녀가 자기 인생의 의미 있는 사건의 역사를 추적해 가면서 소중히 여긴 개인적 이야기를 풍부하게 개발할 기회를 갖게 되자, 어린 소녀 시절 그녀를 지배한 트라우마에 어떻게 대응했는지 상상하고 숙고할 수 있는 자리가 생겼다. 트라우마 때문에 의식적으로는 기억하지 못했지만 경험했다는 감각은 있었다. 이 감각은 그녀가 남동생과 여동생, 이모한테 받은 정보로 확인되었다.

이런 상상과 숙고는 치료대화에서 생성된 줄리 삶의 느낌이나 연관된 시도에 기초를 두었다. 줄리는 불의에 대한 자신의 입장, 공정함에 대한 신념, 어려움을 겪는 사람을 지켜야 한다는 소신, 어린아이의 생명을 소중히 여긴 방식을 숙고하면서 트라우마 경험을 회상할 수 있게 되었다. 회상하는 것이 힘들었지만 이로 인해 트라우마를 다시 겪지는 않았다. 그녀는 해체된 기억을 다시 조합하려고 애쓴 결과, 자기 정체성을 심각하게 황폐하게 만든 일화와 관련된 무시무시한 시각적 이미지가 아무 때나 출몰하는 것이 크게 줄었다고 말했다.

이것이 바로 '자기감'이 복구되면 해체된 기억이 재연합될 수 있다는 것을 보여 주는 이야기이다.

결론

이 장에서는 트라우마로 고통을 겪는 사람들과 상담할 때 '자기

감'의 재활성화와 재개발이 제일 중요하다는 것을 강조했다. 정의
의식 구조, 외부증인 작업, 다시 쓰기 대화와 같은 이야기 실천이
자기감의 재활성화와 재개발에 도움이 된다는 것도 보여 주었다.

마지막 부분에서는 기억이론과 트라우마 상담의 관계도 제시하
였다. 기억이론은 '자기감'을 재활성화하는 것이 중요하다는 것을
보여 준다. 자기감의 재활성화는 해체된 기억을 재연합하는 맥락
을 만드는 데 핵심이다.

참고문헌

Bachelard, G. 1969: *The Poetics of Space.* Boston: Beacon Press.

Bruner, J. 1986: *Actual Minds, Possible Worlds.* Cambridge, MA: Harvard
University Press.

 110

Freedman, J. & Combs, G. 1996: *Narrative Therapy: The social construction
of preferred realties.* New York: W. W. Norton & Co.

Griemas, A. & Courtes, J. 1976. 'The cognitive dimension of narrative
discourse.' *New Literary History.* vol 7, Spring: 433-447.

Jackson, H. 1931: *Selected Writings of John Hughlings Jackson, Vol 1 & 2.*
J Taylor (Ed), London: Hodder.

James, W. 1892: *Psychology: Briefer course.* London: Macmillan.

Meares, R. 2000: *Intimacy and Alienation: Memory, trauma and personal
being.* London: Routledge.

Morgan, A. 2000: *What is Narrative Therapy? An easy-to-read introduction.*
Adelaide: Dulwich Centre Publications.

Myerhoff, B. 1982: 'Life history among the elderly: Performance, visibility
and re-membering.' In J Ruby (Ed): *A Crack in the Mirror: Reflexive
perspectives in anthropology.* Philadelphia: University of Philadelphia

Press.

Myerhoff, B. 1986: 'Life not death in Venice: Its second life.' In Turner, V. & Bruner, E. (Eds): *The Anthropology of Experience.* Chicago: University of Illinois Press.

Nelson, K. 1992: 'Emergence of autobiographical memory at four.' *Human Development,* 35:172–177.

Russell, S. & Carey, M. 2003: 'Outsider–witness practices: Some answers to commonly asked questions.' *International Journal of Narrative Therapy and Community Work,* No.1.

Tulving, E. 1993: 'What is episodic memory?' *Current Directions in Psychological Science,* 2:67–70.

Vygotsky, L. S. 1962: *Thought and Language.* Cambridge, MA: MIT Press.

White, M. 1991: 'Deconstruction and therapy.' Dulwich Centre Newsletter, No. 3. Reprinted in Gilligan, S. (Ed) 1991: *Therapeutic Conversations.* New York: W. W. Norton.

White, M. 1995a: 'Reflecting teamwork as definitional ceremony.' In White, M.: *Re-Authoring Lives: Interviews and essays.* Adelaide: Dulwich Centre Publications.

White, M. 1995b: 'The narrative perspective in therapy.' In White, M.: *Re-Authoring Lives: Interviews and essays.* Adelaide: Dulwich Centre Publications.

White, M. 1997: *Narratives of Therapists' Lives.* Adelaide: Dulwich Centre Publications.

White, M. 2000a: 'Reflecting-team work as definitional ceremony revisited.' In White, M.: *Reflections on Narrative Practice: Essays and interviews.* Adelaide: Dulwich Centre Publications.

White, M. 2000b: 'Re-engaging with history: The absent but implicit.' In White, M.: *Reflections on Narrative Practice: Essays and interviews.*

111

Adelaide: Dulwich Centre Publications.

White, M. 2001: 'Narrative practice and unpacking identity conclusions.' *Gecko: A journal of deconstruction and narrative practice*, No.1. Reprinted in Zeig, J. (Ed) 2003: *The Evolution of Psychotherapy: A meeting of the minds.* Arizona: Milton Erickson Foundation Press.

White, M. 2003: 'Community assignments and narrative practice.' *International Journal of Narrative Therapy and Community Work*, No.2.

심리적 식민화 피하기:
쓰나미에 대응한 스리랑카 사람들 이야기

샨티 아루라팔람, 라라 페레라, 사디스 드 멜, 세릴 화이트, 데이비드 덴보로

서구에서 발전된 트라우마 관련 지식과 지원 방법은 현재 다른 문화권에도 '수출'되고 있다. 이 현상은 무엇을 의미할까? 어떻게 해야 심리적 식민화를 복제하지 않을까? 이 장은 2004년 12월 스리랑카에 쓰나미가 일어난 후 현장에서 일한 지역사회 활동가, 심리사회 지원가와 인터뷰한 내용을 발췌했다. 이들은 현지의 전문 지식과 기술을 활용하여 스리랑카 지역사회의 경험에 대응하였다.

🌱 스리랑카 방식으로 대응하기

샨티 아루라팔람

샨티 아루라팔람(Shanti Arulampalam)은 생존자연합(Survivors Associated)의 설립자이자 대표이다. 생존자연합은 스리랑카 내전으로 피해를 입은 지역사회를 위해 만들어졌다. 샨티는 스리랑카 사람들이 재난으로 막대한 피해를 입었지만 일상을 회복해 가는 중이라고 말한다.

쓰나미는 국가의 중대 재난이었습니다. 목숨을 잃은 사람이 많지만, 사람들은 다양한 방식으로 대처하고 있습니다. 살 집과 기반시설, 도로를 재건하기 위해 여러 가지 일이 이루어졌습니다. 쓰나미로 충격을 받고, 상실과 비통함을 겪은 사람들을 도울 방안에 대해서도 많은 이야기가 오갔습니다. 심리접근은 이에 대응하는 한 가지 방법일 뿐입니다. 스리랑카에서는 심리접근과 다른 대응 방법을 병행하는 것이 적합하다고 보았습니다. 스리랑카에는 수천 년 동안 축적된 전통과 문화 의식이 잘 보존되어 있으며, 스리랑카 사람들은 이에 대한 자부심이 대단합니다. 우리 문화는 2,000년의 역사를 가지고 있습니다. 우리 전통에는 '심리전략'이라 부를 수 있는 것들이 있습니다. 사람이 죽거나 재해가 발생할 때 거행하는 문화적·종교적 관습이 있습니다. 반드시 이행해야 할 의무와 책임이 있습니다. 이는 어려운 상황을 극복하는 데 매우 적절한 대응 방법입니다. 그래서 쓰나미 후에도 사람들은 전통 의식이나 문화적 대응 방안을 우선적으로 찾게 됩니다. 우리 활동에서는 지역사회가 쓰나미의 영향에 대처하는 고유한 방식을 지지합니다. 서구를 비롯하여 다른 나라에서 행해지는 방식을 우리 문화와 결합하기도 합니다. 쓰나미와 같은 대규모 재난이 발생할 때, 우리는 스리랑카 사람들이 잘 알고 있고 잘 해 온 것을 기반으로 대응하려고 노력합니다.

스리랑카 사람이라면 누구나 트라우마에 대한 이해와 대응에 대한 지식이 어느 정도는 있다고 할 수 있습니다. 그렇지 않았다면 정말 문제가 많았겠지요. 우리는 20년간 무력분쟁[1]을 겪었으니까요.

남편이 피살되거나 실종되어 수년간 혼자 살아온 여성들을 만났습니다. 스리랑카에서 사별 여성은 멸시를 받습니다. 이는 우리 문화에서 도움이 안 되는 점입니다. 대부분의 지역사회에서 사별 여성은 불행의 상징입니다. 옷을 차려입고 다니거나 마을 활동에 참여할 수 없습니다. 공공장소에 혼자 나타나면 '수상한 여자'라는 눈총을 받기도 합니다. 사람들의 이런 태도 때문에 사별 여성들도 자신을 무가치한 존재로 여깁니다. 우리는 이 여성들을 모아 서로 경험을 나누고 배울 수 있는 지지집단을 만들었습니다. 자녀가 딸린 사별 여성에게 제일 중요한 문제가 경제적 어려움이라는 것을 확인하고 소규모 창업을 할 수 있게 대출을 해 주었습니다. 시간이 지나면서 사업이 번창했습니다. 그들

---

1) 역주: 스리랑카에서는 종족 갈등에서 비롯된 정부군과 반군 사이의 내전이 1983년부터 2009년까지 진행되었다.

은 방앗간과 작은 가게를 운영했습니다. 소외당했던 여성들이 이제는 지역사회의 지도자로 우뚝 섰습니다. 그러던 차에 쓰나미가 덮쳤습니다. 그들의 집이 쓸려 갔습니다. 모든 재산을 잃었고 사업은 파탄이 났습니다. 어떤 여성은 아이를 잃기도 했습니다. 지지집단 구성원 중 몇 명도 쓰나미에 휩쓸려 갔습니다.

쓰나미 발생 당시 저는 스리랑카 밖에 있었으며, 고통을 겪은 여성들을 어떻게 마주해야 할지 막막하기만 했습니다. 오랜 기간 함께 일하다 보면 관계가 긴밀해집니다. 내가 그들에게 무슨 말을 할 수 있을까요? 이 끔찍한 사태에 대해 어떤 말을 할 수 있을까요? 힘겨운 일을 겪은 후에 왜 또다시 그들에게 이런 일이 벌어졌냐고 말할 수 있을까요? 쓰나미가 일어나고 나흘이 지난 후 스리랑카로 돌아와 여성들을 만났습니다. 그들은 넋이 나간 상태였습니다. 우리는 붙잡고 같이 울었습니다. 그들의 노력이 수포로 돌아갔습니다. 그러나 2주 후 다시 방문했을 때 무언가 달라진 것이 있었습니다. 이 여성들이 이런 재난을 처음 겪은 여성들을 불러 모아 스스로 자조집단을 만든 것입니다. 이 여성들이 다른 여성들에게 "마냥 주저앉아 있을 수는 없잖아요. 우리 스스로 무언가 하지 않으면 아무 일도 일어나지 않아요. 일어나서 무엇이든 시작해야 해요."라고 말했습니다. 이들은 친구가 되어 서로 돕고 있었습니다. "우리는 예전에 나쁜 상황에 있다가 벗어났어요. 바로 이런 식으로요. 이제 또다시 그렇게 해야 해요."

그들 중 한 사람이 와서 말했습니다. "캠프 음식이 형편없어요. 캠프에서 음식 만들 도구를 마련해 주면 아주 싼 가격에 음식을 팔아 볼 텐데요." 그래서 우리는 취사도구를 마련해 주었습

117

니다. 여성들은 모든 걸 잃었지만 재난에 빠르게 대응하고 다시 제자리를 찾아가고 있었습니다. 쓰나미가 발생한 지 2주도 되지 않아 여성 집단들은 사업을 제안했습니다. 소액의 보조금이 지역사회 회복의 씨앗이 될 것임을 알았던 것입니다. 지난주 캠프에 갔을 때, 작은 식료품 가게, 물건을 만드는 사람들, 다양한 소규모 사업체를 보았습니다.

여전히 해결해야 할 어려움이 많지만, 이 여성들이 마을의 회복을 이끌어 가는 힘이 되고 있습니다.

🌱 쓰나미 피해 지역사회를 위한 대응 시 고려해야 할 원칙

118

라라 페레라

라라 페레라(Lara Perera)는 콜롬보의 인도주의 단체 컨소시엄 (Consortium of Humanitarian Agencies)에서 일하는 심리사회지원 코디네이터이다. 라라가 진행하는 심리사회 포럼(Psycho Social Forum)은 원래 스리랑카 내전과 관련해서 만들어졌다. 현재 이 포럼은 쓰나미 대응 활동을 조정하는 중심 역할을 하며, 스리랑카 심리사회 지원의 질, 효율성, 책무성을 향상시키기 위해 일한다.

심리사회 포럼은 쓰나미 피해 규모를 파악하자마자 지역 단체들에게 대응 방안을 알리는 원칙을 만들기 시작했다. 이 원칙은 국제 구호단체와 심리사회 지원 경험이 없는 현지 단체를 지원하기 위한 것이었다. 단체들이 가능한 한 효과적으로 지역 문화에 적합하

게 작업하며 그 과정에서 '피해 주지 않기(did no harm)' 위해서였
다. 다음의 열 가지 원칙이 이에 해당한다.

1. 재난 반응을 병리화하지 않기

쓰나미가 일어난 직후 피해 지역 주민들은 감정적·신체적으
로 너무나 다양한 반응을 보인다. 이 반응은 개인마다 다르고,
회복 단계마다 놀라울 정도의 강인함과 다양한 수준의 회복력
을 보여 주기도 한다. 어떤 때는 혼란과 두려움, 절망, 불면, 울
음, 섭식장애, 두통, 통증, 불안, 분노를 나타내기도 한다. 무감
각과 무기력 상태에 빠지기도 한다. 어떤 사람들은 충격에서
벗어나지 못하고, 공격적이 되고, 신뢰감을 잃고 배신감과 절
망을 느끼기도 하고, 자신이 살아 있다는 사실에 안도감과 죄
책감을 느끼기도 한다. 다른 사람들이 죽었다는 사실에 슬픔
을 느끼기도 하고, 재난 시기 동안 자신이 한 행동에 대해 수
치심을 느끼기도 한다. 이는 극도로 위험하거나 스트레스가
있는 상황에서 또는 사람들이 무력감이나 압도당했다고 느낄
때 나타나는 정상적인 반응이다. 이런 반응을 보인다고 해서
트라우마를 입거나 정신장애나 정신병에 걸린 것은 아니다.
우리는 스리랑카에서 활동하는 비영리단체들이 쓰나미 직후
사람들이 보이는 반응을 외상후스트레스장애(post traumatic
stress disorder: PTSD)와 같은 의료적인 단서로 해석하거나 진
단하지 않도록 권고했다. 모든 것이 끔찍한 상황에 대한 정상
적인 반응이기 때문이다.

119

2. 스리랑카인 모두를 '트라우마를 입은' 동질 집단으로 보는 가정에 의문 제기하기

대응 관련 단체들이 장기적으로 스리랑카 사람 대부분이 트라우마를 겪을 것이라고 가정하는 것은 별로 도움이 되지 않는다. 스리랑카 사람들은 트라우마에 대해 상당히 잘 알고 있다. 지난 20년 이상 전쟁 상황을 견뎌 왔기 때문이다. 우리는 다른 가정을 가지고 일해 왔다. 이 시기에 우리가 기본적인 서비스를 제공하면 사람들 대부분이 서로 도울 방법을 찾으며, 트라우마 반응이 지속되지 않을 것이라고 보았다. 전문적인 돌봄이 필요한 사람은 일부이고, 정신건강 서비스가 필요한 사람은 그중에서도 극히 소수이다. 전문적인 도움이 필요한 사람들도 만났는데, 그들은 쓰나미 이전에도 정신건강 서비스나 지원을 받던 사람들이었다. 그들은 쓰나미를 겪은 후 일상적인 지원과 약물치료를 받을 수 없어서 매우 힘든 처지에 놓여 있었다. 하지만 대부분의 사람은 매우 잘 극복하리라고 본다.

3. 일상의 삶으로 돌려보내기

구호기구와 단체들이 지역 주민에게 해 줄 가장 효과적이며 도움이 되는 대응 방법은 주민들을 평상시의 삶으로 돌아가도록 돕는 것이다. 예를 들어, 우리는 학생들을 학교 밖으로 이동시켜 프로그램을 진행해야 하는지는 의문이다. 주민들이 평소 생활과 활동으로 돌아가도록 돕는 방안을 고민하라고 구호단체들에게 권고한다.

4. 현지 자원과 지식에 기반 두기

우리는 구호단체들이 위기에 처한 지역사회를 돕기 위해 스리랑카가 가진 자원의 가치를 인정하도록 했다. 스리랑카인들에게 활동과 관련한 현지 지식과 자원을 물어보도록 했다. 보건당국이나 단체와 같은 기존 체계를 통한 활동도 현지의 체제를 약화시키지 않고 강화하도록 하라고 권고했다. 이것은 매우 중요한 이슈가 되었다. 대규모 국제단체들이 많은 기금을 가지고 도착하면 현지의 군소단체들이 문을 닫는다. 우리는 이런 일이 다시 일어나지 않도록 한다.

5. 문화적으로 민감해지기

우리는 국제단체가 재난에 대응하고 조직을 만들 때 문화적인 의미와 가치를 고려하라고 권고했다. 현지의 종교적 믿음을 이해하는 것도 이에 해당한다. 종교와 영적 믿음도 현지인의 복지에 통합되어야 할 중요한 요소이다. 현지인이 자신의 경험을 이해하는 방식은 문화적·종교적 영향을 강하게 받는다.

121

6. 지역사회 참여와 지역사회 역량강화에 우선순위 두기

지역 주민들이 서비스 제공에 참여하는 것은 의존을 피하는 데 아주 중요하다. 예를 들면, 어떤 캠프에서는 활동가들이 지역 주민을 대신해서 음식을 장만하기도 한다. 이는 평소 가족의 끼니를 챙기는 어머니 역할을 대신하는 것이나 다름없다. 어떤 활동가들이 마을에 벽을 세우거나 건물을 짓는다는 이야기도 들었다. 이런 일은 현지인들이 기술과 역량을 가지고 늘해 오던 일이다. 지역 주민들이 참여하여 그들의 능력과 기술을 발휘하는 것이 매우 중요하다.

7. 지역사회의 모든 구성원을 포함하기

우리는 지역사회 차원의 대응에 주민 모두를 포함시킬 것을 강조하였다. 어떤 기관은 어린이들하고만, 어떤 기관은 여성들하고만 일하려고 한다. 남성들에게 서비스를 제공하는 기관은 거의 없다. 우리는 지역사회 대응에 모든 주민을 포함시키라고 권고한다.

8. 장기적인 지속 가능성 고려하기

대부분의 국제기구는 일정 기간만 활동한다. 우리는 프로젝트를 장기적으로 지속하는 방안을 고려하라고 당부한다.

9. 연구 프로젝트 윤리와 실질적 영향 고려하기

어떤 사람들에게 쓰나미는 사람들의 반응을 연구할 기회가 되기도 한다. 해외의 많은 연구자가 사람들의 반응을 조사하려고 스리랑카를 방문했지만 대부분의 연구가 문화적으로 적절하게 수행되지는 않았다. 연구 자체를 반대하는 것은 아니며, 연구가 윤리적이고 적절한 방식으로 진행될 필요가 있다. 스리랑카 보건 당국은 모든 연구 지원 신청을 감독하는 윤리위원회를 만들고 있다.

10. 자원과 정보 공유하기

심리사회 포럼의 주요 목표 중 하나는 연계와 조정이다. 우리는 기관이 중복을 줄이고 자원과 생각, 지식을 공유하도록

한다. 특별히 '욕구 사정(needs assessments)' 방법을 공유하도
록 권한다. 그렇게 하지 않을 경우 어떤 지역사회는 수차례
사정하는데, 그 결과가 어떨지 몹시 걱정스럽다. 우리는 지
역사회 역량을 강화하는 '욕구 사정' 방식에 관심을 둔다. 한
주민이 와서 말했다. "외국의 큰 단체 사람들이 찾아와서 우
리한테 무엇이 필요한지 말해 주고 갔어요!" 우리는 진심으
로 지역사회의 역량이 강화되도록 자문하는 대안적 방식을
고려하고 있다.

현지 단체들이 스리랑카 지역사회에 음식과 집, 여타의 실질적 도
움을 제공하는 경우에도 이 원칙들이 활용되기 바란다. 어려움은
계속될 것이며 시간이 지나면 틀림없이 더 많은 원칙이 만들어질 것
이다. 이 열 개의 원칙이 현지인과 작업할 때 생산적인 대화와 훌륭
한 팀워크를 구축하는 틀이 되어 지역사회 기반을 재건하고, 극심한
피해를 입은 사람들을 지지하고, 그들이 일상으로 돌아가게 하는 데
도움이 되기 바란다.

관습적인 '욕구 사정'에 대한 네 가지 대안적 접근

라라 페레라가 묘사했듯이 재난 피해를 당한 지역사회가 무력
해지고 의존하게 되는 대신에 역량을 강화하는 지역사회 '사정'
방법을 개발하는 것에 대한 관심이 크다. 다음에서 네 가지 대안
적인 사정 방식을 제시한다.

지역사회의 강점, 능력, 기술 사정하기: 강점 탐구

스리랑카 라비니아 마운트, 아르타차리야 재단의 사디스 드 멜과의 인터뷰 내용

시간이 지나면서 지역사회 '욕구 사정'이 문제 중심적이라는 사실에 관심을 갖게 되었다. 지역사회의 부족한 점에 대해서만 질문하면 곤혹감을 느낄 수 있다. 가난한 사람들하고 일할 때 문제에 대해서만 이야기하면 자신의 생활뿐 아니라 우리에 대해서도 심하게 좌절하는 것을 보았다.

나는 5년 전 남인도 벵갈로어에 있는 지역사회 개발단체인 미라다(Myrada, www.myrada.org)에서 '강점 탐구(appreciative inquiry)' 개념(Elliott, 1999; Hammond, 1998)을 처음 접했다. 이 접근법을 배우고 나서 현지 기관에 소개했다. 우리는 이 관점에 고무되었다. 사람들이 자신의 성공담이나 지역사회의 강점과 기술을 이야기하는 것을 더 좋아하는 것이 분명했다. 이 접근방법으로 분위기가 크게 반전되었다.

우리 단체의 목표는 사회적 자원의 동원이다. 사람들이 자기가 하는 일을 인정받고 자부심을 갖게 되면 미래의 행동을 끌어내는 데 크게 도움이 된다는 것을 알게 되었다. 이런 작업이 지역 주민들이 현재의 도전에 함께 대처하는 데 촉매제가 될 수 있다. 이런 방식으로 쓰나미 피해 지역에 접근한다면 사람들이 자신들의 강점을 다시 생각하게 될 것이라고 믿는다. 즉각적인 구조와 회복 단계에서 벗어나 장기적인 지원을 시작하는 과정에서 '강점 탐구'가 역할을 할 것이라고 본다.

역량과 취약성 분석

메리 B. 앤더슨

메리 앤더슨(Mary Anderson)은 『잿더미에서 일어서기: 재난 시기의 전략 개발(Rising From the Ashes: Development Strategies in Times of Disaster)』에서 재난 시기 사정에 필요한 틀을 제시한다. 이 틀은 지역사회의 욕구, 취약성, 역량을 파악하는 데 적합하다.

"재난 상황의 욕구란 생존하거나 회복하는 데 당장 필요한 것을 뜻한다. 이런 욕구는 재난 자체에서 생긴 것이며, 상대적으로 단기적이다. 취약성은 재난에 대응하는 지역사회 역량에 영향을 주는 요인 또는 재난을 당하기 쉽게 만드는 장기적 요인을 말한다. 취약성은 재난이 발생하기 이전에 존재하는 것으로 재난의 심각성에 영향을 주고, 재난에 효과적으로 대응하는 데 방해가 되며, 이후에도 지속된다. 취약성이 증가하는 것을 방지하기 위해서는 그 사회에 존재하는 역량을 확인해서 강점을 파악할 필요가 있다. 강점은 피해자에게도 있으며, 이 토대 위에서 미래의 발전이 가능하다."(Anderson, 1989, pp. 10-11)

지역사회 구성원의 기술을 기반으로 하기

아메리카 브라초

캘리포니아의 라티노 보건센터(Latino Health Access)는 가난과 질병에 맞서 싸우는 지역사회를 위해 욕구가 아닌 지역사회 기술에 기반을 둔 접근방법을 제시한다. 이것은 사람들의 욕구

125

보나 공동체의 기술에 의도적으로 중점을 두는 접근방법이다.

"우리는 모든 사람, 모든 공동체가 기술과 지식, 강점, 자산이 있으며, 이를 동원하면 건강한 공동체를 만드는 데 도움이 된다는 신념을 가지고 일한다. 우리는 지역사회의 욕구를 파악하고 이를 해결하려고 노력하는 데서 시작하지 않는다. 바로 공동체의 재능, 지식, 기술을 파악하는 데서 시작한다. 이러한 것을 활용하는 것이 사회를 변화시키는 비결이라고 믿는다.

세심한 보살핌의 체계를 만들어 주는 것이 우리 책임이다. 지역사회의 자산과 기술, 지식에 주목하고, 이를 조사하여 함께 일하는 사람들이 희망과 꿈을 실현할 환경을 제공할 책임이 있다. 이 과정에서 공통된 기반의 영토를 만들어 낸다. 첫 번째 공통점은 모두가 비슷한 문제에 관심이 있다는 것이며, 두 번째 공통점은 모두 관심 있는 문제에 기여할 무엇인가를 가지고 있다는 것이다. 이 접근에서 활동가들은 특별한 책임을 진다. 우리는 '문화적 역량(흔히 미국에서 거론되는)'이라는 것이 다른 문화권의 다른 현실에 대응하는 것에 국한되지 않는다고 생각한다. 문화적 관점에서 전문가 역량이란 이보다 훨씬 더 많은 것을 의미할 것이다. 유능한 전문가는 무엇보다 지역사회의 기술과 자원, 특정한 이해 방식을 알아야 한다. 더 나아가 유능한 전문가는 그 사람이나 지역사회가 자신의 기술과 지식을 가지고 자기 지역사회에 긍정적으로 기여하도록 돕는 역할을 해야 한다."(Bracho & Latino Health Access, 2000, p. 7)

정체성과 정신건강에 대한 지역사회 문화 존중하기

키위 타마시스의 연구

뉴질랜드의 키위 타마시스(Kiwi Tamasese)와 웰링턴 정의치료팀(Just Therapy Team of Wellington)의 연구는 문화적 이해의 측면에서 지역사회의 정체성과 정신건강과 관련하여 고려할 문제를 제시해 준다. 그들의 연구는 지역사회의 정체성과 정신건강과 관련하여 문화적 이해를 존중하는 것이 중요하다는 것을 보여 준다. 이렇게 하려면 정신건강 서비스의 '사정'과 '제공'이 변화되어야 한다.

"사모아인의 세계관과 서구의 정신건강에 대한 은유가 만날 때, 이 둘은 너무나 달라서 실제 활동에 중대한 영향을 미친다. 서구 과학은 마음과 몸을 분리하고 자기(self)에 대한 개인주의 관념을 가지고 있다. 사모아인들의 관점과는 매우 다르다. 서양 의학과 보건 전문직은 아무런 의심과 질문을 하지 않고 자기에 대한 가정을 바탕으로 하며, 이를 삶과 건강을 이해하는 유일한 방법이라고 가정한다. 이는 뉴질랜드의 사모아 가족이 위기 상황에서 정신건강 서비스에 의뢰될 때 혼란이 줄어들기보다는 증폭될 수 있다는 뜻이다. 사모아 가족은 자기와 현실에 대해 상충하는 두 가지 설명이 존재하는 상황에 처하게 된다.

정신의학 서비스에서는 서구의 자기 개념이 우위에 있기 때문이며, 사모아 가족은 그에 따라 치료를 받는다. 사모아 가족이 의사에게 문제에 대해 다른 접근방식으로 이야기하면, 예를 들어 자신의 증상이 살아 있거나 죽은 사람과의 관계가 깨졌거나, 의례 또는 예절을 위반했거나, 토지에서 강제추방을 당하면서

127

소속감을 잃었기 때문이라고 한다면 이런 이야기는 묵살되고, 이렇게 묵살당하면 그 사람은 자신을 미친 사람으로 여기게 될 것이다. 사모아 가족의 신념체계에 대한 믿음이 약화되고, 삶에 대한 그들의 문화적 설명이 종속될 수 있다.

이 연구에서 우리가 바라는 것은 정신건강 서비스에서 서구 정신의학의 자기에 대한 이해를 기초로 하면서도 사모아 가족과 작업할 때에는 사모아인의 이해에 기반을 둔 사모아인의 자기 개념을 존중해야 한다는 것이다.

사모아 가족의 정신건강 서비스는 사모아인의 자기, 건강, 인간다움에 대한 개념을 바탕으로 해야 한다. 서구의 정신의학적 이해가 서비스에서 유용하다고 믿지만, 그것은 제한적이다. 서비스 받을 사람에 대한 문화적 이해를 기반으로 서비스를 설계해야 한다."(Tamasese, 2002, pp. 192-193)

발리

폭파 사고 이후 발리 현지인들이 사고를 받아들이고 치유되도록 지역사회 대응책을 개발할 때 문화적 의미가 고려되었다. 이에 관한 자료는 무하마드 아리프(Muhammad Arif), 푸투 누르 아요미(Putu Nur Ayomi), 자넷 드 니피(Janet De Neefe), 수기 B. 라누스(Sugi B. Lanus), 니 마데 마르니(Ni Made Marni), 와이안 사르마(Wayan Sarma), 프란세스 체(Frances Tse)가 쓴 『발리의 목소리: 10월의 폭파 사건에 대응하기(Voices from Bali: Responding to the October Bombing)』(2003)를 참고하기 바란다.

피해 주지 않기-심리적 식민화 피하기

최근 인도적 지원 분야의 연구자들은 원조 시 '피해 주지 않기'를 우선시하는 것이 무엇인지 탐구하려고 애쓴다. 이 연구는 분쟁 상황에서 분열이나 폭력을 악화시키지 않는 대응 방법에 특별히 초점을 둔다[개발행동협력(Collaborative for Development Action, http://www.cdainc.com/)의 작업 참조]. 라라 페레라가 앞에서 논한 원칙은 국제 구호단체들이 스리랑카에서 '피해 주지 않기'라는 활동 방식을 찾는 것과 관련된다.

위기 상황에서 이루어지는 심리 서비스의 해외 활동과 상담 등 여타 정신건강 서비스에서도 이런 점을 고려해야 한다. 쓰나미가 일어난 이후, 여러 해외 단체가 스리랑카의 현지인들에게 상담 및 기타 서비스를 제공했다. 해외 구호단체들이 도움을 주려는 의도가 있음에도 불구하고 그 모델과 접근법이 문화적으로 적합한가를 놓고 현지 단체들은 상당한 우려를 표명했다.

이 절에서는 내국인 단체들이 심리상담 및 정신건강 서비스를 제공하는 국제단체에게 묻는 질문을 다룬다. 이 질문은 국제단체의 상담이나 심리적 접근방법이 어떤 가정에 기반을 두고 있는지에 대한 정보를 수집하고자 설계되었다. 이러한 가정을 명확하게 한다면 특정 접근법이 지역사회에 미치는 영향을 좀 더 고려할 수 있기 때문에 심리적 식민지화의 가능성을 줄일 수 있을 것이다.

심리상담접근의 문화적 가정을 명확히 하기

이 상담 모델은 다음과 관련해서 어떤 가정을 하고 있는가?

• **정체성**

이 접근은 정체성을 어떻게 이해하는가? 정체성을 단지 개인만이 가지고 있는 것으로 이해하는가, 아니면 집단적 또는 사회적인 프로젝트로 이해하는가? 이 접근법은 오직 개인만을 위해 고안된 것인가, 아니면 가족이나 지역사회에도 적용되는가? 이런 사실을 검토해서 알게 된 것은 무엇인가?

• **트라우마 경험**

이 접근은 트라우마 경험에 대응하고 치유할 때 문화적·집단적·가족적·개인적 기술에 바탕을 두는가? 트라우마 및 치유와 관련된 현지 지식의 역사를 존중하는가? 그것은 특정 공동체 치유와 관련된 개념이 있는가? 그것은 트라우마 경험과 의미를 규정하는가, 아니면 이 문제를 현지인들과 상의하려 하는가? 여기서 알게 된 것은 무엇인가?

• **슬픔**

이 접근은 슬픔에 대응하는 '올바른 방법'을 규정하는가? 추모에 대한 집단과 문화와 영적인 실천, 가족과 개인의 실천을 묻고 존중하며, 그것을 기반으로 삼는가? 여기서 알게 된 것은 무엇인가?

• **권력과 중립성**

이 접근은 활동가들의 신념과 행동이 중립적이라고 믿는가? 아니면 어떤 접근도 특정한 가정을 가지며 모든 개입 방법이 권력, 문화, 젠더, 계급과 관련된다는 사실을 인정하는가?

• 사정

이 접근은 개인과 지역사회의 욕구와 문제만을 '사정'하는가, 아니면 현지인과 가족, 지역사회의 기술과 지식을 발견하고 그것을 현재의 어려움에 대처하고 개선하는 데 활용하려 하는가? 여기서 알게 된 것은 무엇인가?

• 협력 관계

공동체가 직면한 문제를 외부인이 해결할 능력이 있다고 가정하는가, 아니면 지역의 문화적 의미와 관행이 존중되는 협력 관계가 필요하다고 가정하는가? 여기서 알게 된 것은 무엇인가?

우리는 질문에 대한 피드백에 관심이 크다. dulwich@senet. com.au로 우리에게 거리낌없이 연락 주길 바란다.

131

마지막 반영

이 짧은 글 모음으로 2004년 12월 26일 스리랑카 해안을 강타한 쓰나미의 파괴적인 영향에 현지 단체들이 얼마나 사려 깊게 대응 활동을 했는지가 잘 전달되기 바란다. 그들은 집과 마을, 경제 구조 그리고 막대한 타격을 받은 사람들을 지원하고 돌볼 때 인도적 원조의 트라우마에 대한 심리적 이해와 서구적 대응 모델의 의도하지 않은 부정적 영향을 피하려고 지속적으로 주의를 기울였다.

앞으로도 여러 문화가 만나는 재난구호 현장에서 돌봄에 대한 대화가 계속되길 기대한다. 덧붙여 치유 작업과 지역사회 접근으로 트라우마에 대응하는 사람들, 인도적 지원 활동을 하는 사람들과 접촉할 수 있기를 바란다.

감사의 글

샨티 아루라팔람, 라라 페레라, 사디스 드 멜(Sathis de Mel), 날린 헤만타(Nalin Hemantha)에게 감사드린다. 특별히 콜롬보의 호주 고등 법무관 사무소(Australian High Commission)의 매튜 하인즈(Mathew Hyndes)와 다크시 아리야쿠마르(Dhakshi Ariyakumar)에게 감사드린다.

참고문헌

 132

Arif, M., Nur Ayomi, P., De Neefe, J., Lanus, S. B., Made Marni, N., Sarma, W. & Tse, F. 2003: 'Voices from Bali: Responding to the October bombing.' *International Journal of Narrative Therapy and Community Work*, 1:75–80.

Anderson, M. 1989: *Rising From the Ashes: Development strategies in times of disaster.* Boulder: Westview Press.

Anderson, M. 1999: Do No Harm: *How aid can support peace—or war.* Boulder: Lynne Rienner Publishers.

Bracho, A. & Latino Health Access, 2000: 'Towards a healthy community … even if we have to sell tamales. The work of Latino Health Access.' *Dulwich Centre Journal*, 3:3–20.

Elliott, C. 1999: *Locating the Energy for Change: An introduction to appreciative inquiry.* Winnipeg, Manitoba: International institute for sustainable development.

Hammond, S. A. 1998: *The Thin Book of Appreciative Inquiry*. Plano Texas: The Thin Book publishing.

Tamasese, K. 2002: 'Honouring Samoan ways and understandings: Towards culturally appropriate mental health services.' *International Journal of Narrative Therapy and Community Work*, 2:64-71. Republished 2003 in Waldegrave, C., Tamasese, K., Tuhaka, F. & Campbell, W. (Eds): *Just Therapy—a journey: A collection of papers from the Just Therapy Team, New Zealand*, pp. 183-195 (chapter 12). Adelaide: Dulwich Centre Publications.

더 읽을거리

인도적 원조와 관련한 고려 사항에 관심이 있는 사람은 다음 논문을 참조하기 바란다.

133

World Bank Policy Research Report Number 7: 'Assessing Aid: What Works, What Doesn't, and Why'. The International Bank for Reconstruction/World Bank. Oxford University Press, 1998-01-01. Available at http://www.worldbank.org/research/aid/aidtoc.htm

'Humanitarian Aid and Development Assistance' by Amelia Branczik is available at http://www.intractableconflict.org/m/humanitarian_aid.jsp

Collaborative for Development Action의 웹사이트(http://www.cdainc.com/)를 통해 다양한 정보를 이용할 수 있다.

트라우마 사건 직후의 디브리핑:[1)]
팔레스타인 가자지구의 이야기치료 사례

수 미첼

이 장에서는 요즈음 활발히 논의되고 있는 트라우마 디브리핑을 소개한다. 트라우마를 최근 경험한 사람과 상담할 때 이야기치료가 어떻게 도움이 될 수 있을까? 이 장은 트라우마를 경험한 가자지구 팔레스타인 성인과 아동에 대한 디브리핑 이야기치료 사례를 다룬다. 당시 저자는 가자지구 내 국경없는 의사회에서 자원봉사 심리학자로 일하고 있었다.

1) 역주: 일반적으로 디브리핑(debriefing)은 중요한 정보를 모으기 위해서 사람들에게
    질문하는 과정을 말한다. 심리적 디브리핑은 예기치 못한 트라우마 사건을 경험한 사
    람들에게 적용하는 집단위기개입 방법으로, 심리치료가 아니라 트라우마 후 스트레
    스 반응을 경감하고 신체 · 정서적 회복 과정을 촉진하기 위해 실시한다(Mitchell, J.
    T., 2010, *Group Crisis Support: Why it work, When and How to provide it.* Sussex,
    England: Chevron Publishing Co).

국경없는 의사회(Medecins Sans Frontieres) 소속 심리학자로 가자 지구에서 활동(2004년 중순~2005년 초)할 때, 내 업무의 태반은 팔레스타인 성인과 아동의 치료 요청에 대응하는 것이었다. 당시 이들은 폭력과 두려움, 슬픔으로 내내 고통을 겪고 있었다. 트라우마를 경험한 사람에게 즉각 디브리핑을 해 달라는 요청을 받은 적도 있다. 재난 현장 구호단체들은 심리적 디브리핑을 작업의 표준으로 인식하고 있다. 그러나 나는 디브리핑 개념에 의구심을 품고 있었다. 디브리핑은 끔찍한 사건을 경험한 사람에게 사건을 다시 이야기하게 하고, 사건에 관한 감정을 다시 표현할 기회를 주는 것이다. 안전한 상황에서 1회기 디브리핑만 해도 '그때 느꼈어야 할 감정'을 느끼고 '그 감정을 처리하면', 외상후스트레스장애와 같은 정신적 문제를 예방할 수 있다는 것이다. 디브리퍼는 스트레스 반응을 '정상화'하고 관리하는 기술을 제공할 수 있다. 동일한 트라우마를 경험한 사람을 집단으로 구성해서 과정을 진행할 것을 권장한다(Mitchell, 1983).

사람들에게 자기 경험을 들려주고, 인정받을 기회를 주는 것이 이롭다는 것은 알지만, 디브리핑 때문에 트라우마를 재경험하지 않을까 하는 의문을 가지고 있었다. 집단 디브리핑에서 다른 사람의 끔찍한 이야기나 경험을 듣고 사람들이 어떤 영향을 받을지도 궁금했다. 추후상담 없이 단회상담만 할 경우 더 취약해지지 않을까 걱정스러웠다. 수년 전 호주에서 고문당한 사람을 돕는 단체에서 일했을 때, 정기적으로 활동가 집단 디브리핑에 참여하였다. 집단 디브리핑이 기관 입장에서는 직원을 보살피는 좋은 시도일지

137

모르지만, 디브리핑 회기 중 동료가 해 준 이야기는 너무나 괴롭고 불편한 기억으로 남아 있다.

사실 최근 많은 연구자와 실천가들이 같은 의문을 제기하고 있다. 1회기 디브리핑으로 외상후스트레스장애와 같은 사후 문제를 예방할 수 있다는 주장이 틀렸다는 것이다. 어떤 연구자들은 1회기 디브리핑이 오히려 자연스러운 회복을 막거나 상황을 악화시킬 수도 있다고 주장한다(Rose et al., 2002, Van Emmerik et al., 2002). 연구자들의 주장은 트라우마를 강제로 재경험하는 것과 타인의 경험에 노출되는 것 그리고 1회기로 충분치 않다는 것을 포함한다. 이 논쟁이 설득력을 얻게 되면서 세계보건기구(World Health Organization)는 재난이나 긴급 상황에서 대부분 시행되던 1회기 디브리핑을 하지 말라고 권고했다(WHO, 2003).

그런 한편, 어떤 개입 방식이 트라우마 경험 후 고통을 줄여 주고 정신적 문제를 예방하는 데 적절한지에 대해 논의하고 있다. 세계보건기구(2003)는 사회적 지원과 실질적 지원에 초점을 둔 광범위한 2단계 모델을 심리적 '응급처치' 방법으로 제안하였다. 심리적 응급처치는 경청과 연민의 전달, 욕구 사정, 기본적인 생리 욕구의 충족 보장, 이야기 강요하지 않기, 사람들과 연결하고 연대하기, 추가적인 위해로부터 보호하기 등으로 구성된다. 이에 대해 맥팔레인(McFarlane, 2003)은 트라우마 후 정신과적 문제를 예방하려면 돌봄과 공감도 필요하지만, 보다 효과적인 추가 개입이 필요하다고 주장한다.

따라서 나는 지배적인 디브리핑 모델의 대안에 관심을 갖게 되었다. 내 경험으로 볼 때 끔찍한 사건을 겪고 나면 사람들은 누군가에게 자기 경험을 말하고 싶어 하고, 자기 이야기를 들어 줄 청중을 초대한다. 사람들과 만날 때 내가 가장 중시하는 것은 트라우마를 다시 경험하지 않도록 하는 것이다. 트라우마 경험을 가진 사람이 어떻게 해야 안전한 지대, 즉 트라우마 경험이 불러일으킨 것과 다른 정체성의 영토에서 바라본 관점에서 자신의 이야기를 다시 말하도록 초대할 수 있는지에 관심을 가지게 되었다.

나는 이야기치료에 영향을 받은 두 가지 질문에 관심이 생겼다. 첫 번째 질문은 어떤 고통의 표현이 그 사람에게 침해되거나 폄하된 것을 나타내는가이다. 나는 트라우마 경험 때문에 밀려난 사람들의 가치, 신념, 사고방식, 희망, 꿈을 주의 깊게 탐색하게 되었다. 트라우마가 나타내는 부재하지만 암시적인 의미를 발견하고 (White, 2000 참조), 대화를 통해 이와 같은 가치와 신념, 희망, 꿈이 그 사람에게 다시 도움이 되기를 바랐다.

두 번째 질문은 그 사람이 트라우마 경험에서 어떻게 살아남느냐이다. 그 사람이 시련을 겪는 동안 어떤 생각과 행동으로 상황을 버텨 냈는지 묻는 데 관심을 두었다. 작업의 가치를 외상후스트레스장애나 다른 '병증' 예방이 아니라 그 사람이 살아남기 위해 사용한 지식과 기술에 쉽게 접근하는 것에 두었다.

가자지구에서 디브리핑을 할 때 이 두 가지 질문을 충분히 탐색하지는 못했지만 사람들이 내 생각을 이해하게 되면서 의미 있는 대화를 나눌 수 있었다. 이 장에서는 두 가지 디브리핑 사례를 나누려고 한다. 첫 번째 사례는 어린이들과의 집단 디브리핑이다. 대규모 군사 공격이 가해지는 동안 어린이들이 어떻게 서로를 도왔고, 어떤 기술과 지식을 활용했는지에 초점을 두었다. 두 번째는 동료가 납치된 적이 있는 성인 디브리핑 사례이다. 우리는 대화를 통해 납치를 둘러싼 과정에서 훼손된 그의 가치를 탐색하였다.

숨 쉴 방법 찾아가기–아이디니 가족 아이들

아이디니(Aidini) 집안 아이들 열 명과 같이 북가자지구에 있는 아이들 삼촌네 뒷마당 모래 위에 얼굴 그림을 그렸다. 뒤집어진 반원 모양의 입과 눈에서 눈물이 흐르는 모습이었다. 아이들은 불과 며칠 전, 이스라엘군의 대규모 군사작전으로 탱크에 포위되어 불타고 점령되거나 파괴된 마을에서 도망쳐 나왔다. 빠져나온 지 12일이 지난 후였다. 아이들은 좀 더 안전한 장소로 여겨지는 친척집에 피신해 있었다. 하지만 전날 낮과 밤에 한 차례씩 급습이 있었고, 아이들은 다시 탱크, 헬리콥터, 미사일, 총격 위험에 노출되었다. 내가 갔을 때에는 이스라엘군이 철수한 후였다. 나는 고통을 이야기하고 싶어 하는 아이들을 만나 '디브리핑'을 해 달라는 초대를 받았다. 8세 아이만(Ayman)은 "심장이 쪼그라들어서 말을 할 수도 없었어요. 죽을 거라고 생각했어요."라고 했다. 말하는 아이 뺨에 눈물이 흘러내렸다.

나는 아이만에게 눈물이 무엇을 말하는지 물었다. 아이만이 말했다. "사람들이 죽고 집이 파괴될 때 내가 흘리는 눈물은 살아 있다는 신호예요." 나는 아이만의 말을 기록했다. 10세 소녀 아이야(Aiya)가 덧붙였다. "여기에서 죽을 것 같다는 느낌이 들었어요. 숨을 제대로 쉴 수가 없어요." 아이들에게 숨 쉬기가 어려운 친구들이 또 있는지 물었다. 아이들이 여기저기에서 일제히 외쳤다. "네, 저희 모두요!" 숨 쉬는 데 영향을 주는 것이 무엇인지 묻자 아이들이 대답했다. "누군가 죽을 때요." "헬리콥터가 있을 때요." "지뢰가 있을 때요." "집이 파괴될 때요." "땅이 무너질 때요." 숨쉬기가 어려운 것 말고 어떤 어려움이 또 있는지도 물었다. 아이들은 먹고 마시기가 힘들다고 했다. 몸이 제멋대로 떨리고, 많이 울게 되고, 잠들기가 어렵다고 했다. 학교에 가기가 너무 무섭고, 자신들의 삶에 두려움과 슬픔이 너무 크다고 말했다.

나는 이런 군사공격 속에서 어떻게 견뎠는지, 탱크가 떠났지만 슬픔과 두려움이 여전히 남아 있는데 어떻게 견디는지 물었다. 한 아이가 답했다. "우리는 서로 꼭 잡고, 서로서로 도와줘요." 어떻게 그럴 수 있는지 물었더니, 11세 모하메드(Mohamed)가 폭탄이 떨어졌을 때 여동생 얼굴이 빨개지면서 울기 시작하던 때를 이야기해 주었다. "저는 여동생에게 말을 걸었어요." 또 다른 방법으로는 "우리 마음을 미래에 옮겨 놔요. 그때는 다시 안전해질 거예요."라고 말했다. 군사작전이 끝나서 지금 '함께 있고, 웃고, 서로 이야기 하는 것'이 중요하다고 했다. 아이들은 놀이를 생각하는 것이 도움이 된다고 하면서 놀이 하나를 보여 주었다. 두 팀으로 나눠 모래 위를 마구 뛰어다니고 구르는 놀이였다. 놀이가 끝나갈 때 아이들은 숨을 헐떡이며 웃고 있었다. 놀이가 숨쉬기에 도움이 되냐고 물었더니 그렇다고 했다.

일주일 후, 나는 다시 아이들을 만나러 갔다. 라마단이 시작되었고 사람들은 평상시와 같은 축제 분위기를 즐기려고 했다. 아이들은 지난 번 만났을 때보다 숨쉬기가 훨씬 편해졌다고 했다. 이 숨쉬기를 아이들은 '안도의 숨'이라고 이름 붙였고, '안도의 숨'이 커지는 시간에 대해서도 이야기해 주었다. 라마단 첫날과 학교에 다시 가도 될 만큼 안전하다고 느낀 날이 그런 때라고 했다. 우리는 '안도의 숨'의 특별한 힘을 함께 탐색했으며, 그것이 활발하게 행동하고, 놀고, 공부하고, 먹는 데 도움이 된다는 걸 알게 되었다. 모래 위에 '안도의 숨'을 그려 보라고 했더니 대부분 활짝 웃고 있는 얼굴을 그렸다. 두 블록 외따로 떨어져 있는 집에 묵고 있는 모하메드는 여전히 숨이 막힐 것 같고 숨 쉬기가 어렵다고 말했다. '안도의 숨'을 더 잘 느끼는 아이들에게 모하메드를 도울 방법이 있는지 물었더니 히바(Hiba)가 말했다. "널 많이 못 봤는데 더 자주 와서 놀면 돼. 너는 여기 잘 안 오는데 더 자주 와서 우리랑 놀면 진짜 좋아질 거야." 히바는 부모님과 무너진 집터에 자주 가는 것을 그만두는 것도 도움이 될 거라고 했다. 모하메드에게 어떻게 생각하는지 물었다. 모하메드는 무너진 집에 갈 때마다 숨 쉬기가 훨씬 힘들고, 가지 않으면 안도감을 느낀다고 했다. 히바는 내 다리를 찰싹치며 크게 미소 지었다. 히바의 이론이 맞았다! 여기에서 멋진 제안이 나왔다. 이 집단의 기술과 지식을 기록해서 공격을 받는 사람들을 위해서 활용하고 끔찍한 상황에 있는 사람들에게도 전해 주자는 것이었다. 아이들은 이 제안이 좋다고 했다. 그래서 초안을 만들어서 지금까지 기록한 것을 아이들과 나누었다. 아이들은 내가 쓴 것을 승인하고 새로운 아이디어를 덧붙였다. 히바는 다시 공습이 있어도 잘 해 나갈 수 있다고 했다. 먹지 못하는 것은 더 잘 견딜 수 있는데, 라마단 기간에 금식을 훈련했기 때문이라고 했다. 사마(Samah)라는 어린 소녀가 덧붙였다. "아, 하나 더 말하고 싶어요. 올리브를 먹는 게 중요해요." 그 이유를 묻자 사마는 잘 모르겠다고 했고, 우리는 대화를 계속 이어 나갔다. 10분 뒤 사마가 말했다. "아, 올리브를 먹는 게 왜 중요한지 알겠어요. 왜냐하면 올리브 나무는 평화의 나무니까요." 아이들은 군사공격에서 자신들이 살아남은 기술과 지식이 특별한 건 아니라고 했다. "팔레스타인 아이들은 이런 것쯤은 다 알아요."

군사공격 피해에 대응하는 방법:
아이디니 가족 아이들이 다른 아이들에게 권하는 방법

군사공격 중

- 서로를 위하고 붙잡아 주는 게 중요해요. 서로 얼굴을 마주 보고 괴로워하는 사람을 보면 말을 걸어요.
- 다시 안전하게 될 날을 상상해요. 마음속에 앞으로 안전해질 날을 계속 그려 봐요.
- 먹을 것이 없다면 라마단을 기억해요. 먹을 거나 마실 것이 없어도 오랫동안 견딜 수 있어요.
- 참을성을 가져요.

군사공격 후

- 시간을 내서 같이 있고 웃어요.
- 함께 이야기해요.
- 웃을 수 있고, 숨 쉴 수 있는 놀이를 만들어요.
- 계속 공부해요. 이것이 잘 싸우는 방법이에요.
- 참을성을 가지세요. 참는 것이 행복의 열쇠랍니다.
- 서로를 보살펴요. 힘들어하는 아이들을 불러서 함께 놀아요.
- 올리브를 먹어요. 올리브는 평화의 나무예요.

납치사건 이후의 디브리핑-존중에 관한 아흐메드의 헌신

가자 시내 프랑스 문화센터의 잘 가꾸어진 정원에서 아흐메드(Ahmed)를 만났다. 전날 그의 프랑스 동료 네 명이 팔레스타인 저항단체에 납치되었다가 밤이 되어서야 풀려났다. 가자에 거주하는 프랑스 사람들은 가자지구 남부의 칸유니스시와 진행하는 자매도시 프로젝트에 참여 중이었고, 아흐메드는 주관 단체 핵심 멤버였다. 납치범들이 프랑스인들을 납치할 때 아흐메드를 납치하지 않았지만, 그는 동료들이 감금되어 있는 동안 호텔 밖에 있었다. 아흐메드는 오후부터 저녁까지 내내 고통스러웠다고 말했다. 무장을 하고 마스크를 쓴 스무 명 정도의 남성이 상황을 통제하면서 동료들에게 접근하지 못하게 했다. 동료들이 풀려나자마자 아흐메드는 이들을 돌봐 주는 프랑스 문화센터로 따라갔다. 프랑스어를 하는 동료들이 안에서 프랑스인들과 디브리핑을 하는 동안 나는 아흐메드와 밖에서 이야기를 나누었다. 아흐메드는 몹시 고통스럽고 벌어진 일에 대한 책임감을 느낀다고 말했다. 먹을 수도 잠을 잘 수도 없다고 했다. 우리 대화는 여러 언론 매체와 행정기관의 요청 때문에 중단되었다. 며칠 후 그를 다시 만날 수 있었다.

두 번째 만남에서 아흐메드는 이런 사건이 일어났다는 걸 믿을 수 없다고 했다. 그의 고통은 계속되었고, 그는 일을 할 수 없을 뿐 아니라 먹거나 자지도 못했다. 모든 것이 '멈춰 버렸다'고 말했다. 아흐메드에게 고통스러운 그날의 기억을 다시 떠올리게 하고 싶지 않았다. 사건과 관련된 고통이 너무나 분명했기 때문이다. 그 대신 이 고통이 납치로 인해 훼손된, 그에게 중요한 어떤 것을 말해 주는지 물었다. 아흐메드는 "나에게 삶은 서로를 위한 사랑과 존중의 기반 위에 존재합니다. 모든 사람은 존중받을 기본 권리가 있습니다."라고 답했다. 아흐메드는 모든 사람이 '모두를 위한 권리를 인정하고 헌신하기'를 원했다. 납치 행위가 이것을 무너뜨렸다고 했다. 납치는 아흐메드가 그토록 소중하게 여긴, 사람들의 권리에 대한 존중이라는 원칙을 침해한 것이다.

아흐메드는 두 번째 슬픔에 대해 이야기했다. 납치가 가자 남부 지역 사람들이 겪는 경제적 궁핍에 대한 항의라는 것을 알고 있었다. 그곳은 유엔팔레스타인난민구호기구(United Nations Relief and Works Agency: UNRWA)의 지원을 받는 난민캠프 밀집지역으로, 1948년부터 사람들이 살고 있었다. 프랑스 사람들은 기구의 외교관으로 오인되었으며, 납치는 팔레스타인 난민에 대한 불충분한 지원에 대한 분노의 표현이었다.

아흐메드는 "기본적인 권리가 거부되고 빼앗긴 상황에서 잃어버린 것을 되찾기 위해 최선을 다하는 건 당연하죠. 그래서 우리에게 이런 일이 일어나는 것입니다."라고 말했다. 납치는 모든 사람의 권리를 존중하는 아흐메드의 소신에 반하는 것이었다. 하지만 그는 납치범들의 행위 역시 난민캠프 거주민의 권리가 박탈되었기 때문이라는 것을 알기에 몹시 슬퍼했다.

나는 아흐메드가 중시하는 가치와 그것의 내력을 알고 싶었다. 트라우마 경험으로 침해된 가치의 역사를 되짚어 보는 과정을 통해 이런 가치가 보다 풍부하게 표현되기를 바랐다. 동시에 이런 과정이 아흐메드가 자기 정체성의 영토로 돌아가는 길목이 되기를 바랐다. 가치의 중요성도 확인하기를 바랐다.

그는 오랫동안 모든 사람의 권리를 존중하는 것을 소중히 여겼다고 말했다. 어렸을 때부터 학교와 집에서 이런 가치를 배웠다고 했다. 무슬림에서 이 가치를 지킨다고 말했다. 이슬람의 가르침 중 사람과 종교의 다양성을 존중하는 예를 들려주었다. 이 다양성이 바로 알라의 뜻이라고 했다. "여기 사람들은 이걸 믿고, 저기 사람들은 저걸 믿고, 그래서 다양해지는 것이죠." 나는 가자에 머무는 동안 내가 무슬림이 아니고, 옷도 다르게 입고, 행동도 다르게 하지만 팔레스타인 사람들이 보여 준 순수한 존중을 기억했다.

아흐메드는 이런 가치가 고등학생 시절 여행하면서 더 발전되었다고 했다. 그는 팔레스타인을 벗어나 다른 아랍권 국가와 스페인을 여행할 기회가 있었다. 그 과정에서 그는 의견의 다양성을 발견하면서 다른 사람과 생각을 나누고 논쟁하며 다른 입장을 존중하는 기쁨을 알게 되었다. 이 경험으로 생각의 다양성과 그와 같은 다양성을 존중하는 것이 가능하다는 것에 고무되었다. 아흐메드는 학창 시절 경험한 관점, 삶의 방식, 사고방식, 토론 방식의 차이를 설명하면서 서서히 활기를 찾아 갔다.

아흐메드는 가자지구에 살면서 자신이 이러한 배움을 '전파하기' 위해 노력한다고 했다. 이에 대해 더 질문하자 현재 관여하는 다양한 활동에 대해 이야기해 주었다. 하나는 자매도시 프로젝트라고 했다. 이 프로젝트는 가자지구 남부의 칸유니스시 사람들과 작은 프랑스 도시 사람들의 교류와 존중, 이해를 증진하기 위한 것이었다. 아흐메드는 납치사건이 있었음에도 불구하고, 이 장기 프로젝트의 목표가 달성되었다는 것을 확인할 수 있었다. 작은 프랑스 도시에서 온 친선방문단이 팔레스타인 집에서 민박을 했다. 어떤 팔레스타인 아이들은 프랑스를 방문하기도 했다. 그는 이 프로젝트가 계속될 것이라고 했다.

아흐메드는 자원봉사를 하는 칸유니스 청소년활동단체(Khan

Younis Youth Activities Group)에 대해서도 언급했다. 이 단체에 속한 아이들은 취약지구에 살고 있는데, 아이들 집이 전부 파괴되었고, 적어도 가족 중 한 명은 이스라엘군의 손에 죽었다. 아흐메드는 이 집단과 연결되면서 참여한 어린이들과 함께 자신의 가치와 생각을 나누고 크나큰 고통과 상실을 겪으면서도 그들이 존중의 가치를 가지게 되었다고 말했다.

아흐메드는 이 활동을 이야기할 때 자신이 자기 인생의 주요한 목적과 다시 연결된다는 것을 알았다. 자신이 이런 목적과 가치를 어떻게 실행했는지 그리고 자신의 헌신이 얼마나 중요한 의미와 영향을 갖는지도 인정했다.

함께 대화하면서 아흐메드가 소중하게 지켜 온 가치를 납치가 어떻게 침해했는지를 확인했다. 우리는 이러한 가치의 역사를 탐색했으며, 그가 이 가치를 계속해서 실천에 옮기고 그것이 자신과 다른 사람의 삶에 미치는 영향을 탐색하였다.

이 작업 후 우리 대화는 마무리되었다. 그때 아흐메드는 해결책을 다시 찾은 듯한 얼굴로 "삶은 계속되어야 합니다."라고 말했다. 며칠 뒤 아흐메드와 잠깐 이야기를 나누었다. 그는 다시 일터로 돌아갔고, 잠을 자고, 음식을 먹을 수 있게 되었고, 프랑스 동료들을 다시 방문할 계획을 세웠다.

결론

이 글을 쓰면서 트라우마 후 디브리핑 개념이 앞으로 더 많이 탐구되리라는 희망을 갖게 되었다. 상담사인 우리가 끔찍한 사건 직후 사람들이 소중히 간직해 온 것을 다시 활성화하고, 그들이 특별한 기술과 지식에 접근하도록 도움을 줄 수 있을 것이라고 생각한다. 비슷한 상황에서 일해 본 사람들과의 대화를 환영한다. 마지막으로, 가자지구에서 풍부하고 감동적인 만남과 대화를 나눴다는 것에 자부심을 느낀다. 이 이야기를 통해 내가 느낀 영감을 나눌 수 있기 바란다.

칸유니스 청소년활동단체 회원들의 말

함께 대화를 나눈 후, 아흐메드는 내가 칸유니스 청소년활동단체의 어린이와 청소년을 만날 수 있도록 초대했다. 스무 명 남짓의 소녀와 소년은 자신이 경험한 폭력과 상실에 대해 말하기를 간절히 원했고, 폭력과 두려움, 슬픔의 경험이 삶에 미치는 영향을 정리해 나가는 작업에도 열심히 참여했다. 하지만 대화의 초점은 곧 희망이 있다는 것, 아이들에게 일어난 모든 일에도 불구하고 아이들이 희망과 어떻게 계속 연결되어 있는지로 바뀌었다. 우리의 대화는 인근 이스라엘군의 감시탑에서 발사한 시끄러운 총성으로 중단되었다. 발포가 끝날 때까지 기다렸다가 다시 대화를 시작하려고 하는데, 한 소년이 나한테 내가 사용하는 이야기치료 방식의 어투로 물었다. "그렇다면 이 발포가 당신에게 어떤 영향을 주나요?" 나는 웃음을 터뜨렸고 발포 때 두려움도 느꼈지만 분노도 느꼈다고 소년에게 답했다. 나는 아이들 주변에도 분노가 있는지 물었다. 그 소년이 웃으며 말했다. "그럼요, 우리는 분노를 알아요. 하지만 분노에 계속 붙잡혀 있지는 않아요." 이에 대해 묻자 그 소년이 답했다. "당신이 분노와 같이 살아가면 끔찍하기만 하잖아요. 당신이 희망과 같이한다면 계속 공부하고, 웃고, 살아갈 수 있어요."

감사의 글

가자에 머무는 동안 데이비드 덴보로, 셰릴 화이트(Cheryl White), 쇼나 러셀(Shona Russell), 매기 캐리(Maggie Carey), 마크 헤이워드(Mark Hayward)와 함께 나눈 성찰과 생각, 지지, 지혜에 감사드린다. 또한 이 글에 반영과 조언을 해 준 케이스 와인가튼(Kaethe Weingarten)에게도 감사드린다.

참고문헌

McFarlane, A. C. 2003: 'Debriefing: Care and sympathy are not enough.' *Medical Journal of Australia*, 178(11).

Mitchell, J. T. 1983: 'When disaster strikes: The critical incident stress debriefing process.' *Journal of Emergency Medical Service*, 8(1).

Rose, S, Bisson, J, Churchill, R, & Wessely, S. 2004: 'Psychological debriefing for preventing PTSD.' *The Cochrane Library*, Issue 2. Chichester, UK: Wiley.

Van Emmerik, A. A., Kamphuis, J. H., Hulsbosch, A. M., & Emmelkamp, P. M. 2002: 'Single session debriefing after psychological trauma: A meta analysis.' *Lancet*, 360(9335).

White, M. 2000: 'Re-engaging with history: The absent but implicit.' In White, M.: *Reflections on Narrative Practice: Essays & interviews* (chapter 3), pp. 35-58. Adelaide: Dulwich Centre Publications.

World Health Organisation, 2003: 'Mental health in emergencies: mental and social aspects of health of populations exposed to extreme Stressors.' *Department of Mental Health and Substance Dependence*. Geneva: WHO.

149

트라우마 증언 수집과 기록 틀

데이비드 덴보로

이 장에서는 트라우마와 폭력, 학대를 경험한 사람들의 증언을 수집하고 기록하기 위한 기본 틀을 제공한다. 이 틀은 트라우마 재경험 없이 증언을 수집하고 문서화할 수 있게 고안되었다. 이 증언 작업은 개인의 삶에 미치는 트라우마의 영향을 치료하는 데 유용하며, 보다 광범위한 목적에도 사용될 수 있다.

다양한 맥락에서 트라우마에 대한 증언이 수집되고 기록된다. 상담사들은 학대나 트라우마를 경험한 사람이 자기 이야기를 '다시 말하도록' 상담하며, 이런 이야기는 파일로 저장되거나 치료적 편지나 문서로 기록되기도 한다. 사법 제도에 따른 법적 보상을 원할 때, 사람들은 '증거 수집'을 요구받고 이 증거들은 특정 방식으로 문서화된다. 세계 도처에서, 특히 인권 침해가 만연한 지역에서는 다양한 조직이 상담 지원을 필요로 하는 사람들의 증언을 문서화한다.[1] 그 이유는 기록 작업이 트라우마를 겪은 개인에게 안도감을 줄 것이라는 희망과 함께 증언이 더 큰 목적, 즉 UN과 헤이그의 국제형사재판소(International Criminal Court)에서 인권 침해에 대한 인식을 고양시키는 등의 일에 쓰일 거라는 희망을 가지고 있기 때문이다.

지난 몇 년간 나는 방글라데시, 레바논, 남아프리카공화국, 이스라엘, 팔레스타인 영토, 호주 등지에서 상담사와 법률가, 트라우마센터와 고문센터, 여성인권센터 등의 다양한 영역에서 활동하는 사람들과 이야기를 나누었다. 증언 수집과 기록에 대해 나눈 대화를 보고 크게 놀랐다. 수많은 인권기구가 증언 수집 자체를 그만두었는데, 증언 수집이 도움을 구하는 당사자들에게 의도치 않게 트라우마를 재경험하게 만들었기 때문이라는 것이다. 상담사들은 여

153

---

1) 이 작업은 칠레의 심리학자 시엔푸에고스와 모넬리(Cienfuegos & Monelli, 1983)의 작업과 애거와 젠슨(Agger & Jensen, 1990), 허먼(Herman, 1992)의 작업에 영향을 받았다. 다른 증언들은 UN과 헤이그의 국제형사재판소에서 제공한 엄격한 법률체계에 따라 기록된다.

성을 비롯한 특정인의 법적 절차에 개입하면서 활동이 틀어지는
경우에 대해 경고하는 이야기를 들려주었다. 그러나 특별한 방식
으로 트라우마 이야기를 공식석상에서 다시 말하게 하면 자포자기
와 절망에서 재기하게 됐다. 이 장은 이러한 대화를 나누고 작성한
것이다.

나는 덜위치센터 출판국 전속 필자라는 역할 때문에도 이 장을
썼다. 내 작업은 심각한 트라우마를 경험한 개인과 공동체 이야기
를 면담하고 기록하는 것을 포함한다. 우리는 트라우마 경험을 기
록하는 것 이상의 일을 한다. 개인과 공동체가 트라우마에 대처
한 방식, 그들의 주도성, 저항과 치유 행위와 기술, 희망과 가치 및
그것의 역사를 기록한다. 이렇게 작성된 증언이 '이중이야기 증언
(double-storied testimonies)'[2]이다.

154   이 작업은 주로 이야기를 글로 기록하는 것이다. 우리는 다양한
기회를 이용하여 학대당한 사람들이 국제회의와 같은 공식적인 자
리에서 자기 경험을 다시 말하고, 그들의 특별한 지식과 기술을 공
유하도록 협력한다.[3]증언이 노래로 기록되기도 한다.[4]

이 장에서는 트라우마와 폭력, 학대를 경험한 사람들의 증언을
수집하고 기록하는 틀을 제공한다. 이 틀이 트라우마를 재경험하
지 않는 방식으로 증언을 수집하고 기록하는 데 도움이 되고, 사람
들의 삶에 미친 트라우마의 영향을 치유하는 데 도움이 되기 바란
다. 작성된 기록물은 다음과 같은 목적에 사용될 수 있다.

---•••

2) 트라우마 경험들과 관련된 이중이야기 끌어내기의 중요성은 마이클 화이트(2004)의
   책을 참조하라(역주: 이는 이 책의 2장에 상술되어 있다).
3) 이 장 끝에 트라우마 경험과 관련된 이중이야기 증언 사례 목록이 제시되어 있다.
4) 덴보로(2002)를 참조하라.

- 유사한 경험을 한 사람들과의 공유
- 트라우마 생존자의 기술과 지식에 대한 전문가 교육
- 학대 가능성을 줄이기 위해 트라우마와 폭력의 영향에 대한 지역사회의 인식 증진
- 폭넓은 정치적·사회적 행동 촉진
- 개인적·사회적 인정
- 공식 보상과 정의

나는 이러한 증언 수집과 기록이 관련된 개인과 공동체에게 고통을 덜어 주고 위안을 주는 맥락을 만들고, 상기한 목적을 위해 사용할 수 있는 강력한 기록을 생산할 수 있다는 것을 경험하였다.

간편 활용 틀

지금부터 간편하게 활용할 수 있는 틀[5]을 설명하겠다. 세계 도처의 여러 인권센터를 방문하면서, 나는 증언을 수집하는 사람들이 이 분야에 대한 공식적인 훈련을 전혀 받지 못했다는 것을 알았다. 중요한 것은 그들이 자신의 트라우마와 트라우마에서 생존한 경험과 지식을 가지고 사람들을 만난다는 것이다. 그들은 자기를 만나기 위해 문을 열고 들어온 사람들에게 헌신적이다. 다음의 틀

---

5) 이 틀을 쉽게 작성할 수 있도록 트라우마 작업과 관련이 큰 이야기치료의 다른 개념들을 포함시키지 않았다. 예를 들어, '부재하지만 암시적인(absent but implicit)'이라는 개념(White, 2000 참조)을 설명에 포함시키지 않았다. 또 이 틀을 개인에게 사용하는 것으로 기술하였는데, 같은 틀을 집단과 공동체의 증언을 기록하는 데에도 사용할 수 있다.

이 그들의 활동에 적합하기를 진심으로 바란다. 이 틀은 오직 면담 3회 동안 사용할 수 있다. 3회가 가능한 최대 시간이라고 들었기 때문이다.

나는 다음 네 가지를 바라며 트라우마 경험에 대한 증언 수집과 기록의 틀을 만들었다. 첫째, 증언 기록 과정이 정치적 실천과 치료 작업, 지역사회 활동에 기여하도록 하기, 둘째, 트라우마 재경험 피하기, 셋째, 증언 수집과 기록 과정이 치유에 기여하도록 하기, 넷째, 증언을 풍부하게 기록하여 다양한 목적에 활용되도록 하기.

개인이 겪은 학대나 고문, 트라우마를 기록한 증언을 만들 수 있으며, 학대에 저항하고, 희망을 품고, 트라우마의 영향에서 자기 삶을 구해 낸 방법을 기록하는 것도 가능하다. 이와 같은 이중이야기 증언은 증언 당사자에게 매우 도움이 된다. 그것은 또한 유사한 경험을 한 다른 사람과 공유되거나 교육 현장에서 그리고 광범위한 정치적·사회적 행위의 형태로 의식을 고양시키는 데 사용될 수 있다.[6]

156

트라우마 경험과 관련된 증언 수집 틀

이제부터 트라우마 경험과 관련된 증언 수집 과정을 단계별로 소개한다. 그 과정은 다음과 같이 구성된다.

---

6) 중요한 것은 독자들이 이러한 트라우마에 대한 단일이야기보다 이중이야기에 훨씬 더 연결된다는 점이다. 외부청중에게 트라우마에 대한 단일이야기는 그저 읽는 것이라면, 이중이야기로 된 증언은 널리 퍼뜨리게 된다. 따라서 증언들이 변화를 만들어 내는 효과가 훨씬 커진다.

- 면담 준비
- 면담 시작의 적절한 맥락 구축
- 세 차례 면담 진행
- 면담 마지막에 인정/반영하기
- 증언의 문서화
- 증언 당사자와의 두 번째 만남
- 추수단계

지금부터 각 단계를 살펴보자.

면담 준비

증언할 사람을 준비시키는 것은 그 자체로 의미가 있다. 당사자들이 증언에 앞서 어디서 어떻게 면담을 할지 물어볼 수 있다. 친구나 가족, 치료사를 데려와도 괜찮은지 물어볼 수도 있다. 가능하다면 글로 쓴 초대장을 보내는 것이 좋다. 초대장에는 증언을 수집하는 목적과 의의, 그것이 사람들의 삶에 어떤 도움이 되는지 적는다.

증언 당사자가 심문당한 경험이 있는 경우라면, 사전에 그가 누구와 만나게 되며 어떤 질문을 받을지 알려 주는 것이 좋다. 이렇게 하면 자신이 받게 될 질문에 익숙해지고, 이런 질문이 과거에 심문받았을 때의 기법과는 근본적으로 다르다는 것을 알게 된다.

원치 않는 질문에는 대답하지 않아도 되고, 언제든 휴식 시간을 가질 수 있고, 원한다면 과정을 완전히 중단할 수 있다는 것을 알려 주는 것이 중요하다. 그들의 증언을 누가 듣고 누가 읽을지에 대해 상세하게 알려 주고, 비밀을 보장하는 방법을 알려 주는 것도 중요하다. 공식적 동의서가 필요하다고 판단되면 이 단계에서 작성해야 한다. 이 시점에서 어떤 추수단계가 있을지 간단하게 알려 주는 것도 중요하다.[7]

면담 시작의 적절한 맥락 구축

실제 면담이 시작되면, 증인이 증언 과정에서 아주 다른 경험을 하도록 살피는 몇 가지 방식이 있다. 예를 들면, 시작 단계에서 이 증언이 의식을 고양시키고, 동일한 경험을 한 사람들을 도와 사람을 변화시킨다는 것을 인식하게 하는 것이다.

본격적인 면담을 시작하기 전에 트라우마를 경험했지만 그 경험에도 불구하고 증언자가 살아 있다는 것을 인정해 줄 수 있다. 따라서 증언 수집 과정은 그 사람이 겪은 트라우마의 영향은 물론 어떻게 그것을 이겨 내고 생존했는지―그 사람이 발전시킨 기술과 지식―를 사람들에게 전하는 것이라고 말해 준다.

또한 증언을 하는 것이 매우 중요한 일이며, 함께 나눈 대화가 그 사람의 인생이야기를 바꿔 준다는 것을 알려 줄 수도 있다. 증언하는 사람에게 이야기가 길어지는 것을 어떻게 알 수 있는지, 어떻게 이것을 면담자에게 알릴지, 그럴 때 제일 도움이 되는 것이 무엇인지 의논한다. 다음과 같은 선택이 가능하다. 잠시 쉬기, 차 한 잔 마시기, 담배를 피우거나 산책하기, 조용한 시간을 갖기, 면담을 중지하고 다른 날 다시 하기, 과정을 완전히 중지하기 등이다. 면담자와

7) 가장 중요한 것은 과정이 투명해야 하고, 지킬 수 없는 약속은 하지 말아야 한다는 것이다. 제공할 수 있는 수준 이상으로 기대를 부풀리는 것은 전혀 도움이 되지 않는다.

증언자는 어려움을 미연에 방지하도록 협력하고, 대처하는 방법을 개발할 수 있다.

이 과정의 일환으로 면담자는 면담이 어떠한지, 어느 부분이 괜찮고, 어디에서 멈추는 것이 좋은지, 계속해도 괜찮은지를 자신이 계속 확인하겠다고 알려 줄 수 있다.

세 차례 면담 진행

트라우마를 경험한 사람의 증언을 수집하기 위한 표준 면담 양식을 개발해 달라는 요청을 받을 때가 있다. 이것은 면담 과정을 명료하게 하는 데(그리고 법조계에서 수용하는 데) 중요하며, 증언을 수집하고 기록하는 작업을 처음 하는 사람에게 안도감을 줄 수 있다. 세 차례 면담에 포함시킬 질문은 다음과 같다.

159

첫 번째 면담(맥락 조성)

- 오늘 증언을 하면서 원하는 것에 대해 말해 주겠습니까? 증언을 결심한 이유는 무엇인가요?
- 당신에게 중요한 것이나 당신이 삶에서 중요하게 여기고 관심을 갖는 것이 무엇인지 이야기해 줄 수 있나요?
- 이런 것이 항상 당신한테 중요했나요? 그 내력이 무엇인가요?
- 당신이 오늘 증언을 하기로 결심한 것을 알고 놀라지 않을 사람이 누구인가요? 왜 그런가요? 오늘 여기서 당신을 보고도 놀라지 않는 것은 그가 당신에 대해 무엇을 알고 있기 때문일까요?

두 번째 면담(학대와 고문 및 그 영향에 대한 기록)

- 당신이 겪은 트라우마/고문에 대해 말씀해 주시겠어요? 이런 학대가 다른 것과 차이가 있나요?
- 이런 부당한 일을 당할 때 어떻게 그 상황을 견뎌 내려고 했나요? 어떤 생각을 하려고 했나요? 계속 떠올리려고 한 기억이 있나요? 어떤 꿈(희망)을 꾸었나요? 무엇으로 이런 끔찍한 시간을 견뎌 낼 수 있었나요?
- 고문/트라우마를 달리 견뎌 낸 방법이 있었나요?
- 사람들이 이 일을 아는 것이 당신한테 왜 중요한가요?
- 이런 트라우마/고문이 당신의 생활에 어떤 영향을 주었나요? 당신에게는 어떤 영향을 주었나요? 대인관계에는요? 가족에게는요? 당신 공동체에는요?
- 이 트라우마 고문이 당신에게 준 가장 큰 어려움은 무엇인가요? 왜 그것이 가장 힘들었나요?
- 이 트라우마/고문이 당신의 생활에 계속 영향을 주고 있나요?

세 번째 면담(생존/저항의 이야기 도출)

- 면담을 시작할 때 당신의 삶에서 중요한 일들을 말했습니다(어떤 이야기를 했는지 반복한다). 학대를 당했는데도 어떻게 이러한 삶의 가치와 희망을 계속 유지할 수 있었나요?
- 당신의 생활에서 트라우마의 영향을 줄일 수 있는 방법이 있었나요? 어떻게 그렇게 할 수 있었나요? 트라우마의 영향을 줄이는 이 방법들은 새로 개발한 것인가요? 아니면 당신이 오랫동안 간직해 온 것인가요? 그것들은 어떤 역사를 가지고 있나요?
- 삶을 변화시킨 특별한 사람들을 알고 있나요? 그들이 한 말이나

행동 중에서 당신에게 특별히 의미가 있는 것은 무엇인가요?

• 어떤 사람이 당신과 유사한 경험을 한다면 어떤 조언을 할 수 있을까요? 트라우마의 영향에서 당신의 삶을 구해 낸 조치들을 그들도 할 수 있도록 어떤 이야기를 해 줄 수 있을까요?

면담 마지막에 인정/반영하기

증언 당사자가 자신이 겪은 이야기를 마치면서 면담자한테 의미 있는 반응[8]을 받게 되면 큰 변화를 경험한다. 이런 반응은 그의 증언이 다른 사람을 돕고, 면담자에게 가르침을 주고, 그가 나눠 준 생각과 지식이 다른 사람을 돕는다는 것에 초점을 둔다. 이 인정/반영은 그 사람이 말한 기술과 삶을 되찾은 이야기에 초점을 둔다.[9] 면담자가 자신에게 의미심장했던 증언의 주요 부분을 '다시 말하기'를 한다면, 즉 왜 특정 부분에 공명했고, 이것이 증언자의 가치와 신념에 대해 무엇을 보여 주는지, 증언을 듣고 어떤 영향을 받았고, 어떻게 자신의 삶이나 일 또는 세상을 바라보는 방법이 변화했는지 말한다면, 증언 당사자는 크나큰 변화를 경험할 것이다. 외부증인의 반응으로 알려진 반영(reflections)은 증언자가 자신의 트라우마 경험이 '아무것도 아닌 것이 아니다(not for nothing)'는 사

161

---

8) 어떤 상황에서는 증언이 완료되었을 때 제3자나 모르는 사람이 반영해 주는 것이 더 쉽고 적절할 수 있다. 유사한 트라우마 경험이 있는 사람을 관여시키는 것도 의미가 있다.

9) 외부증인 반영과 무엇이 더 쉽게 공명하게 하는지, 증언 당사자가 인정을 통해 무엇을 경험하는지를 다룬 문헌들이 매우 많다. 인정 반응에 대한 더 많은 정보는 마이클 화이트(1999)의 외부증인 반응에 대한 설명을 참조하라.

실을 지지해 줄 것이고, 따라서 자기 증언이 중요하고 존중받을 가치가 있다고 생각하게 될 것이다.

증언의 문서화

증언을 문서로 만들 때, 증언자에게 기록을 읽을 기회를 준다는 마음으로 임하는 것이 중요하다. 이 점을 고려하는 정도에 따라 증언 기록에서 고문/트라우마 이야기와 그 사람의 저항/생존/치유 이야기 사이에 균형을 이루는 정도에 큰 차이가 난다. 이를 똑같이 중요하게 다루는 것이 매우 중요하다.

트라우마 이야기를 기록할 때는 다음 세 가지를 다뤄야 한다.

1. 그 사람이 겪은 사건 자체
2. 사건의 영향, 즉 그 사람과 그 사람의 정체성, 대인관계, 공동체에 주는 영향 추적
3. 트라우마에 대한 대응과 삶의 희망, 가치, 소망과의 관련성

증언 전반부에 트라우마 경험이 계속 이야기되어도 트라우마에 대한 그 사람의 대응을 포함시키는 것이 필요하다. 예를 들어, 어떤 사람이 투옥 시절에 대해 이야기한다면 그가 정신을 차리려고 노력하거나 사람들을 도우려고 취한 행동, 계속해서 떠올린 기억뿐 아니라 다양한 이야기를 포함시킬 수 있다. 적절하다면, 그가 희망을 유지하고 삶을 포기하지 않은 이야기도 포함시킨다. 증언 과정에서 트라우마에 대한 이와 같은 반응을 기록하는 것이 '이중증언(dual testimony)'에서 중요하다. 그 사람의 저항과 생존에 대한 풍

부한 이야기가 증언 기록의 두 번째 부분으로 확장될 수 있다.

증언의 두 번째 부분은 그 사람의 기술과 지식, 즉 트라우마를 어떻게 다뤘고, 어떻게 대응했으며, 삶을 회복하는 데 중요한 것이 무엇이었고, 지금 중요한 것이 무엇인지, 그리고 원하는 삶을 살기 위해 어떻게 발걸음을 떼고 있는지와 관련된 그 사람의 기술과 지식 이야기를 담고 있다.

여러 맥락, 즉 증언 당사자가 읽고, UN으로 보내서 다른 사람이나 공동체가 도움을 얻고, 전문가 교육에 활용할 수 있도록 쓰임새 있는 증언 문서를 만드는 것은 어려운 일이다. 증언이 전문가나 사법 청중만을 염두에 두고 작성되면, 증언을 수집하고 증언에 반응하는 전체 과정이 달라진다. 또한 기록에 사용된 어휘도 달라진다. 여기에서는 정신과적인 용어를 사용하지 않고, 트라우마의 영향을 생생하고 강력하게 기록하는 방법을 취한다. 이는 비전문가들이 증언에 더 많이 관여할 것이라는 뜻이다. 문서화된 증언이 당사자 자신에게 더 큰 의미를 갖게 된다는 뜻이기도 하다. 공식적인 기록문서도 이야기한 사람이 사용한 실제 단어를 포함하여 진실성을 유지하도록 작성할 수 있다.

163

증언 당사자와의 두 번째 만남

증언이 문서화되면 즉시 당사자와 두 번째 만남을 잡는 것이 좋다. 두 번째 만남에서는 문서화된 증언을 당사자와 공유한다. 문서화된 증언이 정확한지 물어보고, 변경하고 덧붙이며 최종본을 만든다. 증언하고 기록을 읽는 과정이 긍정적인지 피드백을 구하고, 더 좋은 방안이 있는지 묻기도 한다. 앞으로 증언을 할지 말지 고민하는 사람들이 증언을 결심하거나 준비를 하는 데 전해 줄 것이 있는지 묻는다. 그런 다음 당사자에게 증언 복사본과 인증서[10]를 줄 수도 있다. 공식적인 인증서는 증언의 전 과정에서 보여 준 행동과 협조를 인정해 주는 것이다. 적절한 장소에서 지지적인 사람들 앞에서 최종 증언 기록을 읽고 인증서를 수여하는 것 등을 하는 공식적인 행사를 할 수도 있다.

추수단계

과정 초반에 추수단계를 설계했고, 이에 대해 설명했다면 확실하게 이를 진행해야 한다. 앞서 언급한 것처럼, 약속한 추수단계에 대해 책임을 다하는 것은 매우 중요하다.

164

문서화 틀에 대한 반영

여기서 소개한 구조는 증언을 수집하고 기록하는 하나의 틀이다. 이 틀은 현지의 문화적 맥락에 따라 조정되어야 한다. 그러나 이 틀이 트라우마 재경험의 위험을 최소화하면서 트라우마 경험에 대한 증언을 수집하고 기록하는 지침을 제공한다고 믿는다.

앞에서 개괄한 과정은 특정한 방식으로 면담 준비시키기, 특정한 질문하기, 특정한 방식으로 증언에 반응하기, 주의 사항에 유의

---

10) 어떤 상황에서는 공식 기관에서 증언했다는 것을 인정하는 인증서를 가지고 있는 것이 안전하지 않을 수 있다. 이런 경우라면 대안적인 인증 형식을 만들어, 그 사람이 증언했다는 것을 명시적으로 언급하지 않는 대신 특정한 그의 기여를 인정한다.

해서 기록하기이다. 이 과정에는 증언자에게 기록을 다시 보여 줘서 자기 경험을 정확하게 기록했는지 점검하는 것이 포함된다. 증언자에 대한 사회적 인정 의식으로 과정은 마무리된다. 우리는 한 사람의 증언 기록을 위해 조성된 모든 맥락이 상당히 치유적일 수 있다는 것을 발견하였다.

고려 사항

사람들의 증언을 찾아내고 수집하는 방법을 개선하는 것은 결코 쉽지 않다. 법조계에서는 '오염되지 않은' 증언이 무엇인지, '유도' 질문이 아닌 '중립적인' 과정이 무엇인지에 대한 강력한 전통과 가정이 존재한다. 어떤 종류의 증언이 '수용 가능'하고 '타당'한지에 대한 강력한 관습이 있다는 것이다. 한 사람에게 가해진 '피해'의 정도가 통상 주어질 보상[11]에 상응하기 때문에 트라우마 때문에 생긴 '개인적 피해'를 말하고, 다시 말하고, 심지어 확대시키는 것을 독려하는 관행이 있다. 이런 모든 관행이 증언을 수집하고 기록하는 방식에 영향을 준다. 또한 증언자의 삶과 정체성에도 영향을 준다.

일반적으로 치료 세계, 특히 트라우마 영역에는 영향력 있는 관

165

---

11) 개인에게 피해 정도에 따라 보상하는 것은 정의를 구현하는 한 가지 방법일 뿐이다. 대안은 피해보다는 불공정한 행위 범주를 보상과 연계하는 것이다. 불공정성 범주를 개발하는 것은 복잡하고 까다롭고 문제의 소지가 많다. 하지만 그것은 고통을 가중시키는 위험을 무릅쓰고 트라우마에 대한 단일한 이야기를 다시 말하는(re-telling) 데 우선순위를 두면서 보상을 받으려고 피해를 증명하기 위해 노력한 사람에 대한 해결책이 될 수 있다.

행이 있다. 즉, 사람들이 규칙적으로 자기 경험을 이야기하면서 트라우마를 재경험하게 하거나 정체성을 피해와 병리, 취약성으로 결론짓게 한다는 것이다. 나는 이 책의 독자들이 이런 관행에 익숙할 것이라 생각하기 때문에 이에 대해서는 더 이상 설명하지 않겠다.

그러나 트라우마 영역의 많은 대안적인 목소리가 '이중이야기' 증언을 좀 더 인정하는 것 같다는 사실을 언급하고 싶다. 예를 들어, 서머필드(Summerfield, 1995)와 베커(Becker, 1995)의 책에서는 트라우마 영역에서 개인화된 서구의 정신과 지식의 한계에 주목하여 피해자학(victimology)의 영향에 의문을 제기하고, 트라우마와 생존 모두에 대한 문화적 의미를 존중한다. 비서구적 관점을 가진 실천가들도 트라우마 실천에 대한 심리학적 접근에 의문을 제기한다(Arulapalam et al., 2005 참조). 일부 여성주의 심리학자도 여성의 이야기/증언에 주목하면서 다시 말하기 방식에 대해 강하게 의문을 제기한다. 샤론 램(Sharon Lamb, 1999)은 폭력과 학대의 실제 영향은 인정하지만 여성을 수동적인 피해자로 상정하는 표현에 강하게 반박하며, 학대 관련 논의를 개인의 정신건강에서 정치적 및 사회 · 문화적 영역으로 이동시키고자 한다. 그녀는 다음과 같이 썼다. "우리는 초점을 변화시켜 더 이상 여성이 학대이야기를 말하는 것이 아니라 일상의 저항의 이야기를 하도록 격려하는 데 관심을 가지고 있다."(p. 33)

중요한 것은 사법적 영역에서도 대안을 찾는 목소리가 있다는 것이다. 호주, 캐나다와 그 외 지역의 토착민 집단은 주류 사법 제도의 대안을 제시한다(Behrendt, 1995, 2002; Gatensky, 1996; Kelly, 2002 참조). 이 대안에는 이야기와 증언을 공유하는 다른 유형의 공간이 있다. 동시에 여성주의 변호사, 작가, 활동가들은 법률과 재판 절차가 학대와 폭력을 겪은 여성들에게 미치는 현실적 영향[12]에 지속적으로 관심을 두고 있다. 이에 대응하기 위해 일부 여성주의 심리학자와 변호사는 여성에 대한 폭력 범죄와 관련한 대안적 공동체 기반 정의의 가능성과 위험성을 조사하고 있다. 이런 관점의 여성주의 탐구로 코스(Koss, 2000)와 루빈(Rubin, 2003)의 두 가지 사례를 들 수 있다.[13]

증언을 수집하고 기록하는 대안적인 틀이 트라우마와 폭력 경험에 반응하는 대안을 찾는 시도에 조금이라도 도움을 주기 바란다. 상담사와 공동체 활동가, 법률가, 실천가를 포함한 다양한 사람이 이 틀을 기초로 증언자가 트라우마를 재경험하지 않게 하면서 증언

---

12) 예를 들어, 이곳 호주에서는 여성부가 성폭행으로 인한 재판 과정에서 고통을 겪는 여성들에게 관심을 두고 있다. 재판의 65%에서 원고 때문에 빚어진 고통으로 증언하는 것이 방해받는 경우가 평균 두 번이 있었다(1996, p. 4).

최근에 메리 히스(Mary Heath, 2005) 박사는 특정한 법적 절차가 성폭력을 당한 여성들의 삶에 상당히 실질적인 영향력을 행사하고 있다는 것을 다음과 같이 묘사했다. 호주가 범죄 행위에 대응하기 위해 시행한 바로 그 제도가 여전히 성폭행을 당한 많은 사람에게 부적절하거나 유용하지 않은 것으로 평가되었지만, 그들은 자신의 경험을 경찰에 보고하지 않았다. …… 형사 사법 제도를 이용하는 사람들은 사법 제도가 상처를 주고, 굴욕스럽게 만들고, 비참함을 느끼게 한다는 것을 지속적으로 경험한다. …… 이 절차는 위법 행위를 신고하거나 재판에 참여하여 증언하는 원고에게 적절한 지역사회 서비스를 인지하고 준수하지 않는다……(p. 31).

13) 역주: 여성에 대한 가정폭력 및 성학대 가해자는 가족 또는 지인인 경우가 대부분이다. 학대 행위자에 대한 사법적 처벌은 종종 피해 여성의 죄책감과 가족과 공동체의 비난 및 고립을 가져올 수 있다. 코스와 루빈은 이러한 사법적 접근을 '적대적 정의'로 규정하고, '회복적 정의'를 대안으로 제시한다. '회복적 정의'는 잘못을 저지르는 사람의 처벌에 초점을 두느라 정책 피해자의 실질적 회복을 놓치는 사법적 접근과 달리 피해자의 실질적 회복에 초점을 두며, 가해자가 자신의 행동으로 인한 피해자의 고통을 직시하고 스스로 책임을 지는 것과 함께 공동체의 참여를 통해 관계를 회복하는 것을 도모한다(Koss, 2000; Rubin, 2003 참조).

을 수집하고 기록하는 방법을 개발하기 바란다. '이중증언'이 풍부하게 이루어지고 널리 공유되기를 빈다.

감사의 글

다음에 열거한 사람들이 초고에 의견을 주었다. 셰리던 린넬(Sheridan Linnell), 바네사 잭슨(Vanessa Jackson), 패트릭 모스(Patrick Moss), 마이클 랩슬리(Michael Lapsley) 신부, 타이말리 키위 타마시스, 쇼나 러셀, 안젤라 츠선 온키(Angela Tsun on-kee), 매기 캐리, 마크 헤이워드, 이본 슬립(Yvonne Sliep), 수 만(Sue Mann), 엘리아스 완야마(Elias Wanyama), 에밀 마크루프(Emile Makhlouf) 및 찰스 월드그레이브(Charles Waldegrave). 트라우마에 대한 이중이야기 반응과 관련된 마이클 화이트의 아이디어가 이 장의 핵심 요소이다. 또 셰릴 화이트가 개발한 기록과 출판의 원리 및 재현의 정치[14]에 대한 고려도 중요하다.

---●●●---

14) 역주: 재현의 전통적인 개념은 있는 그대로의 인생을 관조하여 표출한다는 것으로 의사가 병을 정확하게 인식하고 보고하는 태도로 비유된다. 이러한 재현의 전통적 개념과 달리 현대에서는 재현의 정치적 내용에 주목한다. 여성, 동성애자, 소수인종, 동양, 식민지 같은 정치적 소수 집단 및 피억압 집단이 어떻게 재현되고 있는가는 후기구조주의 및 후기식민주의의 출발점을 이룬다. 그것에 따르면, 재현은 결코 자연적이거나 단순히 외부 현실에 비추어 확증 가능한 것이 아니라, 항상 기존의 문화적 코드에서 구축되어 나오는 정치적인 것이다(네이버 지식백과, https://terms. naver.com/entry.nhn?docId=1530799&cid=60657&categoryId=60657 참조).

참고문헌

Agger, I. & Jensen, S.B. 1990: 'Testimony as ritual and evidence in psychotherapy for political refugees.' *Journal of Traumatic Stress*, 3:115-30.

Arulampalam, S., Perera, L., de Mel, S., White, C. & Denborough, D. 2005: 'Stories from SriLanka—responding to the tsunami.' *International Journal of Narrative Therapy and Community Work #2*.

Becker, D. 1995: 'The deficiency of the concept of posttraumatic stress disorder when dealing with victims of human rights violations.' In Kleber, R., Figley, C. & Gersons, B. (Eds): *Beyond Trauma: Cultural and social dynamics*. New York: Plenum Press.

Behrendt, L. 1995: *Aboriginal Dispute Resolution: A step towards self-determination and community autonomy*. Sydney: The Federation Press.

Behrendt, L. 2002: 'Lessons from the mediation obsession: Ensuring that sentencing 'alternatives' focus on indigenous self-determination.' In Strang, H. & Braithwaite, J. (Eds): *Restorative Justice and Family Violence*. Cambridge: Cambridge University Press.

Cienfuegos, J. & Monelli, C. 1983: 'The testimony of political repression as a therapeutic instrument', *American Journal of Orthopsychiatry*, 53:43-51.

Denborough, D. 2002: 'Community song-writing and narrative practice.' *Clinical Psychology*, 17:17-24.

Department for Women, 1996: *Heroines of Fortitude: The experiences of women in court as victims of sexual assault*. Gender Bias and the Law Project. NSW: Department for Women.

Heath, M. 2005: 'The law and sexual offences against adults in Australia.' *Australian Centre for the Study of Sexual Assault Issues Paper, #4*,

169

June. Melbourne: Australian Institute of Family Studies.

Gatensky, H. 1996: 'Circle Justice.' In Denborough, D. (Ed): *Beyond the Prison: Gathering dreams of freedom*. Adelaide: Dulwich Centre Publications.

Herman, J. 1992: *Trauma and Recovery: The aftermath of violence — From domestic abuse to political torture*. New York: Basic Books.

Koss, M. 2000: 'Blame, shame, and community justice responses to violence against women.' *American Psychologist*, November.

Lamb, S. 1999: 'Constructing the victim: Popular images and lasting labels.' In Lamb, S. (Ed): *New Versions of Victims: Feminists struggle with the concept*. New York: New York University Press.

Rubin, P. 2003: *Restorative Justice in Nova Scotia: Women's experience and recommendations for positive policy development and implementation. Report and recommendations*. Ottawa, Canada: National Association of Women and the Law.

Kelly, L. 2002: 'Using restorative justice principles to address family violence in Aboriginal communities.' In Strang, H. & Braithwaite, J. (Eds): *Restorative Justice and Family Violence*. Cambridge: Cambridge University Press.

Summerfield, D. 1995: 'Addressing human response to war and atrocity: Major challenges in research and practices and the limitations of western psychiatric models.' In Kleber, R., Figley, C. & Gersons, B. (Eds): *Beyond Trauma: Cultural and social dynamics*. New York: Plenum Press.

White, M. 1999: 'Reflecting-team work as definitional ceremony revisited.' *Gecko: a journal of deconstruction and narrative ideas in therapeutic practice*, 2:55–82. Republished 2000 in White, M.: *Reflections on Narrative Practice: Essays & interviews* (chapter 4),

170

pp. 59–85. Adelaide: Dulwich Centre Publications.

White, M. 2000: 'Re-engaging with history: The absent but implicit.' In White, M.: *Reflections on Narrative Practice: Essays & interviews* (chapter 3), pp. 35–58. Adelaide: Dulwich Centre Publications.

White, M. 2004: 'Working with people who are suffering the consequences of multiple trauma: A narrative perspective.' *International Journal of Narrative Therapy and Community Work #1*

이중이야기 증언의 예

트라우마 경험과 관련된 '이중이야기 증언'의 예는 다음과 같다.

Amir, 2001: 'Still searching.' *Dulwich Centre Journal*, 1:22-23.

Bullimore, P. 2003: 'Altering the balance of power: working with voices.' *International Journal of Narrative Therapy and Community Work*, 3:22-28.

Nicholls, C. 1998: 'A story of survival.' *Dulwich Centre Journal*, Nos. 2 & 3. Republished 1999 in Dulwich Centre Publications (Eds): *Extending Narrative Therapy: A collection of practice-based papers* (chapter 9), pp. 117-124. Adelaide: Dulwich Centre Publications.

de Valda, M. 2003: 'From paranoid schizophrenia to hearing voices—and other class distinctions.' *International Journal of Narrative Therapy and Community Work*, 3:13-17.

Kathy, 1999: 'Experiences of homelessness: From an interview (Denborough, D. & White, C. interviewers).' *Dulwich Centre*

Journal, 3:2-8.

Mia, 1998: 'Resilience is a beautiful word.' *Dulwich Centre Journal*, 4:18-20.

O'Neill, M. 2004: 'Researching "suicidal thoughts" and archiving young people's insider knowledges.' *International Journal of Narrative Therapy and Community Work*, 3:38-40.

Sheedy, L. 2005: 'Try to put yourselves in our skin: The experiences of Wardies and Homies.' *International Journal of Narrative Therapy and Community Work*, 1:65-71.

Silent Too Long, 2000: 'Embracing the old, nurturing the new.' *Dulwich Centre Journal*, 1 & 2:62-71. Republished 2003 in Dulwich Centre Publications (Eds): *Responding to Violence: A collection of papers relating to child sexual abuse and violence in intimate relationships*, pp. 71-91 (chapter 3). Adelaide: Dulwich Centre Publications.

Silent Too Long, 1998: 'Your voices inspire mine.' *Dulwich Centre Journal*, 4:2-8.

The Narrandera Koori Community, 2002: 'The Narrandera Koori Community Gathering.' www.dulwichcentre.com.au

Wingard, B. & Lester, J. (Eds) 2001: *Telling Our Stories in Ways that Make Us Stronger*. Adelaide: Dulwich Centre Publications.

WOWSafe, 2002: 'Seeking safety and acknowledgement.' *International Journal of Narrative Therapy and Community Work*, 1:70-74. Republished 2003 in Dulwich Centre Publications (Eds): *Responding to Violence: A collection of papers relating to child sexual abuse and violence in intimate relationships*, pp. 129-138 (chapter 7). Adelaide: Dulwich Centre Publications.

트라우마를 겪은 가족에 대한 반영:
개인 지식과 전문 지식의 통합

야엘 게르쇼니와의 인터뷰

이 장에서는 이스라엘 출신 상담사 야엘 게르쇼니(Yael Gershoni)가 자살 폭탄이 자신의 삶과 일, 가족에 끼친 영향에 대해 이야기한다. 특별히 트라우마의 시각적 이미지에 대응하는 방법을 강조한다. 면담자는 데이비드 덴보로이다.

야엘, 최근 당신 가족이 트라우마로 고통을 받고 있고, 당신이 상담사로 그에 대처하는 방법을 찾아야 한다는 것을 알게 되었습니다. 이 경험을 이야기해 주어서 진심으로 고맙습니다. 이 경험이 트라우마를 겪는 가족에 대처하는 방식에 어떤 영향을 주었나요? 우선 당신 가족의 트라우마 사건을 설명하는 것에서 시작하는 것이 좋겠지요?

그 폭탄테러는 시나이(Sinai)의 부모와 외할머니가 어린 아기인 시나이를 데리고 아이스크림을 파는 작은 노점에 있을 때 일어났습니다. 당시 그들은 젊은 가족과 아이가 많이 사는 작은 동네에 살았습니다. 일과 후 부모와 외할머니가 시나이를 데리고 아이스크림을 사러 갔을 때, 바로 그때 자살폭탄이 터졌습니다. 그들은 자살폭탄테러범이 도착했을 때를 기억하고 있습니다. 그 테러범은 자기 몸이 날아가기 전에 유모차 가까이에 서 있었습니다. 시나이는 유모차에서 보도로 내던져졌습니다. 아기 아버지는 몸을 일으키자마자 재빨리 응급요원에게 시나이를 데려갔지만, 아기가 심하게 다친 것을 알았습니다. 그다음 그는 시나이 외할머니한테 말을 걸었고 대답을 듣자마자 아내를 찾으러 달려갔습니다. 그가 다시 돌아왔을 때 시나이 외할머니는 이미 숨이 끊어진 상태였습니다.

살아남은 어른들은 병원으로 옮겨졌는데 같은 구급차에는 타지 않았습니다. 아기는 더 일찍 옮겨졌습니다. 그들이 수술 후 깨어났을 때, 내 딸이 전화를 했습니다. 내 딸은 시나이 아버지와 인척 관계입니다. 내 딸은 시나이가 이미 죽었고 아이 외할머니도 죽었는

데, 부모들은 아직 이 사실을 모른다고 했습니다. 그리고 나에게 병원으로 와서 시나이 부모한테 이 사실을 알리는 걸 도와 달라고 했습니다. 병원에 도착해서 딸과 시나이 친할머니를 만났습니다. 사회복지사가 우리와 이야기를 나누러 왔고, 시나이 어머니가 수술을 받고 곧 나올 것이라고 말해 주었습니다. 그들은 우리가 그녀한테 먼저 알리고, 그다음 그녀와 함께 그녀 남편한테 알려 주기를 원했습니다. 그가 제일 심하게 다쳤기 때문에 아내한테서 소식을 듣는 것이 최선이라고 생각했습니다. 우리는 둘러앉아 시나이 어머니한테 어떻게 알릴지 논의했습니다. 그녀는 친정어머니와 1년 2개월 된 딸을 잃은 것입니다. 의논을 마친 후 사회복지사와 그녀의 시어머니가 시나이 어머니한테 가기로 했고, 그러는 동안 나는 한쪽에 서 있었습니다.

나는 곧 시나이 어머니가 비명을 지르는 걸 들었습니다. "남편을 봐야겠어요." 그래서 그들은 즉시 그녀를 데려갔고, 시나이 부모를 같은 방으로 옮겼습니다. 두 사람은 너무 약해져서 서 있을 수도 없었습니다. 일주일 동안 그들은 침대를 사이에 두고 손을 맞잡고 있었습니다. 그녀는 남편에게 아기와 자기 친정어머니가 죽었다고 했습니다.

그때 이후, 나는 사람들에게 최악의 소식을 전하는 방법을 생각하려고 애쓰고 있습니다. 아직도 명확한 답은 없지만, 가능하다면 사랑하는 사람들에게 둘러싸여 있었으면 좋겠고, 나한테 무엇이 최선인지 물어봐 주면 좋겠다고 생각합니다. 어떤 사람들은 최악의 소식을 가족한테 듣는 것이 좋을 수도 있습니다. 어떤 사람들은 전문가나 그들의 인생에서 썩 가깝지 않은 다른 사람에게 듣는 게 최선일 수도 있습니다.

야엘, 전에 이야기 나누었을 때 이 사건 이래 당신에게 일어난 변화나 세상에 대한 인식, 당신이 이 슬픔에서 배운 것들을 말씀 하셨는데…… 이런 것들을 여기에서 이야기해 주시겠습니까?

이 모든 것에서 무엇을 배웠냐고요? 이 가족이 삶을 되찾기 위해 몸부림치는 것을 지켜보면서요? 무엇보다 그러한 트라우마를 극복 한다는 것이 생각한 것보다 시간이 훨씬 오래 걸린다는 것을 알게 되었습니다. 나는 이같은 사건이 야기한 비통함에 대해, 그것이 우 리 인생을 얼마나 파괴할 수 있는지 상상할 만한 이해력을 가지고 있지 못했습니다. 목표 의식을 회복하는 것은 아주 느리고, 많은 시 간이 걸리는 너무나 작은 걸음이 될 것입니다. 나는 이것을 제대로 알지 못했습니다.

내가 배운 또 다른 것은 이 같은 사건이 모든 사람에게 영향을 준 다는 것입니다. 이 사건이 그 아기의 부모와 조부모뿐 아니라 내 딸 과, 손주, 사위에게도 영향을 주는 것을 보았습니다. 두 달 전, 딸의 생일 축하 파티가 있었습니다. 우리는 예루살렘의 레스토랑에서 멋진 시간을 보내고 있었습니다. 그런데 사위 얼굴을 보고 그의 얼 굴에 웃음기가 전혀 없는 것을 알아챘습니다. 무슨 안 좋은 일이 있 냐고 조용히 물었더니, 그는 자살폭탄이 언제 터질지 몰라 너무나 걱정이 된다고 했습니다. 사랑하는 사람들한테 무슨 일이 일어날 까 두려워 더 이상 어떠한 공공장소의 퍼레이드나 축하 행사도 즐 길 수 없다고 했습니다. 이제 나는 폭력과 생명을 잃는 이야기를 들 을 때면 오랜 시간 동안 강력한 영향을 받을 사람들을 생각하게 됩 니다.

다른 한편으로, 지금 나는 사람들이 비극을 겪은 이후 삶을 다시

177

일으켜 세우는 방식에 대해 더 깊은 존경심을 갖게 되었습니다. 같은 날 어머니와 아기를 잃는다는 것은 상상하기조차 힘든 일입니다. 하지만 이런 일이 불과 3년 6개월 전에 일어났으며, 나는 시나이 어머니가 새로운 삶을 향해 작은 발걸음을 떼는 것을 지켜보고 있습니다. 그녀는 지금 사내아이가 하나 있고, 또 다른 아기를 임신 중입니다. 그녀는 여전히 어떻게 살아야 할지 몰라 안간힘을 쓰고 있지만, 시나이를 잃었다는 것은 변함없는 사실이지요. 그러나 그들은 또한 살아가고 있으며, 시나이의 존재는 좋을 때나 나쁠 때나 그들과 함께합니다. 몸이 회복되자마자 그들은 이스라엘을 떠났고, 지금은 미국에 살지만 이스라엘에도 옵니다. 그들은 친구들을 만나고, 보다 풍요로운 삶을 이루기 위해 일합니다.

178

나는 어린아이들이 이 같은 비극에 반응하는 방식에도 엄청난 감동을 받습니다. 우리는 여전히 사건이 일어난 그 아이스크림 노점에 갑니다. 그곳이 이 동네에 하나밖에 없는 아이스크림 가게이고, 여기는 날씨가 너무 덥답니다! 다섯 살쯤 된 어린 사촌 꼬마는 그곳을 방문할 때마다 나한테 조심스럽게 말하지요. 그 아이가 말합니다. "할머니! 알지요? 여기가 시나이가 죽은 곳이에요." 내 손을 잡고, 시나이가 죽었다고 생각하는 바로 그곳으로 나를 데려갑니다. 거기 서서 나한테 말합니다. "이곳이 바로 시나이가 죽은 곳이에요. 걔네 할머니 생각나지요?" 나는 말하지요. "그럼, 기억하고 말고." 그리고 나서 우리는 거기에 가만히 서 있지요.

이 말들은 사소하게 들리지만 그 사건이 아주 가까운 곳에서 일어난 것처럼, 그것은 내가 많은 일을 달리 보도록 해 주었습니다.

당신은 폭파 사건 이후 좀 더 중요해진 두 가지 이해가 존재하게 되었다고 말한 적이 있지요. 하나는 그와 같은 상실이 가족에게 미치는 크나큰 영향에 관한 지식을 포함하고, 다른 하나는 사람들이 서서히 삶을 회복하며 내딛는 발걸음에 대한 경이로움을 포함합니다. 이 두 가지에 대해 몇 가지 질문을 해도 될까요? 이 두 가지에 대한 지식이 당신의 상담이나 당신의 삶에 어떻게 영향을 주었는지 알고 싶습니다. 이런 상황에서 가족의 경험을 다르게 본다면 무엇이 달라질까요? 그것이 변화를 가져올까요?

상담사로서 나는 두 가지 이야기에 좀 더 참을성이 생겼습니다. 그 과정이 시간이 걸린다는 것을 알게 되었으며, 발전시켜야 할 두 가지 이야기가 있다는 걸 알게 되었습니다. 그런 경험을 한 사람과 지내는 데 더 참을성이 생긴 것 같습니다. 나는 사람들이 경험한 비통함을 더 잘 나누는 사람이 되었습니다. 상담사로서만이 아니라 보통의 삶에서도 그럴 겁니다. 나는 확실히 사람들 삶의 문제가 주는 막대한 영향을 탐구하는 데 더 많은 시간을 쓰며, 대안적이며 선호하는 이야기를 위한 맥락을 잘 만들려고 더 많은 시간을 씁니다.

179

누군가 당신을 만나러 올 경우, 그들은 당신이 참을성이 더 많아졌다는 것을 어떻게 알까요? 그들을 대할 때 달라진 것이 무엇이라고 생각하나요?

나는 내가 더 잘 듣는 사람이 되었다고 생각합니다. 사람들과의 대화 속에서 그들이 다른 방식으로 존재하고, 다른 선택을 하고, 다른 이야기를 한다는 것을 나타내는 작은 단서를 알아채려고 참을성 있게 기다립니다. 예전에 끼어들고 질문했던 곳에서 이제는 이

야기 실마리에 귀를 기울이고, 그것이 의미하는 것을 찾아내려고
합니다. 나는 이것이 나한테 상담하는 사람들에게 차이를 만들어
낸다고 생각합니다. 사람들이 방해받지 않고 말하도록 훨씬 많은
것을 허용하는 것 같다는 것이지요. 그들이 움직이면 나는 질문거
리를 가지고 뒤따라갑니다.

상담하면서 다른 방식으로 경청했다고 기억할 만한 특별한
사람이 있나요?

얼마 전 자살폭탄 희생자인 젊은 여성을 상담했습니다. 그녀가
자주 가던 디스코장에서 폭파 사건이 일어났습니다. 그녀의 남자
친구를 포함하여 많은 친구가 부상을 당했습니다. 대화에 대한 내
접근방식이 우리 이야기에 영향을 주었다고 생각합니다. 그녀가
공포와 슬픔, 상실을 말할 때마다 나는 그녀를 이 상실감에서 돌려
세우려 하지 않았습니다. 대신 다 듣고 물었습니다. 이 상실감이
그녀에게 무엇을 의미하는지, 그것이 무엇을 나타내는지 그리고
죽은 사람에 대해 그녀가 소중히 여기는 것이 무엇이며, 왜 그런지
물었습니다. 언젠가 그녀가 음악에 대해 말했습니다. 그녀가 인생
에서 가장 사랑하는 음악과 다시 연결되길 소망했기 때문입니다.
여기서 나는 그녀와 보조를 맞췄습니다. 그녀의 삶에서 음악이 차
지하는 의미를 물었고, 장래의 소망을 물었습니다. 그것은 친절하
고 참을성 있는 작업이었습니다.

그렇게 생각하는 것은 그녀가 겪은 삶의 파괴적인 측면과 소
중한 것을 회복하기 위해 사람들이 내딛는 방식에 대해 당신이

지금 갖게 된 새로운 지식 덕분인가요?

나는 삶을 회복하려는 사람들의 소망과 희망 그리고 기술을 안다고 생각했습니다. 수년 동안 상담사로 지냈으니까요. 그러나 지금은 내가 새로운 능력과 인내심을 갖게 되었다고 생각합니다. 슬픔과 공포에 대해 말할 수 있게 되었고, 우리가 삶에서 이따금 발견하는 너무나 어두운 부분에 대해서도 말할 수 있게 되었다는 것이지요.

당신이 상담사로 수년간 배운 것이 당신의 상실 경험에 영향을 주었는지, 당신이 삶이 파괴된 사람들과 어떤 방식으로 관계를 맺었는지 궁금하군요.

나는 사람들한테서 삶의 어려움을 어떻게 극복했는지에 대해 여러 해 동안 이야기를 들었으며, 아마도 이것이 내가 희망을 품는 데 도움이 되었을 겁니다. 이럴 때 여러 사람의 이야기를 듣는 것이 위안이 되기도 합니다. 나는 다른 사람들은 하지 않는 방식으로 '이중 이야기(고통과 생존)'에 주의를 기울였습니다. 이것이 차이를 만들어 냈을 겁니다. 지금까지 나는 그에 대해 생각해 본 적이 없습니다. 나는 작은 변화를 알아차리려고 열려 있었고, 시간이 지나면서 이것이 세상을 보는 여러 방식에 열려 있도록 했음을 알게 되었습니다.

과거에 목격했던 다른 사람 이야기 중에서 특별히 당신에게 의미 있는 것이 있나요?

친구 한 명이 있는데, 세 살된 아이를 암으로 잃었다고 말해 준 적이 있습니다. 우리는 함께 상실과 그 의미에 대해 이야기했으며, 폭탄테러가 있은 후 그녀한테 전화해서 시나이 부모와 이야기를 나눌 수 있느냐고 물었습니다. 나한테는 그녀가 어린 자녀의 죽음에 대처하는 여러 가지 경험과 내부자 지식을 가진 사람으로 보였습니다. 특히 그녀가 지금 아주 충만한 삶을 살고 있기 때문입니다. 그녀는 기꺼이 그러겠다고 했습니다. 긍정적으로 답한 것을 생각해 보니 의미 있는 특별한 이야기가 있을 것 같습니다.

또 다른 질문은 이따금 사람들이 테러와 트라우마를 겪은 순간 기억에 아로새겨진 이미지에 대한 것입니다. 상담사로서 이런 이미지에 대처하는 방법이 있습니까?

당신의 질문은 다른 이야기, 세대 간의 이야기를 떠오르게 합니다. 야콥(Jacob)이라는 남자를 상담한 적이 있습니다. 그의 아버지가 아우슈비츠에 있었고, 아들 셋과 아내가 모두 나치에게 희생되었습니다. 그 후 그는 전쟁 전 살았던 폴란드로 돌아왔습니다. 예전 마을로 돌아갔는데, 마을에는 러시아로 도망갔다가 막 귀향한 유대인 일가족밖에 없었습니다. 마을의 유대인들은 모두 죽었습니다. 그 가족은 빵 굽는 사람들이었는데, 그들은 그에게 자기 맏딸과 결혼하고 싶으면 와서 함께 살자고 했습니다. 제빵사에게는 네 명의 딸이 있었고, 다른 유대인들이 남아 있지 않았기 때문에 자신들에게 어떤 일이 일어날지 두려워했습니다. 그래서 서른을 넘은 그는 18세에서 20세쯤 되는 젊은 여성과 결혼했습니다. 그들은 이스라엘로 이사를 해서 농부가 되었고, 이 결혼에서 야콥이 태어났습니다.

야콥은 여자 형제 둘 사이에 끼어 있는 아이였습니다. 그의 아버지는 홀로코스트 트라우마를 전혀 극복하지 못했고, 주로 침대에 있는 아주 우울한 사람이었습니다. 야콥이 아버지와 한 유일한 접촉은 그가 농장에서 열심히 일하지 않는다고 아버지가 불같이 화를 내고 때릴 때뿐이었습니다. 아버지는 외아들인 그가 농장에서 일하기를 기대했고, 그들의 관계는 끔찍했습니다.

시간이 지나 야콥은 농장을 물려받고, 결혼했으며, 아들 넷을 두었습니다. 그는 맏아들이 피살된 후 나한테 상담을 받으러 왔습니다. 아들은 레바논 국경 수비대였으며, 총에 맞아 죽었습니다. 야콥은 자신이 아들과 맺은 관계가 그가 자기 아버지와 맺은 것과 똑같다고 했습니다. 유일한 연결고리는 분노였습니다. 그는 아들이 농장에서 열심히 일하지 않으면 화를 냈습니다. 그러다 아들이 죽었습니다. 상담하면서 그는 아들이 죽은 후 많은 사람이 시간을 내서 찾아와 그의 아들이 얼마나 훌륭했는지 말해 주었다고 했습니다. 야콥은 여러 번 혼잣말을 했습니다. "모두 내 아들을 알고 있었는데 나만 몰랐습니다. 나는 그를 알지 못했고, 이제 그가 죽었으니 나는 절대로 그를 알지 못할 겁니다." 이것이 그가 상담을 오게 된 이유입니다. 그는 여전히 아들이 셋 있으며, 그들과 자신의 배우자와 좀 더 좋은 관계를 갖고 싶어 했습니다.

내가 이 이야기를 꺼낸 것은 우리의 치료대화에서 가장 중요한 것이 특별한 이미지를 고려한다는 것입니다. 야콥이 자기 아버지에 대해 가졌던 모든 기억이 처음에는 부정적이었다는 것입니다. 그는 나한테 이런 나쁜 기억을 많이 이야기했습니다. 시간이 조금 지난 후, 나는 그에게 아버지와 함께한 다른 기억이 있는지, 폭력과 분노, 학대로 얼룩진 것이 아닌 다른 기억이 있는지 물었습니다. 야콥은 생각해 내느라 시간이 걸렸으며, 기숙학교에 다니던 때를 자세하게 말했습니다. 방학 동안 집에 와 있을 때 그와 아버지는 아버지 집에서 유대교 회당까지 같이 걸어갔습니다. 10분 정도의 거리였고, 걷는 동안 야콥의 아버지는 그의 손을 잡았습니다. 그들은 손을 잡고 회당을 향해 잠시 동안 걸었습니다. 이것이 야콥이 좋은 기억으로 떠올릴 수 있는 유일한 기억이었습니다.

나는 그에게 회당까지 걷는 동안 아버지 손이 말을 할 수 있었다면 그의 손에게 무슨 말을 했을지 상상해 보라고 했습니다. 야콥은 이 이미지가 매우 감동적이라는 것을 알았습니다. 잠시 후 그는 자기 아버지 손이 그때 전하고 싶었던 것이 무엇인지 생각하고 울음을 터트렸습니다. 그는 그것이 무엇인가 말하려는 것 같다고 했습니다. "애야, 나는 너를 싫어하지 않아. 내가 겪은 걸 네가 이해해 줬으면 좋겠다. 할 수만 있다면 네가 나한테 얼마나 소중한지 말해 주고 싶단다. 말하지 못할 뿐이야. 그건 전쟁 중 나한테 일어난 일 때문이란다."

그의 가족 앞에서 인터뷰할 때 처음 이 이야기를 들었습니다. 내가 야콥을 인터뷰하고, 나머지 가족이 외부증인 역할을 하도록 했던 것입니다. 야콥은 손 이야기를 했으며, 그가 얼마나 자기 아들들과 다른 관계를 맺기 원하는지 말했습니다. 그다음 그의 배우자와 아들이 각자 반영을 했습니다. 모두 돌아가며 말을 했습니다. 처음 말을 꺼낸 것은 막내아들이었습니다. 그는 말했습니다. "아버지, 우리는 그렇게 할 수 있어요. 제가 약속할게요. 아버지와 더 가까워질 게요. 아버지도 저한테 말씀하실 수 있을 거예요."

손의 이미지를 말한 것은 야콥에게 매우 중요하게 남았습니다.

184

그의 아들 중 한 명이 최근 아주 힘겨운 시간을 보내고 있으며, 그 손의 이미지가 늘 그들의 대화 안에 존재합니다. 야콥은 이제 나에게 말합니다. "나는 아들한테 그 손이 나에게 하려고 했던 것을 말합니다."

나는 트라우마를 겪은 사람들이 트라우마와 관련한 이미지를 생생하게 기억하는 것을 알게 되었습니다. 디스코장 폭탄테러 현장에 있던 젊은 여성의 경우, 그녀가 반복적으로 본 것은 두 마리 고양이와 모든 것이 불타는 이미지였습니다. 구급차로 옮겨지기 전 그녀가 마지막으로 본 것이 바로 화재 현장을 바라보는 두 마리 고양이였습니다. 시간이 지나면서 우리는 고양이에게도 목소리를 부여할 수 있었습니다. 처음 그녀가 고양이들의 경험에 목소리를 부여했을 때, 그들은 공포에 질린 목소리로 말했습니다. 그러나 그것은 마침내 변화했으며, 그 목소리는 생명의 지속을 표현하기 시작했습니다. 이것은 사람들의 마음에 떠오르는 이미지를 가지고 작업하는 한 가지 방법일 뿐입니다. 여러 가지 다양한 방법이 있을 수 있습니다.

실제로 시나이 아버지는 다른 이야기를 합니다. 그는 얼굴에 흉터가 하나 있습니다. 폭탄테러에서 다쳤기 때문입니다. 그는 긴 머리를 하나로 묶은 아주 잘생긴 남자이지만 이제 흉터가 있습니다. 오랫동안 거울에서 그 흉터를 볼 때마다 그는 구급차에 실리는 딸의 얼굴을 보게 될지도 모릅니다. 이것이 그가 계속적으로 떠올리게 될 끔찍한 이미지였습니다. 그는 매우 의도적으로 사진과 기억에서 자신의 다른 얼굴 이미지를 기억해 내려고 노력했습니다. 일반적으로 유대인의 장례식에서는 시신을 덮지만, 시나이 아버지는 딸을 묻기 전에 보게 해 달라고 했습니다. 이렇게 해서 그는 딸의

머리와 얼굴 이미지를 수정했습니다. 그는 딸을 아름다운 모습으로 기억하길 원합니다.

나는 트라우마 사건을 겪은 후 사람들의 삶에서 강력하게 떠오르는 이미지를 물어보는 것이 중요하다고 생각합니다. 대안적인 이야기를 개발하는 맥락을 만드는 노력만큼이나 대안적 이미지를 개발하는 맥락을 만드는 노력이 필요하다고 생각합니다. 내 경험상 이런 과정은 보통 손을 잡고 함께 달리는 것입니다.

고맙습니다, 야엘. 당신이 나눠 주신 이야기가 독자들에게 많은 의미를 주고, 극심한 트라우마를 경험한 사람들을 돕는 데 도움을 주리라고 생각합니다.

CHAPTER 07

아동, 트라우마 그리고 부수적 스토리라인 개발

마이클 화이트

마이클 화이트는 이 장에서 트라우마를 겪는 아동을 상담할 때 부수적 스토리라인 개발이 중요하다고 강조한다. 부수적 스토리라인 개발은 아동이 트라우마 경험을 말할 때 자신을 지탱해 줄 대안적 정체성의 기반이 된다. 이것은 아동이 트라우마 경험과 그 영향을 말하도록 돕는 상담을 시작할 때 트라우마를 재경험하지 않을 면역력을 길러 준다. 이 장에서는 트라우마를 겪는 아동의 상담에서 이 접근의 함축적 의미를 설명한다.

아동이라고 트라우마를 겪지 않는 것이 아니다. 지구촌 대부분의 사회에서 아동학대 문제를 해결하기 위해 정부와 지역사회 기관들이 많은 노력을 하지만, 아동학대 발생률은 여전히 높다. 또한 전쟁과 질병, 추방, 경제적 혼란 등으로 재난을 입은 세계 여러 지역에서 아동은 생명을 위협하는 고통과 트라우마에 가장 취약한 존재이다. 난민 가족과 함께 지내면서 지역의 아동보호 서비스를 제공하는 사람들이나 세계 도처에서 전쟁과 질병으로 고통받는 사람들과 일하는 사람들은 트라우마를 겪는 아동이 회복되도록 지원하는 것이 중요하다는 것을 절실히 느낄 것이다. 또한 그들은 어린 삶의 역사에서 신체적 안전을 전혀 보장받지 못하고 안전을 전혀 경험하지 못한 아동이 심리적·정서적 안전을 느끼도록 하는 일이 중요하다는 것을 알고 있다.

트라우마를 겪은 대부분의 아동이 트라우마 경험을 말하기 꺼리기 때문에 안전이 중요하다. 이를 설명하는 이론은 대단히 많다. 부정과 억압 같은 심리적 기제 때문에 아동이 그렇게 한다고 설명하는 이론이 있다. 그러나 아동이 자신의 트라우마 경험 말하기를 꺼리는 가장 중요한 이유는 보복에 대한 두려움과 트라우마를 말하면서 트라우마를 다시 겪을 위험 때문이다. 이 장의 주요 논점은 트라우마 경험을 말하다가 트라우마를 재경험할 가능성에 대한 것이다.

이런 우려에는 충분한 근거가 있다고 생각한다. 아동이 트라우마 경험을 말하면서 다시 트라우마를 겪거나 그들이 겪은 트라우마 경험에 순간적으로 다시 사로잡힐 가능성이 있기 때문이다. 아동의 트라우마 경험을 그들의 정체성과 삶에 대한 부정적 결론을 강화시키는 방식으로 다루는 상담에서 이런 결과를 볼 수 있다. 이는 대개 수치심, 취약성, 절망감, 황폐함, 쓸모없다는 느낌을 키우는 것과 관련된다. 아동이 '심리적·정서적으로 안전'하다는 맥락을 확고하게 구축하지 않으면, 아동은 트라우마 경험을 말하는 상황에 반응하다가 자신이 겪은 트라우마로 스스로를 재규정할 수 있다.

이런 주장은 탁상공론에서 나온 것이 아니다. 나는 수년간 트라우마 경험에 대처하려고 한 바로 그 시도 때문에 다시 트라우마를 입은 아동들을 여러 상황에서 많이 만났다. 또한 상담의 진행에 영향력을 발휘할 수 없는 위치에서 극심하게 트라우마를 재경험하는 상황을 목격하기도 했다.

새로운 입장 취하기

트라우마를 겪은 아동을 상담할 때 심리적·정서적 안전에 관심을 가져야 한다는 것은 아무리 강조해도 지나치지 않다. 어떻게 해야 아동이 자신이 겪은 것을 말하면서 트라우마를 재경험하지 않는다는 것을 명확하게 알 수 있을까? 이는 아동이 트라우마 경험을 개방된 공간에서 말하도록 하기 위해 '심리적 입장 취하기(psychological positioning)'를 고려하라는 말이다. 달리 말하면, 이 질문은 학대 경험을 말하는 아동이 서 있는 정체성의 영토를 숙고하라는 것이다. 트라우마 때문에 정체성의 영토가 제한되어 있다면, 아동은 트라우마 경험을 말할 때 트라우마를 재경험하게 되면서 취약하다는 감각이 새롭게 생겨날 것이다.

아동이 안전한 맥락에서 트라우마 경험을 표현하도록 돕는 새로운 입장 취하기를 할 때, 이야기치료로 아동의 정체성과 삶에 대한 부수적 스토리라인(subordinate storyline)을 풍부하게 개발할 수 있다. 부수적 스토리라인이 개발되면, 아동은 자신의 트라우마 경험을 말할 때 의지할 대안적인 정체성의 영토가 생긴다. 이 장에서 나는 부수적 스토리라인을 개발하는 방법과 그것이 어떤 식으로 트라우마를 겪는 아동에게 안전한 영역을 만들어 주는지에 대해 중점적으로 다룰 것이다.

이 점을 강조하는 이유는 아동이 트라우마 경험을 말하도록 지지하는 것을 제대로 이해하게끔 하기 위해서이다. 아동에게 트라우마와 그 결과를 말할 기회를 주는 것은 분명히 중요하다. 지지받는 상황에서 말할 수 없었던 것을 말하게 되기 때문이다. 아동은 안전한 느낌을 주는 정체성의 영토를 가질 때 자신의 트라우마 경험과 그 결과를 강하고 일관성 있게 표현할 수 있다. 이런 표현은 트라우마를 재경험하는 맥락에서 강화되는 수치심과 절망감, 황망함, 무용함의 감각에 해독제로 작용한다.

부수적 스토리라인의 개발

부수적 스토리라인 개발[1]의 단초는 아동의 트라우마 대응에서

1) 나는 그동안 지배적 이야기에 가려 빈약한 흔적으로 발견되었던 아동의 삶의 대안적 이야기들을 부가적으로 개발하는 것을 기술할 때 '부수적 스토리라인'을 개발한다고 말할 것이다. 이는 치료적 대화의 초기에는 보이지 않았던 스토리라인이 우연히 나타나는 것이 아니기 때문에 적절한 기술이 될 것이다. 이러한 스토리라인은 그 자격을 박탈하고, 약화시키며, 조롱하고, 주변화시키는 정치적 맥락에서는 부수적인 것이었다.

발견된다. 트라우마 특성에 상관없이, 트라우마를 수동적으로 받아들이는 아동은 아무도 없다. 아동은 트라우마에 노출될 행동을 최소화하려고 하며, 자신이 겪은 트라우마 사건을 수정하거나 트라우마의 영향을 수정하는 방법을 찾아 트라우마에 대한 취약성을 줄이려고 한다. 그러나 아동의 삶에서 이런 트라우마에 대한 대응이 인정되는 경우는 별로 없다. 이런 대응은 주목받지 못하거나, 처벌받거나, 트라우마를 겪는 동안 조롱당하고 무시되고 박탈되기 마련이다.

이와 같은 트라우마와 그 결과에 대한 대응은 아동이 무엇에 가치를 두는지, 삶에서 무엇을 소중하게 간직하는지에 기초한다. 그리고 이런 대응은 다음과 같은 지식과 기술을 반영한다.

1. 삶을 위협하는 맥락에서도 삶을 지키려고 함
2. 적대적 환경 속에서도 도움을 구하려고 함
3. 안전하지 못한 곳에서 안전한 영역을 확립하려고 함
4. 삶을 포기하게 만드는 환경에서도 삶의 가능성을 고수함
5. 돌봄이 존중받지 못하는 상황에서도 다른 사람을 돌보려고 함
6. 고립 상황에서도 사람들과의 연결 및 관계를 찾으려고 함
7. 트라우마 재발 가능성이 큰 환경에서도 다른 사람이 트라우마의 영향을 받지 않도록 함
8. 악조건에서도 트라우마 결과를 치유하려고 함
9. 자신의 본 모습을 거부하게 만드는 상황에서도 일정 정도 자기수용성을 이뤄 냄
10. 기타

트라우마를 경험한 아동은 이와 같은 지식과 기술을 좀처럼 독자적으로 구성하거나 발달시키지 못한다. 오히려 이런 지식과 기술은 트라우마를 겪고 있거나 트라우마를 겪은 적이 있는 다른 아동이나 성인과의 동일한 관계 속에서 구성되고 개발된다. 더 나아가 이러한 지식과 기술을 구성하고 개발할 수 있는 협력 활동은 대부분 특정한 가족, 공동체, 문화에서 이루어진다.

나는 트라우마에 대한 아동의 대응 관련 주제를 다루고, 이런 대응에서 표현된 지식과 기술에 이름을 붙일 때, 트라우마가 아동을 고통스럽게 하고 아동의 삶에 극도로 부정적인 영향을 주거나 트라우마 경험과 그 결과를 언급할 필요가 있다는 것을 부정하지 않는다. 그리고 아동이 가치를 두는 것이나 내가 언급한 지식과 기술을 개발하는 것이 이러한 고통과 그 결과를 완화시키는 데 충분하다는 것이 아니다. 내가 트라우마 대응의 중요성에 관심을 기울이는 이유는 트라우마의 부정적인 결과가 아동 삶과 정체성의 전부를 나타내는 것이 아니라는 사실을 강조하기 위함이다. 또한 이를 통해 아동이 트라우마 경험을 말할 때 정체성의 대안적 영토를 구축하는 부수적 스토리라인을 개발하는 데 유용한 몇 가지 '자료'를 설명하기 위해서이다. 이것이 아동이 자신의 트라우마 경험을 말하는 과정에서 트라우마를 재경험하지 않는 정체성의 대안적인 영토들이다.

트라우마가 미치는 해악이 아동의 생애사의 전부가 아니라는 사실과 관련해서, '반쪽짜리 기억'이라는 개념이 아동의 트라우마 대응 이야기에서 배제된 기억에 도움이 될 수 있다. 이 맥락에서 부수적 스토리라인의 개발은 '완전한 기억'을 회복하는 데 도움이 된다. '완전한 기억'의 회복은 트라우마를 겪은 아동과 치료 상담을 하는 데 대단히 중요하다고 생각한다.

트라우마를 경험한 아동의 상담에서 부수적 스토리라인 개발은 트라우마에 대한 아동의 대응을 풍부하게 기술하는 데 도움이 된다. 여기에는 다음과 같은 사항이 포함된다.

1. 아동이 가치를 두는 것, 그들이 소중히 간직하고 있는 것: 특별한 믿음, 지침, 희망, 꿈, 인간적 진실성, 개인 윤리 등
2. 아동이 어떤 삶을 살고자 의도하는 것: 특별한 목적, 목표, 야망, 바람, 탐구, 추구, 열망 등
3. 대응에 나타난 지식과 기술: 192쪽에서 거론한 1~10의 지식과 기술에 포함된 것
4. 대응의 사회적 · 관계적 · 문화적 기원: 아동의 삶에서 중요한 인물(또래를 포함하여)의 기여, 특별히 명예로운 가족 유산, 중요한 어린이 문학, 유익한 문화적 신화, 민족 전통과 영적 개념 등

앞서 언급한 것처럼 이 네 가지 사항은 아동의 트라우마 대응에 나타난 지식과 기술은 아동 혼자 구성하고 발달시켰다기보다는 사람들과의 협력 관계에서 발달되었다는 점을 고려해야 한다. 아동이 소중하게 여기는 것이나 삶의 목표도 마찬가지이다. 이런 지식과 기술의 사회적 · 관계적 · 문화적 기원 그리고 아동이 소중하게 간직하고 있는 것과 삶의 목표 등은 부수적 스토리라인을 개발하는 맥락에서 드러난다. 여기서 아동은 자기 삶의 이야기가 다른 사람의 삶의 이야기와 다시 연결되는 것을 경험한다. 그들 대부분은 아동의 삶에서 중요한 사람이며, 그들의 기여를 생생하게 느낄수록 아동은 자신과 사회의 관계, 공동체의 네트워크와 연결되고 재

연결될 기회를 새롭게 갖게 된다. 이것은 이 사람들에 대한 아동의 동일시나 그들의 기여를 명확하게 확인해 줄 때 가능하다. 이런 인증은 상담사나 지역사회 활동가와 협력하여 아동이 계획한 축하 의식을 포함시키는 것과 같은 다양한 방식으로 이루어질 수 있다.

부수적 스토리라인 개발을 통해 확인된, 아동이 소중하게 간직한 것과 삶의 목표에 대한 설명은 그들의 삶과 정체성의 개념으로 간주될 수 있다. 아동이 이런 개념을 형성하는 정도는 발달단계와 상태에 따라 다르다. 나이가 많은 아동이라 할지라도 이런 개념이 완전히 형성되는 경우는 드물다. 아동이 부수적 스토리라인을 개발하도록 도와주는 상담에서 이런 개념은 완전히 형성된 상태로 '발견'되기보다는, 상담사나 지역사회 활동가와 치료대화를 한 후에 개발된다. 내가 이해한 바로는 이런 개념의 개발은 아동이 자기 삶을 꾸리고 다른 사람과의 관계에 영향을 주는 능력을 확립하는 데 매우 중요하다(Vygotsky, 1986).

나는 부수적 스토리라인 개발로 아동이 트라우마에 대응한 것을 보다 명확하게 보여 주고, 트라우마와 그 결과를 말할 때 안전하게 서 있을 장소를 제공한다는 점을 거듭 강조한다. 그러나 이것이 전부가 아니다. 부수적 스토리라인 개발은 아동이 살면서 계속할 행동의 토대를 제공하기도 한다. 아동은 부수적 스토리라인을 보다 풍부하게 알고 경험할 때 자신이 가치를 두는 것과 삶의 목표를 조화시키고 생애사의 지식과 기술에 기반을 둔 주도권을 가질 수 있다. 이를 통해 이후 자신에게 의미 있는 사람과 소중한 문화, 역사와 연결될 수 있다.

부수적 스토리라인 개발을 강조하는 것을 두고 이야기치료 대화가 '진짜' 또는 '참된' 대안적 이야기를 드러내는 것으로 오해할 수 있지만 그렇지 않다. 나는 오히려 삶은 다중적 이야기이며, 삶에 대한 모든 대안적 이야기는 본래 문화적 · 관계적 · 역사적이라고 생각한다. 이런 이야기는 삶에서 경험하는 사건과 경험의 모든 가능한 구성이기 때문이다. 따라서 부수적 스토리라인 개발 과정에서 사람들은 하나 이상의 실존적 영역과 하나 이상의 정체성 영토에 동시에 자리 잡는(positioned) 경험을 할 기회가 많을 것이라고 생각한다.

행위주체

이 장에서 정의한 말로 트라우마에 대한 아동의 대응을 보다 명확하게 표현한다면, 부수적 스토리라인 개발이 아동의 행위주체 (personal agency) 감각을 복구시킨다고 할 수 있다. 행위주체 감각이란 사람이 자기 삶에 영향력이 있다는 인식과 관련된 것으로, 자기가 소중하게 여기는 것과 자기 삶의 목표의 행위주체로서 삶을 중재할 수 있다는 감각 그리고 이 세상이 자신의 존재 사실에 최소한의 반응이라도 한다는 감각과 연합된 자기감이다.

트라우마를 겪는 아동의 상담에서는 행위주체 감각을 회복하고 키우는 것이 매우 중요하다. 행위주체를 회복하고 키우는 것이 삶의 무게를 소극적으로 받아들이기만 한다는 정체성에 대한 무기력한 결론에 해독제 역할을 하기 때문이다. 이런 인식이 고통을 설명할 때 자신을 '손상'되고 '엉망'이라고 결론짓거나 '취약성'과 '허약함'을 확고한 것으로 보는 데 영향을 준다.

부수적 스토리라인 개발은 아동이 만들어 낸 부정적 정체성 결론에 해독제 역할을 한다. 특히 현대사회처럼 트라우마 당사자의 정체성이 희생제물 담론(discourses of victimhood)의 영향에 따라 만들어지는 상황에서는 더욱 그렇다. 이 담론은 전문적이고 대중적인 심리학에서 두드러진다. 이는 손상된 정체성 구성을 촉진할 뿐 아니라 심각한 트라우마를 겪는 사람을 폄훼하고 소외시키는 실천 관계를 조성한다. 이런 실천 관계에서 심각한 트라우마를 겪은 사람은 '타자(other)'가 된다. 이 관계에서 그들의 정체성은 '망가진(spoiled)' 것이 된다.

서비스 제공과 관련해서 실천가들이 아동의 트라우마 경험과 그 결과에만 집중한다면 그들의 치료 상담은 희생제물 담론을 재생산하게 된다. 이럴 경우 상담사나 지역사회 활동가들이 아동의 행위주체 감각을 감소시키고 수동적인 피해자 정체성의 지위를 강화시킬 우려가 있다. 트라우마와 그 결과에만 중점을 둔다면 정체성이 언어와 관계적 실천의 맥락에서 구성되는 정도를 모호하게 된다. 학대당한 아동과 상담할 때 정체성의 확장을 막는 것은 매우 위험한 일이다.

현대사회의 희생제물 담론이 아동의 성장에 심각한 결과를 초래하여 삶의 '공허함'과 '황망함'을 장기적으로 형성할 수 있다는 것도 매우 중요하다. 그것은 아동과의 상담에서 치료 관계를 형성하는 데도 상당한 어려움을 초래한다. 상담사나 지역사회 활동가들이 도움을 필요로 하는 사람들의 '학습된 무기력' 발달의 조건을 인식한다 하더라도, 이 용어는 희생제물 담론이 아동의 삶에 미치는 황폐함을 나타내기에는 턱없이 부족하다.

카타르시스 개념의 현대적이고 대중적인 해석이 희생제물 담론을 모호하게 하는 데 중요한 역할을 한다고 생각한다. 이 해석은 사람의 행동이 수력이나 증기기관의 기술 원리와 같이 작동하는 정서적·심리적 체계에 기초한다는 발상과 연결된다. 예를 들면, 증기기관의 압력을 받는 수증기처럼 시스템 내부에서 압력을 받으면 정서는 적절한 '밸브'를 통해 압력을 '방출'하거나 '해소'해야 바람직하게 끝이 난다는 것이다. 이 개념에 따르면, 트라우마 고통이 정시적 · 심리적 체계에 압박을 가하면 적절한 경로를 통해 고통을 방출하는 것이 트라우마의 영향에 대한 가장 좋은 해결책이다. 상담사들은 카타르시스 개념을 이렇게 이해하여 내담자의 안전이나 트라우마 재경험 가능성을 고려하지 않은 상태 그리고/또는 내담자의 행위주체 감각의 회복과 발달의 중요성을 이해하지 못한 상태에서 트라우마 경험을 표현하도록 한다.

트라우마에 대한 아동의 대응 밝히기

앞서 트라우마에 대한 아동의 대응을 풍부하게 기술하는 것이 부수적 스토리라인 개발에 중요하다고 했다. 다음 사항을 참조하기 바란다.

1. 아동이 가치를 두는 것
2. 아동이 자기 삶에서 목표로 하는 것
3. 아동의 대응에 나타난 지식과 기술
4. 아동의 대응에서 사회적 · 관계적 · 문화적 기원

아동의 대응을 어떻게 알아낼 수 있을까? 아동의 트라우마 대응을 가시화하고 풍부하게 기술하는 치료적 질문들이 많이 있다. 세 가지 방향의 치료 질문을 소개한다.

• 부재하지만 암시적인 것의 발견

- 문제해결 활동에 대한 반영
- 자연발생적 상호작용에 대한 직접 관찰

아동 상담 사례를 통해 이 세 가지 방향을 보여 주려고 한다.

부재하지만 암시적인 것의 발견

'부재하지만 암시적'이라는 개념은 한 사람의 삶을 이해하려면 표현된 경험과 표현되지 않은 경험을 구별해야 한다는 생각에서 나왔다. 모든 표현은 상반된 어떤 것을 나타낸다는 것을 설명하기 위해 이를 '부재하지만 암시적'이라고 한다. 이는 자크 데리다(Jaques Derrida, 1973, 1976, 1978)의 작업에서 많은 부분을 끌어왔고, 다른 곳에서도 충분히 이 점을 다뤘다(White, 2000, 2003). 나는 여러 해에 걸쳐 이 개념이 삶의 부수적 스토리라인의 기원에 도움이 된다는 것을 발견하였다. '부재하지만 암시적'이라는 개념은 트라우마에 대응하며 겪는 심리적 고통이란 트라우마 때문에 소중한 것이 손상되었다는 증거로 간주된다는 것이다(다음 글상자 '부재하지만 암시적인 것' 참조).

부재하지만 암시적인 것

뜻을 좀 더 명확하게 이해할 수 있도록 「내러티브 실천과 공동체(Narrative Practice and Community Assignment)」 (White, 2003, pp. 39-43)에서 제시한 논의를 일부 인용하였다. 이 논의에서는 심리적 고통과 정서적 괴로움에 대해 '부재하지만 암시적'이라는 개념에서 추출한 대안적 관점을 제시한다.

증거로서의 고통

생애사에서 트라우마 대응에 따른 지속적인 심리적 고통은 트라우마 경험으로 그 사람이 소중하게 간직한 것이 침해되었다는 것을 보여 주는 증거이다. 여기에는 다음 내용이 포함된다.

1. 개인 삶의 소중한 목적
2. 수용, 정당성, 공정성과 관련된 소중한 가치와 신념
3. 소중한 포부, 희망, 꿈
4. 세상에 대한 도덕적 전망
5. 삶의 방식에 대한 소중한 서약, 맹세, 소신

심리적 고통을 이와 같은 목적, 가치, 신념, 열망, 희망, 꿈, 도덕관, 헌신의 증거로 본다면, 고통을 경험하는 강도는 이런 의도를 소중하게 여긴 강도를 반영하는 것으로 생각할 수 있다. 치료 대화 맥락에서 이런 의도를 확인하고, 되살리고, 보다 풍부하게 파악하게 될 것이다. 뿐만 아니라 이 대화에서 사람들은 트라우마의 결과인 수많은 부정적 정체성의 '진실'을 대체할 다양한 긍정적 정체성을 단숨에 경험할 수 있다.

고통은 제물

생애사에서 트라우마 대응에 따른 일상의 정서적 고통은 사람들이 가치를 두고 있는 목적, 가치, 신념, 열망, 희망, 꿈, 전망과 헌신을 계속 유지하기 위해 바치는 헌정이라 할 수 있다. 즉, 이런 대응은 트라우마를 겪는 동안 심하게 무시되고 간과되었지만 그들이 숭고하게 지키고자 했던 것에서 벗어나거나 포기하지 않으려고 바친 제물인 것이다.

정서적 고통을 트라우마를 겪는 동안 무시되고 간과된 것과 관계를 유지하기 위한 제물로 여길 수 있다면, 고통의 강도는 그 사람이 소중하게 간직하는 것을 존중하고 유지하고자 하는 정도를 반영한다고 할 수 있다. 치료대화의 맥락에서 철저하게 무시된 것을 단념하지 않았다는 것을 인정하고 이것을 지켜 온 기술을 탐색하면 자신이 누구이며 삶의 목적이 무엇인가에 대한 감각이 키워질 수 있다.

고통은 대응의 선언

현재의 심리적 고통을 트라우마 경험으로 인해 그 사람이 소중하게 간직한 것이 손상된 증거로 간주한다면 그리고 정서적 고통을 트라우마를 겪는 동안 심하게 무시되거나 간과된 것과의 관계를 유지하려는 제물로 본다면, 이런 탐색은 트라우마를 겪은 사람의 대응을 확인하는 기초가 될 수 있다. 사람들은 상황을 벗어나거나 고통스러운 상황을 중단시킬 힘이 없을 때조차 삶의 위기에 대응한다. 학대를 당한 어린 아동조차 자기 고통을 변화시키기 위해 대응한다. 이런 의도에서 나온 행동은 인지되거나 인정받지 못하고, 행동을 한 당사자도 이를 인정하거나 존중하지 않는다.

심리적·정서적 고통이 증거와 제물로 정의되면, 이것은 트라우마에 대한 사람들의 대응에 대한 선언으로 확장될 수 있다. 치료대화 맥락에서 한 사람이 가치를 두고 소중하게 간직하는 것을 알게 되면, 그 사람에게 어떻게 대응했는지 질문할 수 있다. 이런 질문으로 사람들이 특정한 의도를 가지고 행위주체로서 했던 행동이 뚜렷해진다.

심리적 고통은 유산

심리적·정서적 고통은 세상의 무대응에 맞서 자신과 사람들이 겪는 트라우마가 아무런 가치가 없는 것이 아니라, 자신들의 고통으로 변화되어야 한다는 생각을 확고하게 가진 사람들이 주는 유산이라고 볼 수 있다. 이렇게 보면 상황 변화에 대한 사회적 인식이 없는 상황에서도 이들은 문제를 포기하지 않고 또 자기 경험을 축소하거나 사람들의 삶에 다시 트라우마를 만들어 내는 압력에 대항하여 경비를 서는 감시병이다.

심리적·정서적 고통으로 표현된 유산이 사람들에게 존중되고, 연결되는 맥락을 만드는 데 도움이 된다. 또한 트라우마에 대한 내적 경험을 신뢰하고, 사람들의 삶에서 그 결과를 인식하면서 사람들의 삶에 연민을 가지고 접촉하며 연대의식을 불러일으키는 데 기여할 수 있다.

디안

디안(Deanne)은 10세 소녀이다. 심각한 트라우마 경험을 표현하
도록 도와 달라는 요청과 함께 의뢰되었다. 디안은 세 차례 상담을
받은 적이 있지만, 그 결과는 부정적이었다. 그녀는 상담을 받을수
록 더 고통스러워했으며, 퇴행 현상을 보였고, 상담 다음날부터 몇
주 동안 매우 불안해했다.

상담 초반, 나는 그녀가 겪은 트라우마를 말해 주리라는 기대는
하지 않겠다고 밝혔다. 겪은 고통에 대해 몇 가지 질문해도 좋은지
만 물었다. 그녀가 괜찮다고 해서 소중히 여긴 것이 학대 때문에 손
상되지 않았는지 질문했다. 이는 고통의 강도가 삶에서 소중하게
여긴 정도에 상응한다는 뜻이다. 디안은 자신이 겪은 것이 부당하
다고 느낀다고 말하기 시작했으며, 그녀가 중시하는 공정함의 특
별한 원칙을 이야기했다. 그러고 나서 이 원칙이 반영된 몇 가지 시
도를 들려주었다. 여기에는 최근 학교에서 또래 폭력을 당해 힘든
시간을 보낸 친구와 연대한 이야기도 들어 있었다.

두 번째 상담에서는 디안의 삶에서 공정함의 원칙이 적용된 역
사를 탐색하기 시작했다. 이 탐색에서 처음으로 공정함의 원칙에
대한 말들이 그녀가 좋아하는 『삐삐 롱스타킹(Pippi Longstocking)』
(Lindgren, 1950)과 연관되어 있다는 것이 나타났다. 세 번째 상담
에서 우리는 『삐삐 롱스타킹』 중에서 디안이 가장 끌리는 구절과
이런 원칙이 표현된 구절을 함께 읽었다. 상담은 그녀가 『삐삐 롱
스타킹』의 작가 아스트리드 린드그렌(Astrid Lindgren)에게 편지를
쓰는 것에서 절정에 달했다. 이것은 이 작가가 디안의 공정성 감각
에 기여했음을 인정하는 것이었다. 디안은 이 활동을 무척 즐거워
했다.

네 번째 상담에서는 디안의 허락을 받고 외부증인[2]으로 참여할 아이들을 초대했다. 이들은 과거 트라우마 상담을 한 아동들이며, 자신의 발자취를 따라가는 아동들과 하는 내 작업에 함께하기를 자원했다. 외부증인의 다시 말하기에 의한 강력한 공명이 디안의 정체성 결론에 긍정적인 영향을 주었다.

다섯 번째 상담에 외부증인이 다시 참석했으며, 공정함의 원칙이 그녀가 겪은 트라우마에서 생존하는 데 영향을 줬는지에 대해 대화를 나눴다. 긍정적으로 대답하여 이 원칙에서 트라우마 대응이 어떻게 나오는지에 대해 이야기를 나눴다. 이 대응들이 이끌려 나오자, 디안은 트라우마의 세부 사항을 공개적으로 말하기 시작했다. 정서적으로 힘든 시간이었지만 이로 인해 트라우마 재경험이나 퇴행이 일어나지는 않았다. 외부증인의 다시 말하기가 또다시 디안에게 강력한 공명을 일으켰다. 이번에는 다시 말하기의 초점이 디안의 트라우마 경험과 영향, 그에 대한 대응에 맞춰졌다.

여섯 번째 상담에서 디안이 학대 경험을 직접 표현하는 것에 대해 어떠한 불안도 느끼지 않는다는 것을 알게 되었다. 오히려 자기 삶을 너무나 긍정적으로 경험했다. 그래서 디안은 용기를 내서 이전에는 말할 수 없었던 것을 더 많이 말했고, 예상과는 달리 이 때문에 상처를 입지 않는다는 것을 알게 되었다. 디안에게 그것은 그 자체로 가치 있는 배움이었고, 자기계발에 매우 긍정적인 영향을 주었다.

---

2) 외부증인(outside witness)의 참여는 내 상담의 정형화된 특징이다. 치료에서 외부증인 참여의 비계설정과 외부증인의 다시 말하기(re-telling)를 구성하는 인정 전통에 대해서는 화이트의 문헌(2004a, 2004b)을 참조하라.

정리하자면, 디안에게 외부증인의 다시 말하기는 트라우마와 그 영향, 트라우마 대응을 인정하는 데 매우 중요한 역할을 했다. 또한 다시 말하기가 그녀의 행위주체 감각을 회복하고 향상하는 데 중요한 역할을 한 것이 분명했다.

문제해결 활동에 대한 반영

문제해결 활동은 아동이 무엇에 가치를 두는지, 어떻게 살고자 하는지 그리고 그들의 삶의 지식과 중요한 생활 기술이 무엇인지 드러낼 수 있는 풍부한 맥락을 제공한다. 아동이 문제해결 활동을 할 때 상담사나 사회복지사는 해결된 과제에 대한 아동의 대응과 그들 각자의 반영을 과제 진행에 따라 기록할 수 있다. 이후 아동의 반응과 문제해결 활동 경험을 반영하는 면담을 더 진행할 수 있다.　205

임브라힘과 아미르, 알렉스

임브라힘(Imbrahim)과 아미르(Amir), 알렉스(Alex)를 상담했다. 그들은 난민이 되어 모국에서 이주해 왔다. 전반적으로 위축된 상태였다. 이주 이전에 장기간 겪은 극심한 트라우마에 대해 굳게 입을 다물고 있는 문제 때문에 의뢰되었다.

우리는 공원 근처를 함께 걸었다. 최근에 내린 폭우 때문에 공원의 작은 시냇물이 급류로 변해 있었다. 세 소년은 이곳을 건너기로 마음먹고 방법을 찾아보기로 했다. 물이 깊지 않아서 쓸려갈 염려는 없었지만 물에 빠져 몸이 젖을 수는 있었다. 그들은 공원의 막대를 이용해서 도전과 모험정신을 가지고 서로 도운 결과, 모두 젖지 않고 시냇물을 건너는 데 성공했다.

이후에 앉아서 이 과제의 성공 요인에 대해 함께 이야기를 나누었다. 모험의 흥분 때문에 말문이 트인 임브라힘, 이미르, 알렉스의 성찰을 바탕으로, 그들이 소중히 여기는 것과 행위의 의도에 대해 면담할 수 있었다. 면담에 사용한 질문 몇 가지를 소개한다.

임브라힘에게 한 질문

임브라힘, 너는 알렉스 때문에 겁이 난다고 했을 때, 너보다 알렉스가 더 겁이 난다고 했지. 그리고 이것이 '다른 사람을 보살피는' 거라고도 했어.

- 시냇물을 건너는 모험을 할 때 네가 '다른 사람을 보살피게' 만든 게 뭘까?

- 이것이 아미르와 알렉스에게 어떤 영향을 미쳤다고 생각하니?
- 이런 도움 주기에 대해 어떻게 느끼니?
- 이것은 네가 중요시하는 것에 대해 어떤 말을 해 주지?
- 네 삶에서 '다른 사람을 보살피는' 이런 능력을 발휘한 이야기를 해 줄 수 있겠니?

아미르에게 한 질문

아미르, 어떤 순간 건너지 못할까 봐 걱정했지만 건너가면 기분이 무척 좋을지 알기 때문에 그렇게 했다고 말했지?

- 힘들고 겁이 나는데도 계속해서 건너려고 노력한 것을 뭐라고 이름 붙이면 좋을까?
- 이것이 시냇물을 건너는 모험을 하는 데 어떤 역할을 했을까?

- 이 역할에 대해 어떻게 느끼니?
- '계속 노력하는 것'과 '상황이 더 나아질 것을 아는 것' 때문에 네가 건너갈 수 있었다고 생각해. 살면서 어려운 일을 헤쳐 나가는 것에 대해 배운 것을 이야기해 줄 수 있겠니?
- 어려움을 헤쳐 나간 것을 배운 이야기들을 좀 들려주겠니?

알렉스에게 한 질문

알렉스, 너는 자신에 대한 목표를 세웠고, 무슨 일이 있어도 그 목표를 포기하지 않을 거라고 했어. 중요한 목표를 고수하고, 찾아내는 네 능력에 좋은 이름을 붙인다면 뭐라고 하겠니?

- 이것이 시냇물 모험에 어떤 영향을 주었니?
- 네 방식대로 목표를 고수한다는 것은 어떤 것일까?

207

- 이것이 네가 원하는 삶에 대해 어떤 이야기를 해 주지?
- 목표를 포기하는 걸 거부했던 예와 원하는 것을 이룬 예를 말해 줄 수 있겠니?

임브라힘, 아미르, 알렉스와 여러 번 만나서, 이 소년들이 소중하게 여기는 것과 자신들의 행동 의도에 대한 이해, 지식과 기술의 관계적·사회적·문화적 역사에 대해 풍부한 대화를 나누며 탐색했다. 이런 질문으로 구체화된 대화를 통해 임브라힘과 아미르, 알렉스는 그들의 삶의 이야기가 자신들이 좋아하는 문화사의 소중한 이야기와 연관되어 있다는 것을 깨달았다.

부수적 스토리라인을 개발함으로써 대안적이고 상대적으로 안전한 정체성의 영토가 확보되었다고 느낄 때, 나는 그들이 소중하게 여기는 것이 무엇이며, 그들의 삶에서 의도하는 것이 무엇이고, 다양한 능력과 지식, 기술이 그들이 트라우마를 다루는 데 어떤 역할을 했는지 묻기 시작했다. 대답은 만장일치로 '그렇다'였다. 이에 대해 설명하면서 그들은 자신들의 트라우마 경험을 생생하고 자세하게 말했다. 그들에게 자신이 겪은 힘든 일을 말하는 것이 어땠는지 생각해 보라고 했다. 그들은 이번에 처음으로 '끔찍하다'고 느끼지 않고 말할 수 있었다고 했다.

이 소년들과의 다음 상담은 외부증인 기법으로 구조화되었다. 이 상담에서 그들은 자신들이 겪은 트라우마에 대해 다시 말하기를 하고 그것의 영향, 트라우마에 대한 그들의 대응을 번갈아 가며 말했다. 다시 말하기는 트라우마와 그 영향, 트라우마에 대한 대응을 인정하는 데 매우 중요했다. 디안과 마찬가지로 다시 말하기는 그들이 행위주체 감각을 회복하고 발달시키는 데 중요한 역할을 했다.

자연발생적 상호작용에 대한 직접 관찰

트라우마 당사자인 아동들의 자연발생적인 상호작용을 직접 관찰하는 것은 부수적 스토리라인 개발을 시작할 단초를 제공할 수 있다.

제임스와 에밀리, 베스

제임스(James, 11세)와 에밀리(Emily, 8세), 베스(Beth, 7세) 남매는 어린 시절 수차례 심각한 학대와 방임을 경험했다. 이 아이들과 처음 상담할 때 제임스가 여동생들을 보살피는 것을 보았다. 제임스의 보살핌은 상담과 관련해서 에밀리와 베스에게 그들이 겪은 것을 비교적 간단하게 말하게 할 때 참을성 있게 보살핀 것을 포함하여 여러 면에서 뚜렷하게 나타났다.

이 관찰을 토대로 제임스, 에밀리, 베스에게 할 질문을 만들었다.

1. 이 보살핌 기술에 이름 붙이기
2. 이 기술에 표현된 비법 설명하기
3. 에밀리와 베스의 삶에 이 기술이 기여한 것을 정의하기
4. 이런 기술로 제임스가 미래에 할 수 있는 것을 생각해 보기
5. 이 기술이 제임스가 중요하게 여기는 것이 무엇이라고 말해 주는지 생각해 보기
6. 제임스의 삶에서 이 기술이 발달된 역사 추적하기
7. 제임스의 삶에서 이 기술을 소중히 여기고 인정해 준 사람과 기술 발달에 관련된 사람 찾기

제임스의 3학년 때 담임선생님이 이 보살핌 기술의 발달과 관련된 사람이었다. 그녀는 세 번째, 네 번째, 다섯 번째 상담에 초대되었다. 선생님은 외부증인이 되어 제임스가(에밀리와 베스도) 겪은 트라우마를 인정하고, 그의 행위주체 감각을 회복하고 발달시키는 부수적 스토리라인을 개발하는 데 중요한 역할을 했다.

제임스의 보살핌에 대한 에밀리와 베스의 반응은 알 수 없었다. 이는 그들이 사람들의 관심과 지지에 자신을 개방하는 방식, 사람들과 관계 맺는 방식에 초점을 둔 탐색의 기초가 되었다.

적당한 때가 되었을 때, 나는 이런 기술이 그들이 경험한 고통스러운 시간을 통과하는 데 중요한 역할을 했는지 물었다. 이 시점에

서 세 아이 모두 자신에게 가해진 학대와 방임에서 생존하는 데 이 기술을 어떻게 사용했는지 활기차게 말했다. 그들은 이전에 전혀 말하지 못했던 일을 상세하고, 구구절절하고, 생생하게 말했다. 이후 여러 차례 상담하면서 제임스와 에밀리, 베스는 학대와 방임으로 정의되지 않는 방식으로, 또 트라우마를 재경험하지 않는 방식으로 학대와 방임의 경험을 말하게 되었다.

결론

이 장에서는 트라우마를 경험한 아동의 상담에서 부수적 스토리라인 개발의 중요성을 강조하였다. 부수적 스토리라인 개발은 아동이 트라우마 경험을 말하기 시작할 때 그들이 의지할 수 있는 대안적인 정체성의 영토를 제공한다. 이것은 아동이 트라우마 경험과 그 영향을 말하는 치료에 대응할 때 트라우마를 재경험할 위험성에 대해 상당 수준의 면역력을 제공한다. 또 트라우마를 경험한 아동의 상담에서 이 아이디어의 의미를 설명하는 몇 가지 사례를 제시했다. 관련 후속연구에서는 이런 고려 사항을 더 어린 아동과 관련지어 설명할 것이다.

안전을 강조한다고 해서 상담사와 지역사회 활동가에게 아동이 겪은 트라우마 사실을 회피하라고 권하는 것은 내 의도가 아니다. 나는 트라우마를 겪은 사람과 상담할 때 트라우마와 그 영향을 표현하는 것을 희석시키지 않는다. 사람들이 그동안 말할 기회를 갖지 못한 것이나 말하지 않은 것을 말할 수 있는 공간을 담대하게 열어 놓는다. 나는 정치적 고문을 포함하여 다양한 학대를 경험한 사람들, 전염병 등 여러 사회적 재앙의 결과인 정신적 트라우마로 고군분투하는 사람들을 만났다. 이때 사람들이 트라우마의 장기적인 영향에서 벗어나 자기 삶을 되찾도록 트라우마 경험을 충분히 말할 수 있는 맥락을 만들려고 나의 이해와 기술을 동원해서 전력을 다했다. 나는 또한 어떤 사람도 자신이 겪은 일을 해결하려고 도움을 받는 상황에서 트라우마를 재경험할 필요가 있다는 것을 결코 인정한 적이 없다.

참고문헌

Derrida, J. 1973: *Speech and Phenomena, and other Essays on Husserl's Theory of Signs*. Evanston: Northwestern University Press.

Derrida, J. 1976: *Of Grammatology*. Baltimore: John Hopkins University Press.

Derrida, J. 1978: *Writing and Difference*. London: Routledge and Kegan Paul.

Lindgren, A. 1950: *Pippi Longstocking*. New York: Viking Press

Vygotsky, L. 1986: *Thought and Language*. Cambridge, Massachusetts: The MIT Press.

White, M. 2000: 'Re-engaging with history: The absent but implicit.' In White, M.: *Reflections on Narrative Practice: Essays & interviews* (chapter 3), pp. 35-58. Adelaide: Dulwich Centre Publications.

White, M. 2003: 'Narrative practice and community assignments.' *International Journal of Narrative Therapy and Community Work*, 2:17-55.

White, M. 2004a: 'Narrative practice, couple therapy and conflict dissolution.' In White, M.: *Narrative Practice & Exotic Lives: Resurrecting diversity in everyday life* (chapter 1), pp. 1-41. Adelaide: Dulwich

211

Centre Publications.

White, M. 2004b: 'Working with people who are suffering the consequences of multiple trauma: a narrative perspective.' *The International Journal of Narrative Therapy and Community Work*, 1:47–76.

CHAPTER 08

짤막한 이야기치료 사례 모음

빌랄 하송, 이만 자오우니, 디마 알 티비, 아마니 알 자말, 마리암 부르칸, 위삼 압달라

이 장에는 고문희생자 치료재활센터(Treatment and Rehabilitation Center for Victims of Torture: TRC) 실천가들의 활동 경험에 대한 짤막한 이야기를 모았다. 센터는 팔레스타인 점령지구 라말라에 있다. 기관은 마흐무드 세웨일(Mahmud Sehwail) 박사가 설립했으며, 팔레스타인 지역사회에 상담과 심리 및 정신의학적 서비스를 제공한다. 점령지에서 겪는 트라우마 경험에 대응하고, 트라우마가 지나간 과거가 아니라 지금도 계속될 때 실천가들은 어떻게 대응할 수 있을까? 최근 고문희생자 치료재활센터에서 이야기치료에 관심을 갖게 되었다. 이 장에서는 여러 치료사가 자신이 놓여 있는 상황에서 어떻게 이야기 실천을 해 왔는지 이야기한다.

슬픔에서 노래까지

빌랄 하송

샤라프(Sharaf)는 헤브론의 고문희생자 치료재활센터 사무실에 찾아온 28세 청년이다. 트라우마와 조현병으로 고통을 겪고 있었다. 처음 체포되고 나서 조현병이 발병했다. 이 때문에 두 번째 구금은 끔찍했다. 감방에 있는 동안 그는 아무런 치료도 받지 못했고, 약도 전혀 먹지 못했다. 심문을 받고 14일이나 좁은 독방에 갇혀 있었다. 독방의 조명은 나빴고, 환청과 환영이 심해졌다. 출소 후 그는 치료를 받으러 가서 약물 처방을 받았다. 약물치료는 도움이 되지 않았고, 병을 더 악화시켰다. 샤라프는 세 번째 출소 후 우리를 찾아왔다. 그리고 센터 의사한테 진료를 받고 치료약을 바꾸었다. 내 역할은 치료대화로 그를 돕는 것이었다.

새로 처방된 약이 환청과 환각의 강도를 줄이는 데는 시간이 좀 걸렸으며, 우리는 중요한 대화를 시작하게 되었다. 이야기치료를 집중적으로 훈련받을 때 나는 이 개념이 상담에 도움이 될 수 있는지 궁금했다. 샤라프에게 나한테도 낯선 이 개념 중 일부를 시도해봐도 좋은지 물었다. 그는 그렇게 해도 좋다고 답하였다.

이야기를 나누면서 샤라프가 삶에서 겪은 어려움이 내재화되어 있다는 것을 알게 되었다. 그는 스스로를 우울한 사람, 슬픈 사람, 희망이 없는 사람으로 인식했다. 몇 가지 질문으로 외재화[1]를 하면

---

1) 외재화 대화에 대해서는 다음 문헌을 참조하라. White, M. & Epston D. 1990: *Narrative*

서 아주 느리게 변화가 시작되었다. 시간이 흐르면서 샤라프는 자기 삶을 지배해 온 '슬픔(sadness)'을 말하기 시작했다. 그는 자신이 현재 마주한 주요 문제가 '슬픔'의 크기와 영향이라는 것을 알았다.

나는 '슬픔'의 역사를 탐구하면서 샤라프가 한때 이슬람 가수였다는 것을 알게 되었다. 그가 노래를 부를 때면 '슬픔'이 사라졌다. 노래가 그의 삶에서 차지하는 의미와 인생 역정을 탐색하자 그의 신체 언어가 변했고, 눈은 빛났다. 행복이 우리와 함께 그 공간에 있는 것이 분명했다.

나는 샤라프의 희망과 꿈, 목표와 헌신에 깊은 관심을 갖고 질문했다. 노래와 다시 연결되는 것이 그의 계획이라는 말을 들었다. 두 가지 대화를 나눈 후 그는 노래를 다시 시작할 필요가 있다고 했다. 첫걸음은 노래를 배웠던 라말라의 센터에 가는 것이었다. 거기에서 다른 음악가들과 연결될 수 있을 것으로 보았기 때문이다. 두 번째 걸음은 라말라의 레스토랑에서 다시 노래를 부르는 것이었다. 여행을 한 후 헤브론에 돌아왔을 때 그는 아주 행복해했다.

이후 샤라프는 친한 친구들을 위해 파티를 하고 콘서트를 열기로 작정했다. 정말 오랜만의 일이었다. 행사를 위해 새로운 악기와 노래를 배웠는데, 이것이 그에게 강력한 치유 의식이 되었다.

이 기간 중 그는 '슬픔'이 존재하지 않던 시절, 그가 다른 삶을 경험했던 시절도 탐색했다. 자신을 돕는 여러 유용한 전략을 개발하기 시작했다. 그것은 수영과 춤, 열린 공간에서 산책하기, 책 읽기, 요가였다.

때가 되자 샤라프는 트라우마가 사람들을 돕는 것을 방해한다고

Means to Therapeutic Ends. New York: W.W. Norton.

말했다. 그는 이 사실을 안타까워했으며, 자신의 삶이 '슬픔'에 통제되기보다는 스스로 통제하길 원했으며, 다른 사람을 위해 더 많은 일을 하고 싶어 했다. 살려고 애쓰고, 돈이 필요한 사람들이 찾아왔을 때 도울 기회가 생겼다. 이 사람들에게 줄 돈이 없었지만 친구 중에 성공한 사업가가 몇 명 있어 그들에게 다가가기로 마음을 먹었다. 친구들에게 말하자 그들이 가난한 사람들에게 기부를 하겠다고 했다. 샤라프는 이런 식으로 사람들에게 도움을 줄 수 있었다.

샤라프한테 트라우마 경험을 좀 더 직접적으로 말하게 했더라면, 그가 우울함을 더 느꼈을지도 모른다. '슬픔'과 환영에 더 무력해졌을지도 모른다. 그러나 그는 '슬픔'을 외재화한 다음 자신이 좋아하는 이야기에 마음을 열어서 자기 삶을 더 말하게 된 것 같다. 그렇지 않았더라면 어떠했을지 모르겠다. '노래 부르기' '타인 돕기'와 관련된 선호하는 정체성 이야기와 다시 연결되도록 한 것이 그의 삶을 변화시킨 것이다.

217

기여를 알아채기

아마니 알 자말

한동안 세 자녀를 둔 어머니와 작업을 했다. 세 자녀 모두 장애가 심했다. 듣지도 말하지도 못했다. 이 때문에 어머니는 크나큰 슬픔을 느끼고 자신을 비난했다. 자기 아이들을 다른 아이들과 부정적으로 비교했으며, 자신과 가족에게 가해진 불행에 사로잡혀 있었다. 사람들이 다가와 딱하게 여기면 기분이 더 나빠졌다. 그녀는 자신을 불쌍하고, 별 볼일 없고, 세상에 전혀 보탬이 되지 않는 사람으로 느꼈다. 처음 대화를 나눌 때 공감을 표하면서 진정시키려고 해 봐도 달라지는 것이 없었다. 어머니가 인정할 만한 긍정적인 것을 찾아보려고 했지만, 이런 방식은 그녀에게 아무런 반향을 일으키지 못했다.

그런데 어느 날 이 어머니가 평소보다 더 화가 나 있었다. 어머니가 흐느끼며 엄청난 절망감에 힘겨워할 때, 아이들이 어머니를 달래 주는 걸 보았다. 아이들은 어머니의 울음을 진정시켰다. 그녀한테 이 사실에 대해 물어보니 이런 일이 자주 일어난다고 하였다. 아이들은 그녀가 언제 화를 내고, 어떻게 그에 대처해야 하는지 잘 알고 있었다. 마을에 외국인이 오면 아이들이 길을 알려 준다는 것도 알게 되었다. 큰 아이들도 마을 노인들을 돕고, 그들이 다니는 특수학교에서 다른 아이들을 보살피곤 했다.

이들 모두 빛나는 순간이기에 아이들의 삶에서 대안적이고 선호하는 이야기들을 함께 탐구하기 시작했다. 아이들에게 중요하고 소중한 것이 무엇이고, 그들이 어떻게 그것을 자기 삶에서 나타내는지 살펴보기 시작했다. 함께 이런 탐색을 하자 어머니는 아이들의 기여를 더 많이 인정하고 말을 더 많이 하게 되었다. 자신도 같은 가치와 삶의 희망을 공유하고 있다는 것을 인정했다. 일상생활에서 부딪히는 어려움이 줄어들지는 않았지만 어머니는 아이들의 기여를 인정하면서 좀 더 낙관적으로 느끼게 되었다.

역사와 다시 연결하기

이만 자오우니

내가 상담한 마흔 살의 예리코 출신 여성은 암 진단을 받고 나서 심한 우울증으로 고통을 겪고 있었다. 그녀는 온갖 어려움을 겪으며 살아온 터라 더 이상은 견딜 수 없는 것처럼 보였다. 약물치료마저 거부한 것을 보니 목숨마저 포기한 것 같았다. 나는 여러 가지 접근방법을 시도하고 나서 그녀의 인생사에 도움이 될 만한 이야기와 경험이 있을지 모른다는 것을 알았다. 그녀가 언제 절망감을 느꼈으며, 언제 강력한 적에 맞섰는지 알고 싶었다. 이와 같이 힘든 상황을 만난 것이 처음은 아닐 것이라는 생각이 들었다. 그러자 그녀는 예전에 암으로 죽을 뻔한, 똑같은 상황을 겪었던 때를 이야기하기 시작했다. 그녀는 9년 전 처음 암 진단을 받고 생명의 위협을 느꼈다. 나는 당시 그녀가 마주했던 어려움과 힘들었던 일, 모든 것이 절망적이었던 그 시절에 대해 알고 싶었다. 그런 다음 그 힘든 시절에 그녀가 활용했던 기술과 지식, 그녀를 버티게 해 준 것과 배운 것, 도움이 된 사람, 그녀가 지닌 꿈과 희망을 유지한 방법에 대해 물었다. 이야기를 나누면서 그녀는 그 시절의 모든 것을 잊었다고 말했다. 그녀는 자신의 기술에서 단절되었으며, 희망과도 단절되었다. 자신의 인생이야기를 기억하게 되고, 자신의 역사와 다시 연결되면서 희망과 다시 접속하게 되었다.

비탄에 대처하기

이만 자오우니

비탄과 상실의 고통을 겪는 가족과 상담하면서 '이중경청'[2]에 관심을 갖게 되었다. 이중경청이란 슬픔과 고통의 이야기뿐 아니라

---

2) 트라우마에 대처하는 이중경청의 중요성에 대해서는 마이클 화이트가 쓴 2장 '복합 트라우마로 고통받는 사람들과의 이야기치료 작업'에 설명되어 있다.

다른 이야기, 즉 그 사람에게 소중한 것, 그들의 가치와 신념을 나타내는 이야기를 듣는 것이다. 최근 나는 자동차 사고로 자녀를 잃은 어머니와 상담했다. 아이가 죽은 후 그녀는 우울감이 심해졌다. 절망에 빠진 것 같았다. 더 이상 할 것도 없고, 미래에 대한 희망도 없다고 말하곤 했다. 나는 이 사건과 아이의 죽음이 그녀의 삶에 끼친 파괴적인 영향을 인정해 주면서 평소 무슨 일을 하는지 관심을 가지고 물었다. 그녀는 힘들게 사는 가족에게 돈을 주고, 그들을 돕는 여러 활동을 한다고 대답했다. 우리는 다른 사람을 돕는 것이 그녀에게 왜 중요한지에 대해 길게 이야기를 나누었다. 그녀는 자녀를 돌보느라 애쓰는 가정을 볼 때마다 힘이 닿는 대로 손을 내밀어 돕고 싶어 했다. 아이가 그리운 나머지 어떤 식으로든 다른 가족과 아이들을 돕고 싶어 했다. 이런 사실을 말하면서 우리는 다른 가정을 돌보는 그녀의 이런 행동이 세상을 떠난 아이를 추모하고 기억하는 것임을 알게 되었다.

아이를 기억하고 추모하는 방식을 인정하는 대안적인 이야기가 개발되자, 어머니가 트라우마에 대해 말하는 것이 줄어들었다. 처음 만났을 때 그녀는 사고와 아이의 죽음을 반복해서 말하곤 했다. 이제 그런 일은 사라졌다. 그녀가 지금 삶에서 취하는 행동은 아이의 삶을 명예롭게 하는 일과 연결되며, 이것이 변화를 만들어 낸 것으로 보인다.

어린이와 나누는 재저작 대화

디마 알 티비

나는 재저작(re-authoring) 대화가 어린이들과 작업하는 데 매우 적합하다는 것을 알게 되었다.[3] 미국에서 라말라(역주: 팔레스타인의 임시 행정수도)로 최근 이주해 온 여덟 살된 팔레스타인 소년과 일할 때 특히 그러했다. 아이는 낯선 나라에 와서 적응하기가 너무나 힘들었다. 도둑질을 했으며, 자신과 가족에 대해 아주 부정적이었다. 아이의 정체성 이야기는 문제가 많았다. 자기 삶에 대해 긍정적으로 말하는 걸 듣기 어려웠다.

나는 소년의 삶에서 어려움에 초점을 두는 대신 소년이 소중히 하는 것과 장래 희망에 관심을 갖기 시작했다. 아이에게 가장 중요한 것이 가족, 친구, 형제자매들과의 관계라는 사실을 알게 된 후, 역사를 앞뒤로 엮어 가면서 대화를 하려고 노력했다. 아이가 전에 형제자매를 보살피기 위해 취한 행동에 관심을 기울였고, 그들이 함께했던 시간에 대해 이야기를 들었다. 아이가 선호하는 가치가 학교에서 어떻게 발휘되었는지에 대해서도 듣게 되었다.

나는 사람의 가치의 역사를 추적하는 것이 매우 도움이 된다는 것을 알았다. 또한 행위 조망과 의미 조망 사이를 이동한다는 개념을 인정하게 되었다.[4] 이 개념으로 정체성 이야기를 재저작하고, 보다 도움이 되는 다양한 행동의 기초를 제공하는 이야기의 역사를 추적할 수 있다.

221

---

3) 재저작 대화에 대해서는 러셀과 캐리의 저서를 참고하라. Russell, S. & Carey, M. (compiled by) 2004: *Narrative Therapy: Responding to your questions.* Adelaide: Dulwich Centre Publication.

4) 우리 삶의 이야기는 사건이 일어나는 행위 조망과 사건에 대한 해석이 이루어지는 의미 조망이라는 두 개의 조망으로 구성된다. 관련 내용에 대한 더 많은 정보는 다음 문헌을 참고하라. White, M. 1995: 'The Narrative Perspective in Therapy,' In *Re-Authoring Lives: Interview and Essays.* Adelaide: Dulwich Centre Publication.

한 아이의 죽음

위삼 압달라

나는 자녀의 죽음을 받아들이려고 애쓰는 어머니들과 이야기를 나눌 때가 많다. 폭력과 불의 때문에 아이를 잃은 경우에 이 일은 특히 힘들다. 최근 이스라엘군의 총격에 4세 아이를 잃은 40세 여성과 상담을 했다. 그녀가 더 힘들었던 것은 장례식 전에 아이를 볼 수 없었기 때문이다. 이런 상황에서 아이가 피살되면 지역 공동체는 순교자를 위한 장례를 준비한다. 장례식은 수천 명이 참여하는 거대한 행사이다. 어머니는 끝내 아이를 볼 수 없었고, 그래서 아이가 죽었다는 사실을 받아들이기가 더 어려웠다. 시동생이 치료에 참여하여 자신이 본 것을 전부 말해 주었다. 그는 아이를 장지까지 데려갔고, 장례식을 비디오에 담았다. 어머니로서는 장례식에 대해 듣는 것만으로 아이의 피살을 인정할 수밖에 없다는 것이 너무나 끔찍했다. 그녀는 자기 삶도 끝났다고 느꼈다. 자기도 죽어야겠다고 생각했다. 남겨진 것도 없고, 할 수 있는 일도 없으며, 가치 있는 것이 아무것도 없었기 때문이다. 그녀의 삶은 완전히 의미를 잃었다. 이따금 나는 그녀와 함께 있는 것이 몹시 힘들었다. 그녀의 비통함과 상실감은 너무나 강렬했다. 아들의 죽음과 접촉할 수 없었기 때문에 엄청난 소외감마저 느꼈던 것이다.

한동안 그녀는 집에 있기가 힘들었다. 죽은 아이에 대한 기억에 압도되어 집에서 벗어날 필요가 있어, 곁에 있어 주고 친절하게 대해 주는 친구들 집을 찾아갔다.

나는 서서히 행위 조망 질문을 시작했다. 매일 그녀가 무슨 일을 하는지 파악하려고 했다. 할 일이 아무것도 없다고 했지만, 그녀가 여전히 다른 자녀를 학교에 데려다주고 가족을 위해 음식을 마련한다는 것을 알았다. 나는 이에 대해 질문했다. 그녀가 여전히 그러한 행동을 중시하는 것에 무슨 의미가 있으며, 어떻게 상실의 고통에도 불구하고 그것을 할 수 있는지 물었다. 이것은 의미 조망의 탐색이다. 그녀에게 이와 같은 행동이 뜻하는 바가 무엇인지, 삶에서 가치 있게 여기는 것이 무엇인지 물었다. 이들 가치의 역사를 묻고자 했다.

시간이 지나면서 그녀가 겪은 상실의 의미가 인정되고 살아 있는 자녀를 보살피는 행동이 존중되자, 그녀는 가족과 다시 연결되는 것이 쉬워진다는 것을 알게 되었다. 아이를 잃은 상실감은 아직도 크지만, 그녀는 더 이상 혼자가 아니다. 가족과 다시 하나가 되었고, 친구들이 계속 중요한 지원을 하고 있다.

회원재구성

마리암 부르칸

남편과 5년 전 사별한 여성과 상담했다. 그녀는 9세인 딸과 단둘이 살았는데, 남편 가족과의 관계에 문제가 있었다. 남편의 가족은 그녀가 자기들한테 오기를 원했다. 딸을 그녀 혼자 키우기보다 그들이 길러야 한다고 생각했다. 우리 대화는 그녀가 남편의 존재를 자기 생활 안에 살아 있도록 유지하는 방식에 초점을 맞추었다. 여러 질문을 통해 그녀가 남편을 기억할 수 있게 옷과 사진을 집 안에 둔다는 걸 알았다. 남편이 아끼던 벨트를 침대에서 볼 수 있는 자리에 걸어 두었다. 그녀는 "남편은 지금도 내 안에 있어요. 우리 집에 있어요. 여기 있어요."라고 말했다. 사는 것이 괴로울 때면 지금도 남편한테 털어놓는다고 했다.

나는 회원재구성 대화 지도[5]에 따라 질문했다. 이는 남편이 그녀의 삶에, 그녀가 남편의 삶에 바친 헌신의 이야기를 풍부하게 모으는 것이었다. 나는 관계의 쌍방향적 이야기를 들으려고 했다. 이것이 그토록 힘든 시기에 그녀를 지탱해 준다고 생각했기 때문이다.

나는 남편이 이해심이 많은 사람이었다는 말을 들었다. 힘들 때마다 그가 그녀를 달래 주었다. 그녀의 주도성을 북돋아 주었으며, 매사에 다정했다.

다음에는 그녀가 남편에게 헌신한 부분에 대해서도 질문했다. 그녀는 그를 위해 빨래를 하고, 음식을 만들고, 집을 돌봤다고 했다. 또 사랑에 대해 어떻게 이야기 나누었는지, 남편이 대인관계에 대해 알 수 있게 어떻게 도와줬는지 이야기했다. 그녀는 자신과 함께한 그의 삶이 아름다웠고, 그가 그녀와 함께하면서 행복했다는 것을 알게 되었다.

이처럼 쌍방향적 관계를 인정해 주는 것이 그녀에게는 중요했다. 그녀는 지금은 그가 다른 세상에서 자신을 내려다보며, 자신이 그를 기억하는 것을 지켜본다고 말했다. 그녀는 이것이 그를 행복하게 하며, 이것이 그녀에게도 중요하다고 했다.

---

5) 회원재구성 대화 지도에 대해서는 www.dulwichcentre.com.auf에서 마이클 화이트가 남긴 워크숍 메모를 참고하라.

염산테러생존자재단 활동가들의 경험

쇼나 러셀, 모니라 라만, 마거릿 라이언, 염산테러생존자재단의 활동가들

이 장에서는 최근 방글라데시 다카에서 열린 염산테러생존자재단[1]의 활동가 모임을 소개한다. 모임은 이야기치료 접근에 따라 구성되었다. 이 모임은 염산테러생존자의 심리적 영향을 다루는 방법을 탐구하고, 활동가들이 실천에서 중요한 것을 말할 기회를 주고, 활동이 미치는 영향에 대처하는 방법을 탐구하고, 새로운 가능성을 논의하기 위한 것이었다. 이 장에는 염산테러생존자재단 활동가들의 기술과 지식, 경험과 가치를 개괄한 문서가 포함되어 있다.

염산테러생존자재단은 방글라데시 다카에 있으며, 염산테러생존자를 지원한다. 방글라데시는 전 세계에서 염산테러가 가장 많이 발생하는 나라이다. 이런 유형의 폭력은 너무나 악랄하며, 엄청난 폐해를 낳는다. 염산이 얼굴에 투척되어 사람의 외모를 훼손하기 때문이다. 염산테러는 일생에 걸친 심각한 미관 손상을 일으켜 사람의 자존감을 극도로 해치고, 사회적 배척과 주변화를 낳기도 한다. 염산테러는 범죄 행위이지만, 검찰과 경찰의 무능과 의도적 태만으로 가해자 대부분이 처벌받지 않는다. 투척자 대다수가 남성이며, 피해 생존자 대부분은 여성이다. 염산테러생존자재단의 연구에 따르면 여성들은 수없이 많은 이유로 테러를 당한다. 혼인 거부, 관계의 발전 거부, 성적 접근 거부, 지참금 문제, 토지로 인한 가족 갈등 등이 그 원인이다. 염산테러생존자재단은 의료와 상담 서비스, 법률 서비스 조정, 염산테러생존자의 사회적 재통합 등을 지원한다. 조직의 두 번째 업무는 염산테러를 방지하는 방법을 강구하는 것이다. 폭넓고 다양한 공공 교육 프로그램과 사회운동이 이에 해당한다.

센터 활동가에는 간호사, 의사, 법조인, 동료 상담사, 사례 관리자, 전문 상담사와 행정직원이 있다. 이 팀은 놀라울 정도로 헌신적이다. 최근 활동가 모임이 있었다. 그 자리에서 쇼나 러셀과 마거릿 라이언(Margaret Ryan)이 염산테러에 대응하는 것이 활동가에게 미치는 심리적 영향에 관한 토론을 진행했다. 염산테러생존자재단 대표인 모니라 라만(Monira Rahman)이 모임을 소집했으며, 모임에서 다음 네 가지 주요 문제를 다뤄 달라고 요청했다.

- 염산테러에 대응하는 활동이 활동가들에게 미치는 영향을 조사할 것
- 염산테러생존자와 일하는 것이 미치는 심리적 영향을 다루는 방법을 탐구할 것
- 활동가들에게 자신의 활동에서 중요한 것이 무엇인지 말할 기회를 부여할 것
- 활농가들이 활동의 영향에 대처하는 기존 방법을 탐구하고, 새로운 가능성을 고려할 것

이 모임은 이야기치료 개념으로 구성되었다. 우리는 여기에서 다룬 구조가 트라우마 분야에서 일하는 다른 팀에도 적용될 수 있기를 바라며 이를 간략하게 소개하려고 한다.

모임 소개

스무 명의 활동가가 염산테러생존자재단 병원에서 방글라데시 전통 방식으로 마룻바닥에 둘러앉았다. 모니라가 마거릿과 쇼나를 소개하면서 모임이 시작되었다. 그녀는 활동가들의 경험과 그들이 직면하는 고충을 인정하는 것이 중요하며, 팀 차원에서 자신과 서로를 보살피기 위해 할 수 있는 일이 무엇인지 탐구하는 데 관심을 기울여야 한다고 강조했다. 벵갈어와 영어 사용자가 참석했기 때문에 동시통역이 이루어졌다.

모임이 시작되자, 활동가들은 각자 자기소개를 하고 자신들의 활동에서 중요한 것이 무엇인지 이야기했다. 활동에서 중요한 것을 말할 때, 아름다운 이야기들이 많이 나왔다. 그들의 이야기에서

주의를 끈 것은 그들이 간직하고 있는 특정 가치와 염산테러라는 불의에 대처하면서 품게 된 그들의 희망이었다. 활동가들은 이와 같은 희망과 연계된 자신들의 역사를 말했고, 염산테러생존자재단에서 일하는 것이 어떤 의미인지 이야기했다. 토론 과정은 기록되었으며, 모임 후에 이 기록을 문서화했다.

많은 사람이 동료들의 이야기에 감동받았다. 쇼나는 활동가들이 자기 일에 부여하는 가치와 그 역사를 인터뷰한 것이 매우 흥미로웠다고 말했다. 그녀는 활동가들이 이런 식으로 말하는 것을 듣는 것이 놀랍지 않다는 말에도 흥미를 느꼈다고 했다. 그리고 활동가들에게 다음과 같은 주요 질문을 깊이 생각해 달라고 요청했다.

- 동료들의 이야기에서 여러분이 주목한 것은 무엇인가요?
- 이런 표현들이 염산테러생존자재단에서 일하는 여러분이 무엇을 중시한다는 것을 보여 주나요?
- 사람들의 이야기에서 특정 부분에 감동한 이유는 무엇인가요?
- 당신이 이 이야기에서 얻게 된 것은 무엇인가요? 당신이 들은 이야기가 어떻게 당신을 이동시켰나요?

마거릿과 쇼나는 마이클 화이트(1999)의 외부증인 반영 질문을 활용하여 활동가들 앞에서 상호 인터뷰를 진행했다.

1. 활동가들은 자신들이 주목한 이야기의 표현이나 내용이 무엇인지 말했다.
2. 그들은 자신의 삶에 대해 걱정한 것이 무엇인지 그리고 이것이 그들에게 염산테러생존자재단에서 일하는 사람들이 중시

하는 것에 관해 무엇을 주장하는지 말했다.

3. 특정 표현에 주목한 이유를 자신들의 삶과 활동을 통해 말했다.

4. 마지막으로, 자신들이 활동가들의 이야기에 얼마나 큰 감동을 받았는지를 말했다.

이와 같은 외부증인 반영에 이어 쇼나가 이야기 실천에 대해 간략하게 설명했다. 이것은 트라우마의 영향에 대처하는 활동가와 관련된 두 가지 주제에 중점을 두었다. 트라우마를 겪는 사람들에게 대응할 때 이중이야기를 이끌어 내는 것의 중요성(White, 2004 참조)과 활동가들이 자신의 활동에서 중요한 가치를 키워 온 사람들의 회원재구성을 하는 방법이었다.[2]

230

모임 말미에 토론이 이루어졌다. 토론은 활동가들이 서로의 가치와 자신의 활동에서 소중한 것들을 인정할 기회를 가질 때 나타나는 풍부한 가능성에 대한 것이었다. 그들은 염산테러생존자들이 보여 주는 중요한 기술과 지식에 대해서도 말했다. 이는 생존자들이 활동가와 활동 현장에 기여한 것들이었다.

방글라데시에서는 중요한 모임을 노래와 춤으로 마무리한다. 이 모임은 노래에 맞춰 춤추고, 웃고, 손을 잡는 것으로 마무리되었다.

여기에서 개괄적으로 다룬 구조와 다음의 기록들이 트라우마 이야기에 대응하는 분야에서 일하는 다른 팀에게도 적용되기 바란다.

---

2) 회원재구성 대화에 대해서는 러셀과 캐리의 문헌(2004)을 참고하라.

염산테러생존자재단 활동가들의 기술과 지식, 경험, 가치를 다룬 문서

이 문서는 방글라데시 다카에서 2005년 9월 27일 염산테러생존자재단에서 나눈 대화를 바탕으로 작성했다. 활동가인 우리는 염산테러를 당한 사람들과 일할 때 우리가 중시하는 것이 무엇인지에 대해 이야기를 나누었다. 참석자는 다음과 같다. 레베카(Rebeka) 박사, 메루바 무크티(Mehruba Mukti), 루크사나 베굼(Ruksana Begum), 리크타 로이(Rikta Roy), 굴샨 아라 뷰티(Gulshan-Ara-Beauty), 몬와라 술타나(Monwara Sultana), 페르듀시 후크 러블리(Ferdousi Huq Lovely), 미누 바로이(Minu Baroi), 무크티 발라(Mukti Bala), 타미나 이슬람(Tahmina Islam), 샴술 이슬람(Shamsul Islam), 파티마 파빈 푸툴(Fatema Parveen Putul), 아르주만드 바누 밀리(Arjumand Banu Mili), 루나 라일라(Runa Laila), 슈팔라 비스와스(Shufala Biswas), 마흐무드르 라흐만(Mahmudur Rahman), 살마 파빈(Salma Parveen), 카칼리 아드히카리(Kakali Adhikari), 마거릿 라이언, 쇼나 러셀이다.

우리의 활동-폭력을 당한 사람들에 대한 대응

염산테러생존자재단에서 일하면서 우리는 염산테러가 사람들의 삶에 미치는 영향을 알게 되었다. 염산테러로 인한 고통과 슬픔을 알게 되었으며, 우리가 이런 경험을 하는 사람들에게 다양한 방식으로 대응하기를 긴절히 바란다는 깃을 일었다. 우리는 폭력을 당한 사람을 돕고, 그들 옆에 있고자 한다. 고통에 빠져 있는 사람에게 안도감을 주려고 한다. 우리는 사람들을 도와 그들의 삶을 변화시키려고 한다. 이와 같은 변화가 처음에는 사소하게 보일 수도 있다. 우리가 하는 어떤 활동은 생존자가 정신적 스트레스에 대처하는 방법을 찾게 하는 것이고, 어떤 활동은 신체적 손상을 감소시키도록 돕는 것이다. 염산테러에서 살아남은 활동가들에게 이러한 활동은 그와 같은 공격에서 살아남은 다른 생존자에게 우리의 사랑과 감정을 표현할 수 있다는 점에서 의미가 크다. 우리는 이 활동을 하며 함께 있다고 느낀다. 중요한 것은 우리 활동이 인권 증진과 관련된다는 점이다. 이것이 우리에게는 중요하다. 이것이 우리가 세심하게 관심을 기울이는 부분이다.

염산테러에서 살아남은 우리 자신의 특별한 기술

염산테러를 당한 후 염산테러생존자재단의 활동가가 된 사람들은 특별히 유의해야 할 다음 사항을 알려 준다. 우리는 염산테러가 끼친 영향을 안다. 공격을 당한 후 사람들이 엄청난 혼란을 느끼면서 이곳을 찾아온다는 사실을 안다. 우리는 생존자들이 종종 심각한 정신건강 문제를 겪는다는 것을 안다. 그들은 이미 겪어 봤기 때문에 치료법과 그 밖의 관련 사실도 안다. 우리 중에는 테러를 당하고 일곱 번이나 수술을 받은 사람도 있다. 우리는 생존자들에게 치료법이 어떤 도움이 되는지 설명해 줄 수 있다. 우리는 특별한 다른 기술도 가지고 있다. 이와 같은 기술에는 다른 생존자에게 도움이 되도록 우리 경험을 공유하는 방법을 아는 것이 포함된다. 우리에게는 다음 단계를 찾도록 돕는 기술이 있고, 생존자들이 정신적 스트레스를 덜 받도록 돕는 기술이 있다. 중요한 것은 우리 자신의 경험을 통해 테러를 당한 후 사랑의 돌봄이 얼마나 중요한지 안다는 것이다. 우리 중에는 테러를 당한 후 가족과 한두 사람에게 받은 사랑의 돌봄으로 크게 달라진 사람들이 있다. 우리가 받은 지원이 다른 사람들과 활동하는 데 영감을 준다. 이전의 삶을 돌려줄 수는 없지만, 우리는 사랑과 보살핌의 표현이 큰 차이를 만든다는 것을 안다.

정의에 헌신한 오랜 역사

우리는 정의에 바친 오랜 헌신의 역사를 가지고 있다. 우리 중 어떤 사람들은 어린 시절부터 이런 문제에 관심을 가져왔다. 여러 해 동안 다양한 조직에서 폭력과 학대를 당한 여성들을 지원하고 지지하는 활동을 해 온 사람들도 많다. 우리의 노력은 앞서 일해 온 사람들의 노력과 연결되어 있다. 나리포코(Naripoko)[3]와 같은 여성 조직은 여성들의 폭력 경험을 일깨우는 데 헌신했으며, 이 문제에 대해 단호하게 행동하도록 사람들을 조직했다. 우리 일의 상당 부분은 여성 선배들에게서 영감을 받은 것이다.

---

3) 역주: 나리포코는 여성의 권익 증진과 폭력, 차별, 불의에 저항하기 위해 1983년 5월 13일 방글라데시 다카에 설립된 여성활동가 조직이다.

그들은 끊임없이 방글라데시의 여성폭력 문제와 폭력 행위가 일
어나는 사회적 맥락에 대한 인식을 향상시켰으며, 폭력에 대처
하는 서비스를 시작했다. 앞서 일해 온 선배들이 없었다면 우리
활동은 불가능했을 것이다.

사람들 옆에 있기

우리는 우리가 생존자 옆에 있는 것이 얼마나 중요한지 안다.
누군가 당신 옆에 있다면 당신은 혼자가 아니다. 생존자와 나란
히 있음으로써 우리는 함께 활동하는 사람들에게 사랑과 돌봄을
표현할 수 있다. 우리는 생존자 옆에 있어 주는 기술을 개발해
왔다. 이것이 우리가 할 수 있는 일이며, 차이를 만들어 내는 것
이다.

생존자한테서 배운 것과 그들의 지식과 기술 공유하기

염산테러를 당한 사람들은 도움이 되는 지식을 상당히 많이
가지고 있다. 우리는 생존자의 경험과 생각을 듣는 것이 우리 활
동에 중요하다는 것을 배웠다. 생존자의 경험을 듣고 존중하면
그들도 우리를 좀 더 신뢰하게 되고, 다양한 치료 가능성을 탐구
하게 된다.

234

치유에서 접촉의 중요성

염산테러는 사람들이 일상생활을 영위하는 입과 손, 다른 신체 부위에 영향을 준다. 사람들은 자기 몸을 새롭게 사용하는 방법을 익혀야만 하며, 극심한 불편감과 고통을 감내해야 한다. 이러한 상황에서 접촉이 치유에 중요하다는 것을 안다. 부드러운 신체 접촉은 많은 것을 줄 수 있다. 그것이 신뢰와 위안을 주는 관계를 만드는 데 도움이 된다.

이 활동의 도전과 복잡성 인정하기

이 활동을 하면서 우리는 다양한 도전에 직면한다. 슬픔이 있으며, 이따금 눈물을 흘린다. 함께 활동하는 하는 사람들을 걱정하기 때문이다. 염산테러의 영향에 대해 분노할 때가 있는데, 이는 우리가 정의감이 강해서이다. 사람들이 고통스러워하고 혼란스러워할 때 무엇을 해야 할지 모를 때도 있다. 우리는 그들의 삶을 걱정하기 때문에 돕고 싶어 한다. 이따금 우리는 손상된 신체를 넘어 사람 자체를 보는 방법을 찾으려고 분투하기도 한다. 폭력에 대한 얘기를 너무 많이 듣게 되면 그것에 압도될 수도 있다. 우리가 듣는 문제를 모두 해결할 수 없을 때면 잠시 희망을 잃기도 한다. 이것이 우리가 당면하는 어려움이다. 이와 같은 문제에 이름 붙이고 그것을 말하는 것이 도움이 된다. 우리가 이런 문제에 대해 함께 말하는 것이 도움이 된다. 이것이 우리가 당면하는 어려움이다. 우리가 이런 문제에 함께 직면할 때 변화가 나타난다.

길고 힘든 시간 함께하기

많은 생존자가 우리 병원에 장기간 입원한다. 생존자들이 혼란과 고통을 겪는 이 기간 동안 우리는 그들과 함께한다. 그들의 병실에서 몇 주, 몇 달이라는 긴 시간을 보내다 보면 무척 가까워지기도 한다. 장기간에 걸쳐 사람을 알게 되는 것이 차이를 만들어 낸다. 생존자가 처음 이곳에 들어오면 미관 손상과 고통을 보는 것이 몹시 힘들 때가 있다. 슬픔밖에는 느낄 수가 없다. 그러나 시간이 지나면서 그 사람을 달리 보게 된다. 손상된 미관이 아닌 사람 자체를 보게 된다. 나쁜 감정이나 슬픔만이 아니라 좀 더 다양한 느낌을 갖게 된다. 많은 사실을 알게 되면서 그 사람과 그 사람을 알게 된 것에 감사하게 된다.

236

생존자 덕분에 버티기

염산테러를 겪은 여성과 남성, 아이들을 만나서 알게 되는 것이 우리에게 많은 의미를 준다. 생존자들과 연결되고 관계를 맺으면서 우리 삶이 크게 변화한다. 어떤 사람들은 생존자와 만나면서 정신적 강인함을 얻기도 한다. 그들에게 받은 힘이 우리가 삶을 살아가는 데 도움이 된다. 어떤 사람들은 염산테러생존자와 활동하면서 가슴에서 우러나오는 만족감을 느끼기도 한다. 생존자들이 우리 삶에 어떤 '영성'을 가져다주기도 하는데, 이는 너무나 소중한 것이다. 영성은 영성이 아니라면 인생에서 하지 않았을 일을 하도록 영감을 준다. 많은 생존자가 테러 공격을 당하고 나서도 공감하고, 웃고, 희망을 유지하는 것을 발견할 때 많은 것을 느낀다. 우리는 사람들이 무엇 때문에 이런 식으로 대응하는지 호기심을 갖게 된다. 생존자들에게 생존 기술을 묻는 것이 활동에 도움이 된다. 그것이 희망을 잃은 생존자들과 일할 때 도움이 된다. 염산테러생존자재단과 같은 인권단체에서 맺은 접촉과 관계는 엄격한 의료 환경에서 이루어진 것과는 다르다. 활동가인 우리는 의료적 처치를 할 뿐 아니라 그들의 권리를 옹호하는 사람들과도 일한다. 의료 기술을 인권단체의 맥락에 결합시킬 수 있기 때문에 사람들과 다른 관계를 맺을 수 있다. 우리의 일터가 '우리가 있어야 할 곳'이 되고, 이 때문에 동기 부여가 되고 만족감이 커질 수 있다. 생존자들의 삶에 변화가 일어나는 것을 보면서 버티기도 한다. 생존자가 수술 후 신체 변화를 확인하는 것을 보는 것이 우리에게는 매우 중요하다. 그것이 기쁨을 준다. 우리는 여러 방면에서 함께 활동하는 사람들이 있어 버틴다.

237

염산테러생존자재단 활동의 의미

염산테러생존자재단에서 일하는 것은 우리에게 의미가 크다. 우리가 인권 침해에 대응하는 조직에서 일할 수 있다는 것이 중요하다. 중요한 것은 우리가 가치를 두는 것이 이곳의 특별한 활동 환경에서 만들어진다는 것이다.

마무리

모임은 노래에 맞춰 춤추고, 웃고, 손을 맞잡는 것으로 마무리
되었다.

참고문헌

Russell, S. & Carey, M. (Eds) 2004: *Narrative Therapy: Responding to
your questions.* Adelaide: Dulwich Centre Publications.

White, M. 1999: 'Reflecting-team work as definitional ceremony revisited.'
*Gecko: a journal of deconstruction and narrative ideas in therapeutic
practice*, 2:55-82. Republished 2000 in White, M.: *Reflections on
Narrative Practice: Essays & interviews* (chapter 4), pp. 59-85.
Adelaide: Dulwich Centre Publications.

루디와 미키 이야기:
트라우마를 경험한 부부 상담

사비오나 크라메르, 야엘 게르쇼니

이 장은 트라우마를 겪은 부부 상담 사례를 다룬다. 남편 미키(Miki)는 10년 전 자신이 운전한 버스에서 발생한 자살폭탄테러 이후 트라우마를 겪고 있다. 아내인 루디(Ruthi)는 사건이 일어난 후 시작된 미키의 학대적인 공격성으로 인해 트라우마를 겪게 되었다. 이 장의 치료대화는 루디의 안전을 우선시하면서 부부 경험을 다루는 방법을 포함하고 있다.

지난 몇 년간, 우리는 트라우마에 대응하려고 애쓰는 사람들을 많이 만났다. 개인뿐 아니라 부부와 가족도 만났다. 한 사람이 심각한 트라우마를 경험하면 다른 사람들의 삶도 영향을 받는다. 트라우마의 영향이 온 가족의 삶을 지배하기도 한다.

이 장에서는 지난 1년간 상담한 부부 사례를 소개한다. 우리는 부부 관계에 중대한 위기를 겪는 사례로 미키와 루디를 의뢰받았다. 두 사람의 위기에는 남편이 수년 전 테러로 겪는 중대한 트라우마가 관련되어 있었다. 미키는 자살폭탄테러범의 표적이 된 학교 버스의 운전사였다. 경상을 입은 미키와 달리, 버스에 탄 아이들 가운데 죽거나 부상을 당한 아이들이 많았다. 그는 끔찍한 상황을 목격한 터라 트라우마 상태가 심각했다.

241

미키는 당시 버스에 타고 있던 유일한 어른이었다. 폭파를 막기 위해 아무런 조치도 취할 수 없었던 것이 분명했지만, 크나큰 책임감과 죄책감을 느꼈다. 사고 이후 그의 삶은 거의 멈춰 버렸다. 그는 수년간 아무 일도 하지 않은 채 집에만 처박혀 있었다. 일을 할 수도, 남편 역할을 할 수도 없었다. 어린 자녀 두 명을 포함한 네 명의 자녀와 지내기도 어려웠다. 미키는 아이들을 돌보는 역할에서 물러났다. 가족의 옆자리, 삶의 옆자리로 옮겨 간 것 같았다.

심각한 트라우마의 영향은 결혼의 중대 위기로 이어졌다. 미키는 빈번하게 사고를 재경험했으며, 두려움, 불안감, 잊히지 않는 기억과 같은 트라우마 경험 때문에 힘들어했다. 일상의 작은 일도 처리하지 못했다. 일상적인 사소한 일이 심각한 투쟁이 되면서 그는 루디에게 화를 냈다. 더 이상 어떤 좌절이나 반대, 실망도 감당하지 못하는 것 같았다. 사소한 일이라도 신경을 건드리면 극도로 화를 냈다. 루디를 신체적으로 학대하지는 않았지만 소리를 지르고, 가구를 집어던지고, 모욕하거나 비난을 퍼부었다. 아주 작은 일에도 난폭하게 행동했고, 집안의 긴장은 점점 극심해졌다.

루디의 삶도 크게 영향을 받았다. 그녀는 자신을 잃어버린 것 같았다. 자신감과 능력에 대한 믿음을 잃었다. 자기 목소리가 가족 안에서 더 이상 중요하지 않다고 느꼈으며, 달걀 껍데기 위를 걷는 것처럼 집 안을 걸어 다녔다. 루디는 완전히 압도되어 있었고, 집안에서 제일 중요한 일이 미키를 폭발하지 않게 만드는 것 같았다.

루디는 우리와 만나기 1년 전부터 상담사를 만나고 있었다. 그들의 치료대화는 루디에게 소중한 경험이었으며, 지금까지 계속되고 있다. 상담을 1년 동안 받은 후, 버스 폭탄테러 이후 가족을 담당한 사회보장국 사회복지사가 미키에게 자녀와 루디의 관계를 유지하기 원한다면 무엇인가 행동을 취해야 한다고 말했다. 미키는 상담을 미심쩍어했지만, 부부는 우리를 만나러 왔다. 루디는 상담사를 계속 만나고 있었고, 그 시간이야말로 루디가 학대를 당한 경험을 털어놓을 수 있는 시간이었다. 우리는 특별히 부부 관계 문제를 해결하도록 요청받았다.

부부 상담 과정에서 루디의 경험을 파악하는 것이 제일 중요하다는 것을 알게 되었다. 다음에 제시한 과정의 중간 중간, 우리는 루디의 개인 상담사와 정기적으로 의견을 나눴다. 루디, 미키, 루디의 상담사와 함께 만나는 회기를 꾸리기도 했다. 이런 과정에서 우리는 루디의 경험과 미키의 트라우마 경험에 대한 이야기를 다룰 수 있게 되었다.

2인조 작업

최근 우리는 두 사람이 함께 부부 상담을 했다. 둘이 같이 상담실에 있으면 부부 앞에서 면담과 반영, 토론 등 다양한 선택을 할 수 있다. 이런 유연성 덕분에 상담 결과가 좋다. 남성이 폭력적이거나 모욕을 하는 상황에서도 상담실에 함께 있기 때문에 안심할 수 있다.

미키와 루디를 상담하면서, 우리는 팀 작업 덕분에 여러 가지 탐색을 할 수 있었다. 첫째, 우리는 둘 다 질문을 할 수 있었으며, 종종 다른 경로의 질문을 할 수 있었다. 둘째, 대답을 듣고 난 후 서로 들은 것에 대해 의논하고 반영할 수 있었다. 셋째, 우리는 미키와 루디에게 우리가 나눈 대화를 어떻게 생각하는지 물어볼 수 있었다. 이후 계속해서 더 많은 질문을 할 수 있었다. 이 과정은 트라우마가 그들 삶에 미치는 영향을 네 명이 함께 탐구하는 것 같았다. 이처럼 네 명의 연구자로 팀이 구성되면 많은 것을 할 수 있다!

외재화의 철학

루디는 상담에 익숙하지만, 미키에게는 상담이 매우 새롭고 낯선 경험이었다. 우리가 보기에 미키는 루디를 잃을까 봐 몹시 두려워했으며, 상담에 참여하는 이유가 불확실했다. 처음 미키와 루디를 만나면서 우리가 그들의 지식과 기술, 아이디어를 존중한다는 것을 경험하도록 하고, 그들이 겪는 모든 어려움을 외재화의 언어로 말하도록 해 주는 것이 중요해 보였다(Freedman & Combs, 2002). 미키가 겪은 트라우마와 루디에게 보인 공격성을 처리하는 방법을 찾으려면 그가 우리와 편하게 대화하고, 우리가 그의 지성

243

과 삶의 희망을 존중한다는 것을 알게 할 필요가 있었다.

루디가 말할 수 있는 상황 만들기

첫 번째 단계는 미키가 듣는 법을 익히게 돕고, 루디가 최근 경험을 말할 수 있는 상황을 만드는 것이었다. 무엇보다 루디가 말하는데 어려움을 겪었기 때문에 몇 가지 작업이 필요했다. 실제로 루디가 가장 먼저 이야기한 것 중 하나는 요즘 마비가 와서 말하기가 힘들다는 것이었다. 그녀는 자신이 하는 말에 미키가 어떻게 반응할지, 모욕감이나 불쾌감을 느낄지, 그래서 상황이 좋아지는 것이 아니라 더 악화되지는 않을지 몹시 걱정했다.

우리가 이 상황에 접근하는 방법에는 여러 가지가 있었다. 공교롭게도 미키와 루디에게 무슨 일이 있었냐고 물었을 때, 미키가 루디에게 먼저 말하라고 했다. 우리는 미키에게 루디의 경험을 듣고싶어 하는 호기심과 개방성에 대해 질문했다. 이것이 그에게 왜 의미가 있는지 물었다.

우리는 미키가 들을 수 있게 만드는 것이 무엇인지도 궁금했다. 우리는 그들 앞에서 우리가 루디의 삶에 대해 더 많이 들을 기회를 갖게 된다면 그것이 무슨 의미일지 예상해 보는 이야기를 나눴다. 루디가 자신이 겪은 일을 상세하게 말한다면 그것이 우리 각자에게 어떤 영향을 줄지 추측해 보았다. 이때 우리는 줄곧 외재화 언어로 말했으며, 최근에 생긴 여러 문제 때문에 미키를 비난하는 인상을 주지 않으려고 했다. 우리는 단지 미키의 호기심이 궁금했고, 그가 루디가 경험한 복잡한 사정을 듣고 이해할 준비가 되도록 했다.

외부증인의 맥락

미키가 준비된 것으로 보이자 그가 루디의 경험을 잘 듣고 반영할 수 있는 특정한 구조를 만들었다. 미키를 대화 중인으로 설정한 상태에서 루디를 인터뷰하기로 했다. 우리는 미키를 특별한 중인 자격으로 초대했다(White, 2004a). 미키에게 루디의 친구 역할을 부탁하여 루디가 자기 경험을 말하는 동안 친구의 귀를 가지고 들으라고 했다. 그에게 루디를 힘들게 하고 슬프게 한 남편이 아니라 친구 입장에서 들을 수 있겠냐고 물었다. 루디가 이런 이야기를 친구한테 들려주러 왔다고 상상하라고 했다. 그리고 말싸움을 하거나 방어하지 않고 이야기를 들을 수 있는지 물었다.

미키는 그럴 수 있다고 했다. 일이 잘 풀리지 않을 때 과정을 중단할 방안을 마련했으며, 추후상담에서는 루디가 중인이 되어 미키와 인터뷰할 것이라고 알려 주었다.

이 과정에서 미키는 처음으로 루디의 이야기를 그녀의 관점에서 들어 볼 기회를 가졌다. 그것은 또한 미키가 방어하지 않고 반응하게 해 주었고, 그 과정에서 실질적인 변화가 생겼다.

트라우마의 영향

이야기를 시작하자 루디는 미키가 곁에 있으면 엄청나게 겁이 난다고 말했다. 지금 자신을 얼마나 조그맣게 만들려고 애쓰는지, 또 얼마나 말을 많이 하지 않으려고 애쓰는지에 대해 말했다. 그녀는 학대의 영향이 너무 심해서 말을 더듬기까지 했다. 두려움 때문에 말이 뒤죽박죽되고 갈피를 잡지 못했다. 루디는 이를 자세히 묘사했다. 무언가를 말하려고 할 때마다 '말하지 마, 미키가 소리를 지를 거야. 그러니 하지 마.'라는 생각이 떠올라 말을 멈추게 된다고 했다. 아이들이 버릇없이 행동하거나 울거나 소리를 지를 때마다 미키가 폭발하지 않도록 아이들을 데리고 집 밖으로 나간다고 했다.

자신이 들은 것에 대해 반영할 때, 미키는 친구 입장에서 루디의 삶이 얼마나 힘들있을지 인정해 주었다. 그는 매우 충격을 받았다고도 했다. 자신이 루디에게 한 행동이 얼마나 폭력적이었는지 전혀 몰랐다고 했다. 화를 내고 소리를 좀 지르긴 했지만, 평정을 되찾으면 '뭐 대수인가?'라고 혼자 생각했다고 말했다. 트라우마의 영향을 알게 되고, 실제로 무슨 일이 일어났는지 이해하게 된 것이 이번이 처음이라고 했다. 그리고 루디와 아이들의 삶이 얼마나 나빠졌는지 전혀 몰랐다고 했다. 가족은 놀 수도, 울 수도, 뛸 수도 없었는데 가족이 집에서 마비가 된 것처럼 들렸다고 했다.

미키가 전에 없던 방식으로 루디의 이야기를 이렇게 경청하자 자기 행동을 다르게 이해할 여지가 생긴 것이 틀림없어 보였다. 이후 우리는 미키가 경험한 트라우마가 자기 어려움에만 집중하게 만들었다는 것을 알게 되었다. 미키가 자신의 행동에 책임을 지기 위해서는 자기중심에서 벗어날 방법을 찾을 필요가 있었다. 우리 모두 미키가 루디의 경험을 더 많이 듣는 것이 중요하다고 결론을 내렸고 여러 차례 상담을 했다.

입장 취하기

미키가 자기가 겪은 트라우마로 인해 자신만이 아니라 아내와 아이들의 삶에도 영향을 미친다는 걸 인지하게 된 것은 의미 있는 일이었다. 루디의 이야기를 듣고 난 후 미키는 자기 삶에서 트라우마가 차지하는 부분이 크지 않기를 바랐다. 자신과 루디, 아이들의 미래를 위해서도 삶을 되찾고 싶어 했다. 그는 아주 분명하게 말했다. "나는 살면서 너무나 힘든 일(폭탄 사건)을 겪었어요. 내가 그 일에 대처할 수 있다면 이토록 나쁜 영향을 주는 분노를 해결할 수 있다는 것을 알았습니다. 나는 그렇게 할 겁니다. 약속합니다."

하지만 이 말을 처음 들었을 때 루디는 그 말이 별 의미가 없다고 느꼈다. 그녀는 미키가 그렇게 변할 수 있다고 생각하지 않았다. 그의 약속이 그저 말뿐이라고 했다. 우리가 할 일은 미키가 자기 삶에 영향을 끼친 트라우마의 영향을 다루고, 루디와 아이들의 삶을 지배한 분노와 공격성을 해결할 맥락을 계속해서 만드는 것이었다. 분노가 그와 가족의 삶을 지배하는 대신에 미키가 분노를 조절하는 상황을 만드는 것이 우리에게 달렸다.

미키가 트라우마 경험을 말할 공간 만들기

공격성이 미키의 삶에서 큰 부분을 차지하게 된 역사를 추적하면서, 우리는 그것이 10년 전 일어난 버스 폭탄테러와 어떻게 관련되는지 들었다. 미키는 자기 경험을 말한 적이 없었다. 계기가 된 건 루디가 아이들을 책임지고 보살피는 데 왜 미키가 필요한지 말했을 때였다. 미키는 그제서야 아이들과 관련된 자기 경험, 즉 아이들의 울음소리를 듣는 것이 얼마나 듣기 힘든지, 그 울음소리가 10년이 지난 지금도 어떻게 폭파 사건 현장을 떠올리게 하는지 말하기 시작했다. 루디로서는 처음 듣는 얘기였다. 그녀는 아이들이 울고 떠드는 소리가 폭파 장면을 떠올리게 해서 남편을 고통스럽게 한다는 것을 전혀 알지 못했다.

미키가 루디를 증인으로 삼아 자신의 살아가는 방식과 인생 경험을 말하기 시작했다. 상담을 통해 버스 폭탄테러가 끼친 어마어마한 영향을 알지 못하고 있었다는 것 그리고 점점 상황이 악화되고 있다는 것도 알지 못했다는 것이 분명해졌다. 우리는 버스 폭탄테러가 그의 삶에 끼친 영향을 솔직하게 말할 수 있는 공간을 만들어 주었다. 삶의 많은 부분이 손쓸 수 없을 지경으로 통제 불능이 된 것 같았다. 이런 문제를 추적하면서 버스 폭탄테러와 연결하는 특정한 시간선이 만들어지자, 문제의 막강한 힘이 줄어들었다. 그의 삶에서 엉망이 된 것들을 설명할 수 있게 된 것 같았다.

248   대안적 이야기

우리는 대안적 이야기, 즉 트라우마와 테러의 영향에 해독제가 될 이야기를 탐구하는 것에 관심을 가졌다. 세 가지 주제가 나왔는데 '함께 이야기하기' '보다 평등한 삶 살기' '함께 아이 돌보기'이다. 이 주제가 바로 루디와 미키가 삶에서 원하는 것이었다.

함께 이야기하기

우리는 미키와 루디가 젊은 시절에 모든 것을 함께 이야기했다는 것을 알게 되었다. 하지만 이것은 버스 폭탄테러 이후 끝이 났다. 트라우마 사건이 일어난 후 미키는 사건을 털어놓을 방법을 몰랐고, 둘 사이에 소통하고, 삶을 공유하는 것이 중단되었다. 미키는 자기가 강해지기 위해서는 트라우마 영향을 혼자 감당해야 한다는 생각에 속아 넘어갔다. 그것은 트라우마를 겪은 후 많은 사람, 특히 남성들이 빠지기 쉬운 생각이다. 그래서 그는 루디에게 말하지 못했다. 상담치료를 통해 함께 대화하는 새로운 방법을 시도하자 미키와 루디 사이에 대화와 소통이 다시 열렸다. 우리는 회기마다 상담 후 집에서 어떤 식으로 소통을 하는지 탐색했다. 그들에게 어떻게 대화를 나누는지 물어보았다. 우리는 그들이 말하고 듣는 방법을 다시 익힌 것이 트라우마와 테러의 영향에서 그들의 관계를 회복하는 데 중요하다는 것을 알게 되었다. 치료가 계속되면서 '함께 이야기하기'가 풍부해졌다. 그 역사가 추적되고 관련된 기술이 묘사되고 기억되면서, 그들은 일상생활에서 다시 대화를 하게 되었다.

트라우마가 의사소통에 미치는 영향

트라우마가 의사소통과 대화에 영향을 주는 것은 상담에서 자주 등장하는 주제이다. 배우자를 보호하려고 트라우마 경험을 공유하지 않는 사람들도 많다. 배우자가 고통스러워하는 것을 원하지 않기 때문에 특정 경험만 말하기도 한다. 충격적인 사건이 일어난 후 사람들은 자기 경험을 설명하는 것이 불가능하다고 느낀다. 다른 사람이 이해할 수 없기 때문에 상황을 설명하려는 시도조차 무의미하다고 보기 때문이다. 그들은 자기 경험이 '말로 표현할 수 없는 것'이기 때문에 겪은 일을 '말로 전할 수 없다'고 한다. 말하는 것이 몹시 힘든 사람도 있다. 트라우마가 땀을 흘리고 몸을 떠는 신체 현상으로 나타나기도 한다. 우리는 이 경험에서 치유되려면 트라우마의 세부 내용을 낱낱이 설명해야 한다고 가정하지 않는다. 그리고 트라우마를 재경험하지 않게 하려고 조심한다. 사람들이 세세하게 사건을 말하고 싶어할 경우에는 분명하게 대응하지만, 반드시 그래야 하는 것은 아니다. 하지만 트라우마가 사람들의 의사소통, 다른 사람과의 연결, 삶을 말하는 방식에 영향을 미치는 것을 파악하는 것은 매우 중요하다. 이는 다른 작업이며 트라우마에 따르는 고립과 절망을 줄이는 데 중요하다.

보다 평등한 삶 살기

루디, 미키와 이야기하면서 그들 부부의 미래, 부부 관계를 어떻게 바라보는지, 부부의 삶과 아이들의 삶에서 바라는 것이 무엇인지 물어보았다. 미키는 아내와 이야기를 나누고, 듣고, 조언을 구할 수 있는 동반자 관계를 진심으로 원한다고 했다. 그는 걱정과 생각을 나눌 수 있는 관계를 원했다. 이 말을 하면서 자신이 분노를 억제하지 못하면 동반자 관계를 절대로 이룰 수 없다고 했다. 이런 질문에서 나온 주제가 '보다 평등한 삶을 사는 것'이었다. 두 사람 모두 서로의 관계가 좀 더 평등해지고, 루디의 목소리와 기술이 가족 안에서 커지기를 원한다고 했다. 흥미롭게도, '보다 평등한 삶을 사는 것'에 대한 이야기를 전개하는 데 중요한 것이 미키의 사업과 관련이 있었다.

폭탄테러가 있고 나서 몇 년 동안, 미키는 전혀 일을 하지 않았다. 그러나 최근 그는 오랜 취미를 소규모 사업으로 전환했다. 그는 다양한 종류의 자동차를 개조하는 데 관심을 가져 왔다. 개조한

차를 구입할 때보다 더 비싼 값에 팔 수 있다는 것을 알았다. 차를 처음부터 만들기도 했다. 미키에게 보다 평등한 삶을 사는 것은 루디가 자기 사업에 동참하는 것과 관련이 있었다. 처음에 루디는 망설였다. 그 사업에서 자기가 할 수 있는 역할이 있다고 믿지 않았다. 청소하는 방법만 알고 있으며, 자신이 할 수 있는 것은 그뿐이라고 말하곤 했다. 미키는 아내를 격려했다. 그는 "하지만 당신은 정말 똑똑해. 당신이 지적 능력을 발휘하면 좋겠어. 사업 파트너가 될 수 있어. 사무실을 운영하고 컴퓨터 사용법을 배울 수 있을 거야."라고 말했다. 루디는 이런 격려와 도움 덕에 일을 배웠다. 처음에는 사업에 대해 아무것도 몰랐지만, 지금은 함께 사업을 하고 있다. 돈을 어떻게 쓸지, 누구한테 쓸지, 어떻게 재정을 배분할지 결정하는 것은 루디이다.

함께 아이 돌보기

집 밖에서 일을 하게 되면서 루디는 아이들을 더 적극적으로 책임감 있게 보살피는 데 미키의 도움이 필요했다. 이것은 두 가지 이유로 복잡해졌다. 첫째는 앞서 언급했듯이 과거에 경험한 트라우마의 영향 때문에 미키가 아이들의 비명과 울음소리를 두려워하고 그것에 압도된다는 것이었고, 둘째는 실상 미키가 아이들을 돌볼 줄 모른다는 것이었다. 미키는 분노와 트라우마의 영향을 해결하기 위해 약속한 대로 아이들과 좀 더 가까워지도록 관계 방식을 바꾸기로 결심했다.

변화에는 시간이 걸렸다. 먼저 트라우마의 영향에 대응해야 했다. 루디가 자기 경험을 말하는 것을 들었기 때문에 미키는 자신이 겪은 것을 좀 더 편하게 말하게 되었다. 아이들의 울음소리를 들을 때마다 떠오르는 이미지를 말해 주었다. 그 이미지는 다치고 죽어 가는 아이들의 모습이었다. 자신이 아무것도 할 수 없었던 것에 대해 크나큰 수치심을 느낀다고도 했다. 그런 실패감을 느꼈기에 여전히 생생한 반응을 가지고 있었다. 루디는 이런 상황을 전혀 몰랐고, 알지 못한다는 사실이 두 사람 사이에 긴장과 분노를 일으켰다. 미키는 이 일에 대한 경험을 루디한테 설명할 수 있었다. 그럴 때 얼마나 두렵고 상처를 받는지, 그래서 어쩔 줄 몰랐을 뿐이라고 말하게 되었다. 이것이 변화였다. 혼자 할 수 없는 일을 이제는 함께 할 수 있게 되었다. 루디는 그간의 일을 이해하면서 안심하게 되었다. 그래서 미키에게 아주 큰 힘이 되어 주었다. 더 이상 극단적으로 갈라서지 않고 문제를 외재화하면서 함께 차근차근 문제에 대처하게 되었다. 미키는 아이들을 돌보는 역할을 점점 더 많이 맡았다.

그러자 두 번째 문제가 생겼다. 미키가 아이들과 너무나 단절되어 있었기 때문에 말 그대로 아이들을 돌보는 방법을 전혀 몰랐다. 치료 회기 일부는 여기에 집중되었다. 그는 아이들하고 무엇을 해야 할지 도대체 모르겠다고 털어놓았다. 루디가 "당신이 집에서 아이들을 씻기고, 저녁을 차려 주고, 재우면 돼요."라고 하자 그는 말했다. "씻기고, 저녁을 차려 주고, 잠을 재운다는 게 무슨 말이지? 그게 나한테 얼마나 복잡한 일인지 알아? 어떻게 애들을 재우지? 몇 시에? 당신한테는 단순한 일이지만 나한테는 전혀 아니야! 당신에게는 너무 익숙해서 분명하겠지만, 내가 할 수 있는 작은 일을 알려 줘. 내가 아이들 키우는 데 좀 더 역할을 할 수 있게 도와줘."

좀 더 자세하게 이야기를 하자 미키는 아이들이 배고프거나 피곤하거나 짜증이 나거나 심지어 행복한 때를 어떻게 아느냐고 물었다. 그는 너무나 단순한 것들을 물었다. '아이들에게 뭘 먹여야 하지?'와 같은 것이었다. 어떤 대화는 무척 우스웠다. 그와 같은 대화는 루디의 기술과 지식을 존중하는 것이기도 했다. 중요한 것은 루디가 업무를 배우도록 도와주면서 미키가 그녀에게 '괜찮아.'라고 말한 적이 있다는 것이다. 한번은 미키가 말했다. "당신이 사무실에 왔을 때 나한테는 너무 쉬운 일들을 당신은 몰랐잖아. 그래서 장부 정리와 컴퓨터 쓰는 법을 설명해야 했어. 그런데 이제 당신은 그걸 다 할 수 있게 됐지. 그런데 이런 게 집에서는 반대잖아."

시간이 걸렸지만, 미키는 이제 아이들의 삶에 훨씬 많은 책임을 지고 있다. 아이들이 울거나 소리칠 때 재현(플래시백)이나 반복적인 이미지가 나타나는 것도 줄었다. 플래시백 증상이 나타날 때 대처 방법을 통해 그 영향을 최소화하게 되자, 그는 아이들의 관심사에 계속 대응할 수 있게 되었다.

가치 인정하기

우리는 루디와 미키가 자신들의 삶과 관계에서 실현하기 원하는 중요한 가치를 표명할 공간을 만들었다. 미키에게 배우자와 아버지, 친구로서 왜 그가 특정 단계를 밟기 원하는지, 왜 그것들이 중요한지 물었다. 질문에 답하면서 그는 이런 것들을 생각해 본 적이 없었다고 말했다.

그것은 루디한테도 어려운 질문이었다. 처음에는 압박감이 너무 커서 꿈을 꿀 때가 아니라고 생각했다고 말했다. 그녀는 자신이 무엇을 원하는지, 무엇을 소중하게 여기는지, 꿈이 무엇인지 생각할 겨를이 없었다고 했다. 그저 하루하루를 견디며 살았다고 했다. 하지만 시간이 지나면서 자신에게 중요한 것이 무엇이며, 왜 이런 경험을 극복하려고 하는지, 사는 목표가 무엇인지 그리고 이런 소망을 알려 주는 자신의 역사를 이야기할 수 있었다.

　루디는 우리가 묻는 말에 자기 인생에서 가장 중요한 것은 가족이라고 답했다. 이것은 그녀의 성장 배경과 연결된 가치였다. 그녀는 부모와 매우 친했으며, 부모가 돌아가시자 자매들과 아주 친한 친구가 되었다. 그들은 필요할 때면 서로 곁에 있어 줬다. 루디는 미키와 자녀들과 꾸린 가족이 그와 비슷한 화목한 가족이 되기를 너무나 원한다고 말했다. 이것은 루디가 미키와의 관계에서 경험해 보지 못한 것이었다. 치료를 받기 전 루디가 자기 가족하고 여가를 보낼 때, 미키는 그녀가 모르는 남자들하고만 어울렸다. 이따금 그녀는 자기 집에서 소개받은 적이 없는 낯선 남자들과 마주치곤 했다. 상담이 진행되면서 서서히 변화가 생겼다. 그들은 가족 관계가 더 중요하다는 것을 받아들이게 되면서 잘 지내기 시작했다.

시간 가지기

　앞서 이야기한 것처럼 루디는 치료 기간 동안 개인 상담사를 만나고 있었다. 이 상담사는 온전히 그녀의 경험에 집중하고 있었다. 상담 회기는 루디가 받은 상처의 피해가 다뤄지는 완전히 분리된 공간이었다. 이 공간에서 그녀는 부부 관계를 지속할지 또는 그만둘지 생각할 수 있었다. 처음에 그녀는 미키가 변해서 분노와 공격성을 조절하리라고는 전혀 믿지 않았다. 미키가 그녀의 경험을 조금씩 이해하게 되면서 그녀에게 자기가 변했다는 것을 설득하려고 했다. 우리 회기에서 미키는 루디가 자기의 변화를 알아차렸는지 묻고 확인하기도 했다. 그러면 그녀는 "맞아요, 변화가 보여요. 하지만 시간이 얼마 되지 않았잖아요. 당신의 지금 이런 변화가 변치 않을지 알 수가 없어요."라고 답했다. 당연히 루디는 변화를 좀 더 길게, 지속적으로 확인하고 싶어 했다. 최근에서야 그녀는 미키가 진심으로 변화하고 있으며, 폭탄 사건 이후와는 '다른 사람'이 되었다고 결론지었다. 이 과정에서 오르막과 내리막이 몇 번 있었다는 것을 언급하는 것이 좋겠다.

후퇴?

상담 중 미키가 심하게 화를 낸 적이 있다. 루디가 자기 경험을 말하려고 애쓸 때, 미키가 아주 방어적이 되면서 화를 냈다. 그의 분노와 표현 방식에 대해 질문하려고 하자, 그는 화를 내면서 말했다. "저는 고함을 지르고 있지 않습니다! 할 말을 하고 있을 뿐이죠! 루디 말은 틀렸어요. 제 말이 맞습니다. 그녀가 틀렸다는 걸 알아듣게 제가 요점을 말하는 겁니다!" 찬바람이 부는 순간이었다. 루디는 어쩔 줄 몰라했다. 미키는 자기가 의미 있는 과정을 밟고 있다고 생각했지만, 갑자기 우리 눈으로 자신을 보게 되자 더 많은 변화가 필요하다는 것을 알았다. 우리는 이를 최대한 활용하려고 하였다. 이 분노가 어떻게 이 방에 들어왔는지 물었다. 이 분노와 그가 그것을 정당화하는 결과는 또 무엇인지 물었다. 우리는 그에게 감정과 말이 어떻게 그렇게 불일치할 수 있느냐고 물었다. 그리고 루디가 자신감을 가지고 자기 생각을 표현하려면 무엇이 필요하겠냐고 물었다. 미키의 분노를 목격하고 나서 우리는 루디의 경험을 더 인정하게 되었다. 이야기를 나누면서 미키 역시 그런 순간의 자기를 좋아하지 않는다고 말했다. 당시에는 후퇴처럼 보였을지도 모르지만, 그것이 전환점이 되었다는 것이 입증되었다. 이후 미키는 자기 행동의 결과를 훨씬 잘 인지하게 되었다.

루디의 트라우마 인정하기

루디가 부부 관계를 지속할지 그만둘지 고민하는 동안 미키는 이따금 참을성을 잃었다. 미키가 그녀에게 "나는 당신의 따뜻함이 필요해."라고 이야기할 때가 있었다. 루디는 10년 동안 미키의 분노 때문에 트라우마의 영향을 받고 살았다. 미키는 자기 행동이 끼친 피해를 알게 되면서 그녀에게 따뜻하고 다정하게 대했다. 하지만 루디가 원하는 게 무엇인지, 또 이런 변화가 무슨 의미인지 파악하는 데 시간이 걸렸다. 10년이란 시간은 함께 살고 함께 아이를 가진 남자 때문에 트라우마를 겪는 시간으로는 너무나 긴 세월이었다.

이와 관련해서 가장 중요한 작업은 루디가 자신의 트라우마 정도를 전할 방법을 찾는 것이었다. 미키는 자기가 겪은 트라우마가 삶 전반에 끼친 영향을 예민하게 인식하게 되면서 루디의 경험에 좀 더 민감해졌다. 미키가 증인으로 참석한 인터뷰에서 우리는 루디에게 그녀를 괴롭히는 기억에 대해 다시 질문했다. 이런 기억은 그녀가 잊을 수 없는 특정한 사건이었으며, 과거에 국한된 것이 아니었다. 미키는 루디가 떠날 것이 두려운 나머지 그녀를 집에 가둬둔 채 집 밖으로 나간 적이 있다. 루디는 너무나 당황스러워서 어떤 일이 벌어졌는지 사람들에게 전화로 알리지도 못했으며, 엄청난 모멸감을 느꼈다.

전환점은 두 사람이 휴가를 떠났을 때 일어났다. 사회보장국에서 가족휴가비가 나왔다. 부부는 2년 전 방문한 호텔에 묵었다. 지난 번 여행에서 미키가 루디를 몹시 가혹하게 대했다. 호텔 로비에 들어서면서 루디가 말했다. "이 장소 기억나요? 여기서 우리 사이에 있었던 일 기억나요? 여기 있으니 긴장과 슬픔이 여전히 뱃속에서 느껴지는 것 같아요." 그럼에도 둘은 여행에서 좋은 시간을 가졌다. 그래서 휴가가 끝날 무렵 루디는 다른 감정을 갖게 되었다. 그녀는 "이 장소에서 보낸 좋은 기억 때문에 내 느낌도 달라졌어요."라고 말했다. 그리고 처음으로 앞날을 희망적으로 느끼게 되었다고 말했다.

여전히 중요한 과정이 남아 있었다. 루디는 수년간 안전에 위협을 느껴 왔기 때문에 자신이 미키의 작은 감정 폭발도 더 이상 견딜 수 없다는 것을 전해야 했다. 그가 화를 낼 때마다 힘들었던 시간이 일제히 떠올라 제대로 대처할 수 없다고 말했다. 다행스럽게도 미키가 이런 부분을 이해했다. 그는 자신이 아이들의 울음소리를 견딜 수 없는 것과 비슷한 이유라고 생각했다. 아이들의 울음소리가 트라우마를 상기시켰기 때문이다. 분노를 조절하는 방법을 연습해야만 루디가 함께 살 수 있는 사람이 되는 것이다. 그는 이것이 긴 과정이 되리라는 것을 알았다. 그는 참는 법을 배웠다. 루디가 겪은 트라우마를 이해하게 되면서 자연스럽게 참을성이 생겨났다.

성찰

우리는 루디, 미키와 계속 이야기를 나누고 있다. 그들의 이야기는 하나의 트라우마 사건이 많은 사람의 삶에 영향을 준다는 것을 보여 주는 예이다. 다양한 트라우마 이야기에 대해 다양한 사람과 작업할 필요성을 보여 주는 예이기도 하다. 루디는 미키의 공격성으로 인해 10년 동안 트라우마를 경험했다. 미키는 10년 전의 폭탄 테러로 트라우마를 경험했다.

외재화 대화와 외부증인 반영 재저작 대화를 이용하여 트라우마의 영향에 이름을 붙이고 탐구할 수 있었다. '함께 이야기하기' '보다 평등한 삶 살기'와 '함께 아이 돌보기'라는 대안적인 이야기가 만들어졌다.

지난 10년 동안, 텔아비브의 바르카이 연구소(Barcai Institute)에서 트라우마와 사별의 영향에 대응하는 업무 비중이 점점 늘어나고 있다. 현재 우리 일의 절반 정도가 이 문제와 관련되어 있다. 자살폭탄테러 트라우마는 죽거나 다친 사람보다 훨씬 더 많은 사람에게 영향을 미친다. 상담사로서 우리는 가족과 지역사회에 그 영향이 지속되는 것을 보고 있다. 루디와 미키의 이야기처럼, 이런 영향은 수년 동안 지속되기도 한다. 이런 가족에 대응할 때, 우리는 안전에 우선을 두는 방식을 개발하려고 노력한다. 자기한테 일어난 일을 말하도록 사람들을 밀어붙여 트라우마를 재경험하지 않게하는 데 주의를 기울이기도 한다. 동시에 관련된 모든 사람이 일어난 일을 재저작할 수 있도록 한다. 이 장을 통해 이런 지속적인 노력이 전달되기 바란다.

참고문헌과 관련 읽을거리

Freedman, J. & Combs, G. (Eds) 2002: *Narrative Therapy with Couples* ··· *and a whole lot more! A collection of papers, essays and exercises.* Adelaide: Dulwich Centre Publications.

White, M. 2004a: 'Narrative practice, couple therapy and conflict dissolution.' In White, M.: *Narrative Practice & Exotic Lives: Resurrecting diversity in everyday life* (chapter 1), pp. 1-41. Adelaide: Dulwich Centre Publications.

White, M. 2004b: 'Working with people who are suffering the consequences of multiple trauma: A narrative perspective.' *International Journal of Narrative Therapy and Community Work,* 1:45-76.

로벤섬에서 온 이야기:
치유 여행 보고서

데이비드 덴보로[1]

　트라우마와 폭력이 만연한 국가와 공동체의 '기억 치유(healing of memories)'에 기여하는 원리와 실천은 무엇일까? 남아프리카의 로벤섬에서 3일간 열린 모임은 세계 곳곳에서 참여자들이 모여 기억을 치유하고 트라우마의 역사를 다루는 방법을 이야기하고 아이디어를 공유하기 위해 개최되었다. 이 장에서는 이 모임에서 정리된 치유의 원리와 실천을 다룬다. 또 스토리텔링과 반영 구조를 기술하고, 많은 이야기와 반영 그리고 경험을 담은 노랫말을 제시한다.

늦은 밤 케이프타운에서 남아프리카 해안의 로벤섬까지 가는 페리호를 상상해 보라. 갑판 위에는 우간다, 르완다, 나미비아, 사모아, 잠비아, 짐바브웨, 레소토, 독일, 부룬디, 에리트레아, 북아일랜드, 미국, 호주, 남아프리카공화국을 포함한 여러 나라에서 온 칠십 명의 사람이 타고 있다. 그들은 삶의 경험이 매우 다르지만 적어도 한 가지 공통점이 있다. 자기 나라에서 발생한 트라우마를 치유하는 데 기여할 방법을 찾고자 하는 결심이 그것이다.

이 사람들은 로벤섬에서 3일 동안 함께 했는데, 이 모임은 때마침 남아프리카공화국의 선거일에 시작되었다. 남아프리카공화국의 역사가 이후의 대화를 촉진하는 역할을 했다.

초기 정착민이 자행한 원주민 대량학살에서부터 노예 제도, 유혈 사태, 강제 이주, 해방운동을 이끄는 지도자의 탄압 등의 인권 침해가 3세기 이상 계속되면서 케이프타운과 그 지역 주민들은 극심한 고통을 겪었습니다. 그러나 우리는 거리에서, 의회에서 그리고 바라건대 우리의 가슴과 가정 안에서 희망과 인간 정신의 승리도 보았습니다.

이 말은 케이프타운의 시장 노메인디야 음페키토(Nomaindiya Mfeketo)가 행사 참여자에게 한 환영사 중 일부이다. 우리 중 남아프리카인들은 투표소에서 곧바로 나왔기 때문에 이것이 자신들에게 어떤 의미인지에 대해 통렬하게 묘사했다. "세 번째 투표를 한 것이 너무나 감동적이다. 엄지손가락에 묻은 이 잉크를 오랫동안 씻지 않을 것이다. 이것은 내가 투표할 수 있다는 것과 그것이 의미하는 모든 것을 상기시킬 것이다."

모임이 열린 로벤섬은 넬슨 만델라(Nelson Mandela)를 포함한 남아프리카 해방운동 지도자들이 수년간 투옥되었던 곳이다. 이 섬의 감옥은 남아프리카 변혁의 절정에 이른 저항의 역사를 기리는 기념비가 되었다. 당신이 로벤섬에 와서 케이프타운 쪽으로 흐르는 물과 웅장한 테이블산을 내려다본다면 수많은 이미지가 떠오를 것이다. 모임 내내 우리는 아파르트헤이트[2]의 부당성을 알리려고 애쓴 수많은 남아프리카인의 헌신을 생각했다. 그 과정에서 너무나 많은 생명이 희생되었다는 것을 알게 되었다.

배경

264

'치유와 총체성의 여정 콘퍼런스(Journey to Healing and Wholeness Conference)'는 기억치유연구소(Institute for the Healing of Memories)와 데스몬드 투투 평화센터(Desmond Tutu Peace Centre)에서 주관한 것이다. 기억치유연구소의 작업은 마이클 랩슬리(Michael Lapsley) 신부가 케이프타운 트라우마센터(Cape Town Trauma Centre)의 사제[3]로 활동한 것에서 시작되었다. 그의 과업에는 남아프리카공화국의 과거 트라우마를 해결하기 위해 사람들을 한데 모으는 방법을 개발하는 것도 포함되어 있었다. 기억 치유(Healing of Memories) 워크숍은 진실화해위원회(Truth and Reconciliation

---

2) 역주: 남아프리카공화국의 인종차별 정책을 말한다.
3) 역주: 교도소, 병원, 군대 등에 소속된 사제를 말한다.

Commission)와 함께 진행되었다.

시간이 지나면서, 마이클 랩슬리 신부와 기억치유연구소는 다른 나라에서도 유사한 워크숍을 주최해 달라는 초대를 받았다. 지난 5년간, 트라우마의 역사를 말하는 참여자 지원 워크숍이 뉴욕, 르완다, 에리트레아, 스리랑카, 짐바브웨, 독일, 우간다, 부룬디, 북아일랜드, 동티모르와 호주에서 개최되었다.

로벤섬의 모임은 자국에서 기억 치유 워크숍에 참여했던 사람들이 함께 모여 경험과 이야기를 나누고 서로 배우도록 마련되었다. 여기서 나온 이야기는 다른 사람들에게 전해질 수 있도록 글과 비디오와 노래로 기록되었다.

모임의 구조

전체 모임은 여정의 은유에 영향을 받았다. 대화가 어디로 이어질지 정확히 알지 못하며, 예측하지 못한 곳에 이르게 될 수도 있다는 것을 분명히 했다. 동시에 대화가 이루어지는 구조를 매우 공들여서 개발하였다. 이 구조는 다섯 부분으로 구성되었다.

1부: 인터뷰

마이클 랩슬리 신부 또는 글렌다 와일드슈트(Glenda Wildschut)가 두 명의 참여자를 인터뷰하는 것으로 회기가 시작되었다. 사전에 두 명의 참여자를 선정했으며, 이들이 특정 주제에 대해 이야기하도록 했다. 인터뷰는 모든 참여자가 증인이 되도록 큰 원을 이룬 자리에서 이루어졌다.

2부: 소집단 반영

인터뷰가 끝나자 참여자들은 8~10명으로 구성된 작은 집단으로 이동했다. 각 집단에 진행자와 기록자가 배정되었다. 소집단 참여자 모두에게 1부 인터뷰에서 그들에게 의미 있었던 것이 무엇이며, 그 이야기가 자신들이 들은 이야기와 어떤 관련이 있으며, 그것을 통해 무엇을 배웠는지 말할 기회를 주었다. 논의된 특정 주제와 관련한 자신의 여정을 사람들과 공유할 기회도 주었다. 소집단 반영은 1시간 정도 이루어졌다.

3부: 대집단 반영

다음에는 모든 사람이 큰 원으로 다시 모여 일련의 반영을 주고받았다. 먼저 1부 인터뷰 내용을 가지고 노래 가사를 만들었다. 노래를 부른 후 지명된 세 사람이 인터뷰 내용에 대해 반영했으며, 참여자 모두 대집단에서 반영할 기회를 가졌다.

4부: 소감 나누기

1부에서 인터뷰한 사람들이 이 과정의 경험에 대해 마지막 소감을 말하는 자리를 만들었다.

이와 같은 4단계 구조는 두 명 이상의 사람이 다른 주제에 대해 인터뷰할 때도 반복되었다.

주제

모임의 처음 이틀 동안 다음의 네 가지 주제가 논의되었다.

1. 사형 집행을 기다리며 살았던 사람들의 목소리
2. 수치심과 죄책감의 경험 말하기
3. 생사를 초월한 이야기
4. 화해의 이야기

치유 원리와 실천

사흘 동안 나눈 이야기의 대부분은 심각한 트라우마에 관한 것이었다. 그렇지만 참여자 모두 그 행사를 의미 있는 치유로 여길 것이라고 믿는다. 대부분의 참여자가 이미 자기 나라에서 기억 치유 워크숍에 참여했다는 사실이 이를 보여 준다고 할 수 있다. 여기서는 이 모임에서 다뤄진 의미 있고 중요한 치유 원리와 실천을 간단히 살펴보기로 한다. 행사의 진행자와 주최 측의 여러 가지 활동 원리와 실천이 있지만, 이 짧은 장에 그것을 다 담기는 어렵다. 다음에 간략하게 소개하는 것은 그중에서 내가 특별히 중요하다고 생각한 실천 원칙들이다.

여정의 은유

모든 모임 일정은 여정의 은유로 구성되었다. '치유' 과정을 여정으로 구성하면서 이동, 영토의 변화 그리고 시간에 따라 달라지는 경험의 차이에 주의하기 등이 암시되었다. 사람들이 집단 앞에서 인터뷰할 때 질문자는 현재와 과거 경험의 차이를 묻는 데 관심을 기울였다. 그들은 또한 안도감의 경로뿐 아니라 가장 어려운 시기를 포함하여 그 사람의 다양한 여정의 단계를 주의 깊게 이끌어 냈다. '수치심과 죄책감의 타협' '초월' '화해'와 같은 모임의 주제도 이동을 떠올리게 했다. 이런 방식으로 우리 모두 자신이 길 위에 있다고 생각하도록 초대받았다. 이 여정은 3일 동안에 그치는 것이 아니라 우리 미래에도 계속될 것이다. 이러한 지향은 참여자들의 상상을 사로잡아 우리가 삶에서 거쳐 온 영토, 현재 서 있는 땅 그리고 미래에 탐험하려는 방향을 재방문할 용기를 주었다.

4부의 이야기 구조

앞서 설명한 구조에서 모든 참여자는 이야기를 듣고, 반영하고, 나눌 기회를 가졌다. 중요한 것은 이 구조가 개인에서 소집단, 대집단 토론으로 이동하게 하면서 연대감을 만들어 냈다는 것이다. 더 나아가 참여자들이 3일 내내 동일한 소집단에 참여하면서 응집력을 형성하였다. 소집단마다 촉진자가 있어서 주최 측에서는 모든 사람이 이 과정을 어떻게 경험하고 반응하는지 파악할 수 있었다.

행동으로서의 치유

3일 동안, 트라우마 치유 반응으로 행동을 강조하였다. 예를 들면, 사람들이 집단 앞에서 인터뷰할 때, 질문자는 그들을 고통스럽게 한 트라우마에 대한 대응 조치를 주의 깊게 끌어냈다. 인터뷰하는 사람은 자신이 겪은 트라우마에 대응하기 위해 일련의 조치를 취했다. 이 행동은 그들의 삶에 국한된 것이 아니었다. 다른 사람이 겪은 트라우마에 대응하거나 다른 사람의 트라우마를 예방하기 위해 취한 조치도 포함되었다. 행동을 치유로 보는 지향은 참여자들이 트라우마에 대응한 자신의 행동을 인정하고, 미래의 행동과 협력 가능성을 생각할 수 있는 공간을 열어 주었다.

개인의 경험을 넘어

3일 동안 다양한 방법으로, 개인의 고통이나 고난 경험을 더 넓은 집단 경험과 연결시키는 데 관심을 기울였다. 이는 한마음으로 서로 돌보는 분위기에서 이루어졌다. 사람들이 집단 앞에서 인터뷰할 때, 질문자는 개인적인 이야기뿐만 아니라 이 이야기가 어떻게 그/그녀가 속한 더 큰 집단이나 공동체에 어울릴지 끌어내는 데 주의를 기울였다. 이것은 1부에서 두 사람이 집단 앞에서 인터뷰를 한 것과는 달랐다. 질문자는 어떤 지점에서 인터뷰할 사람을 교체하기도 했다. 이는 특정한 개인의 이야기에 과도하게 집중하지 않고, 이야기와 경험의 연결을 강조하는 것을 뜻했다. 마찬가지로 치유의 여정이란 단순히 개인이 감당하는 여행이 아니라, 우리가 더 큰 공동체에 책임을 가지는 여행으로 구성되었다. 이로써 우리 모두 개인이 아닌 더 큰 집단의 대표로 참석했다는 것이 분명해졌다. 문서 작업도 그 일환이었다. 함께 모인 사람들은 자신의 이야기를 나눌 뿐 아니라 다른 사람을 도울 수 있다는 희망을 가지고 이를 문서화했다.

이야기의 연결

앞에서 언급한 4부 구조로 집단 앞에서 인터뷰한 사람들의 이야기를 다른 참여자들의 이야기와 연결하였다. 여러 나라에서 온 사람들이 이야기를 나누고 반영하는 과정을 거쳐 사람들 사이에 연결감이 생겼으며, 이것이 트라우마 경험에 수반되는 고립의 해독제 역할을 했다. 중요한 것은 사람들이 자신의 '여정' 이야기, 즉 그들이 겪은 우여곡절과 그 과정에서 배운 것들을 나누면서 서로에게 배울 기회를 갖게 되면서 동지 의식이 생겼다는 점이다.

가해 사실을 말할 수 있는 공간

270

모임이 진행되는 동안 분명해진 치유 실천 중 하나는 진행자들의 헌신적인 노력으로 참여자들이 다른 사람에게 해를 끼친 행동을 말하는 자리를 만들었다는 점이다. 트라우마를 겪은 사람도 다른 사람에게 행한, 진심으로 후회되는 행위를 말하고 생각할 수 있게 되었다. 마이클 랩슬리는 다음과 같이 말했다.

아파르트헤이트 기간 동안, 남아프리카에서 괜찮은 인간이 되려면 영웅이 되어야 했다. 하지만 우리 대부분은 영웅이 아니다. …… 그래서 마침내 아파르트헤이트가 폐지되었을 때, 흑인과 백인 모두 그 시절 우리가 다른 사람에게 한 행동과 다른 사람들이 우리에게 한 행동을 이해하기 위해 고군분투했다. 이것은 너무나 당연했다(2002, p. 72).

모든 사람이 후회되는 행위를 말할 기회를 만들자는 취지와 결정 덕분에 그렇지 않았더라면 다른 사람과 나누지 못했을 이야기까지 말하게 되었다.

복잡성의 인정

참여자들이 자기 경험을 말하게 되면서 삶의 복잡성을 인정할 기회가 생겼다. 이것은 앤드류 라이스(Andrew Rice)가 시작한 화해 회기에서 가장 잘 드러났다. 그는 9·11 세계무역센터 테러 공격으로 형이 죽은 것과 평화로운 내일을 위한 9·11 가족(September 11 Families for Peaceful Tomorrow) 집단과의 후속 작업에 대해 인터뷰했다. 팻 매기(Pat Magee)는 아일랜드공화국군(IRA)과의 관련성과 자신이 속한 조직의 폭격으로 사망한 남성의 딸과 진행한 화해 작업에 대해 인터뷰했다.

앤드류는 형이 테러리스트의 공격으로 죽었다고 이야기했고, 팻은 테러리스트 공격에 관여하며 여전히 때에 따라서는 무장투쟁이 필요하다는 신념을 이야기했다. 이 이야기를 들으면서 우리 모두 트라우마 경험과 그에 대응하는 방식과 관련된 정치학과 가치의 복잡성을 생각하게 되었다.

이 대화가 남아프리카공화국에서 이루어졌다는 사실 때문에 더 많은 반영을 하게 되었다. 우리 모두 넬슨 만델라가 이끄는 아프리카민족회의(African National Congress)가 다른 시도들이 성공하지 못하자 무력 시위로 돌아섰던(사상자를 최소화하기 위해 상당한 주의를 기울여서) 나라에 있다는 것을 의식하고 있었다.

271

유머

뻔뻔할 정도의 유머 감각을 지닌 주최 측 덕분에 자주 변화가 일어났다. 큰 슬픔의 이야기와 경험을 토론하기 위해 그곳에 있었지만, 웃을 일도 많다는 것이 모임 시작부터 분명해졌다.

침묵

침묵의 순간도 단순하지만 중요하게 활용되었다. 여러 진행 과정에서, 특히 누군가 엄청난 이야기를 한 다음이나 참여자들이 소집단으로 이동하기 전에 진행자는 잠시 침묵할 것을 요구했다. 이 침묵 덕에 모임이 의식의 외양을 갖추게 되었고, 방금 나눈 이야기에 경외심을 갖게 되었다.

고유한 치유 전통을 찾기 위한 초대

모임 마지막 날 아침, 사모아/뉴질랜드에서 온 루딘 파슨스(Loudeen Parsons)의 발표로 여러 국가에서 온 참여자들이 자기 문화의 치유와 화해에 대한 의식과 가치, 상징을 생각하게 되었다.

여러분이 여러분 문화에 있는 용서와 화해의 주제에 관한 의식과 가치, 풍요로움을 탐구하도록 초대합니다. 우리 경험에서 볼 때, 사과와 용서, 화해는 개인적이거나 심리적인 것이 아닙니다. 그것은 사람과 사람, 사람과 그들의 조상, 사람과 그들의 신, 사람과 환경 사이의 관계의 안녕을 회복하는 것입니다. 우리 고유의 문화에서 화해에 관한 자유로운 문화적 요소와 의식을 발굴하는 방법을 찾는 것이 이 활동의 핵심입니다. 이 과정에서 우리는 스스로 다음과 같은 질문을 하게 됩니다. 우리가 어떻게 화해의 문화를 성장시켰는가? 젊은이들에게 과거에 일어난 잔혹 행위에 대해 어떻게 말할까? 우리가 어떻게 잔혹 행위를 외면하지 않으면서 그에 수반되는 고통에서 자유로워질 수 있을까?

이 초대에 많은 참여자가 공명했고 깊이 탐색했다.

젊은이들의 참여

모임 마지막 날 아침, 학교에서 실시한 '기억 치유' 과정을 이수한 한 무리의 젊은이들이 북을 치고, 노래를 부르고, 춤을 추고, 손뼉을 치며 회의장 한가운데로 들어왔다. 그들의 에너지와 열정이 참여자 모두를 흥분시켰다. 그들은 과거를 다루고 미래로 이동하는 자신의 관점을 우리와 나누었으며, 이 때문에 연속성에 대한 느낌이 강하게 일어났다. 그들은 발표를 마치고 다시 노래를 부르기 시작했다. "아프리카 젊은이들이여, 자유는 너희 손에 달렸다. 우리에게 자유를 향한 길을 보여 다오. 이 땅 아프리카에서!"

273

노래의 활용

앞서 언급한 것처럼 4부의 이야기 구조에서 나온 낱말들로 노래를 만들었고, 반영할 때도 이 노래를 불렀다. 노래 가사를 만들 때,

트라우마를 입은 사람들의 대응, 대응에 담긴 가치 그리고 이와 같은 가치와 관련된 역사를 포함하는 데 중점을 두었다(White, 2004 참조). 사람들이 자기 삶을 말할 때 쓰는 시적인 구절에 곡을 붙이면 기억이 더 잘되고 더 의미가 있으며 다른 방식으로 체화되는 면이 있다. 이 노래들을 녹음해서 언제든지 들을 수 있게 하면, 한 사람의 특별한 여정과 거기서 쌓은 기술과 지식을 계속해서 기억할 수 있을 것이다(Denborough, 2002). 우리가 로벤섬에 있는 동안 모임에서 만든 노래를 녹음하였다. 그중 두 개는 다 같이 녹음했다. 3일의 일정 중 마지막 날, 참여자들은 CD에 담긴 자기 목소리를 들을 수 있었다.

기록문서

기록문서도 마지막 날 참여자 모두에게 제공되었다. 여기에는 모임 동안 주고받은 이야기와 반영이 포함되었다. 기록문서에 모든 것을 담지는 못했다. 치유의 이야기와 실천으로 확인된 것을 중심으로 나눌 수 있는 이야기와 중요한 주제들을 볼 수 있도록 선별하였다. 이런 식으로 참여자들은 문서와 노래에 담긴 자신의 말을 가지고 모임을 떠났다.

과정을 보여 주는 사례

이 문서의 목적은 모임에서 나눈 이야기를 전하는 것이 아니다. 조만간 기록문서들이 기억치유연구소 홈페이지(www.healingof memories.co.za)에 공개될 예정이기 때문이다.

모든 과정이 어떻게 이루어졌는가 보여 주기 위해서는 인터뷰 사례를 제공하는 것이 중요할 것이다.

모임 첫날 아침, 엘리아스 완야마(Elias Wanyama)와 두마 쿠말로(Duma Kumalo)가 사형수로서의 수감 경험에서 자신들이 어떻게 살아 나왔는지에 대해 인터뷰했다. 여기에 엘리아스와 두마가 한 이야기와 그들의 이야기에 대한 소집단의 반영, 그들의 말로 만든 노래, 대집단 참여자들의 반영 그리고 두마와 엘리아스의 맺음말까지 포함시켰다. 다음에서 이 과정을 보기 바란다.

1부: 사형수 감옥 이야기

두마 쿠말로와 엘리아스 완야마는 사형수 감옥에서의 경험에 대해 인터뷰했다.

마음 닫기

엘리아스 완야마

수감자였던 제가 예전에 감옥이었던 이 로벤섬에 온 것은 너무나 특별한 일입니다. 저는 우간다에서 왔습니다. 20년 전 국가보안 요원이 되어 우간다 국민을 탄압하는 일에 관여했습니다. 당시 저는 그것이 옳은 일이라고 생각했습니다. 입장이 바뀌어 제 자신이 체포되어 구금생활을 하기 전까지는 다른 사람을 체포하고 감옥에 가두는 것이 정당하다고 생각했습니다. 이것이 제 인생의 첫 번째 큰 도전이었습니다. 갑자기 저는 제가 체포한 사람들과 마주쳤습니다. 그들은 저를 자신을 체포한 사람으로 바라보고 있었습니다. 저는 몇 년 후 사형 선고를 받았고, 9년 동안 사형수 생활을 했습니다. 18년 동안 감옥에 있었습니다. 사형수는 죽음을 기다리며, 죽음이 어느 순간 어느 날이든 닥쳐올 수 있다는 것을 압니다. 사형수로 지낸 제 모든 시간은 희망을 위한 투쟁이었습니다. 희망의 전기가 꺼지면 생명의 전구가 죽어 버리기 때문입니다.

사형 선고를 받았던 당시 그 상황에서 벗어나기 위해 싸울 수 있었다면 그렇게 했을 것입니다. 죽음을 맞이한 순간도 있었습니다. 저는 절망감에 압도당했습니다. 제게 희망의 문을 열어준 것은 영적 여행이었습니다. 교수대로 가는 동안 신에게 기도하는 남자들의 노래를 들었던 날을 아직도 기억합니다. 그들의 희망과 믿음 그리고 그들이 죽음으로 가는 길에 노래를 부를 수 있다는 것이 제 모든 것이었습니다. 그것이 제 안에서 믿음의 불을 켰고, 제 삶을 바꾸는 출발점이 되었습니다.

제가 아는 한, 우간다의 사형수 수감 제도는 누구를 살리고 누구를 죽일지에 대한 체계가 없습니다. 언제 어떤 사람이 죽을지 알지 못했습니다. 이처럼 혼란스러운 느낌을 가지고 사는 것은 너무나 힘들었습니다. 그곳에 변함없이 존재한 것은 단 한 가지였습니다. 그것은 죽어 가는 우리의 친구들이 남은 사람들에게 보내는 메시지였습니다. 그들은 언제나 한마디 말을 남겼습니다. "세상에 알려라!"

지금 저는 수감자 석방을 기원하는 친구들(Friends of Hope for Condemned Prisoners)이라는 조직에서 일하고 있습니다. 우간다에는 지금도 550명 이상의 사형수가 있습니다. 우리는 사형제 폐지와 사형수 가족을 지지하는 일을 합니다. 종종 수감자 가족들이 희생양이 되며, 많은 경우 그들은 사회를 떠나기도 합니다. 저는 처형당한 사람, 현재 사형수인 사람, 앞으로 사형수가 될 수 있는 사람들에게 이 일을 통해 갚아야 할 빚이 있습니다.

이 일이 제 삶에 의미를 주지만, 행복하다고 말하지는 못하겠습니다. 석방되고 나서도 여전히 교수형을 당하는 악몽을 꿉니다. 이를 악물고 비명을 지르며 잠에서 깹니다. 가족과 다시 관계를 맺으려고 노력하는 것도 너무 힘이 듭니다. 그렇게 오랫동안 떠나 있었는데 어떻게 아이들의 아빠가 될 수 있을까요? 그러나 제가 더 많은 일을 계속하게 해 주는 질문은 바로 이것입니다. '어떻게 하면 모두의 마음을 움직여서 사형수 감옥을 없앨 수 있을까?'

그들은 나를 통해 말한다

두마 쿠말로

1984년, 샤프빌에서 임대료 인상에 반대하는 시위가 있었습니다. 요하네스버그에서 멀지 않은 곳이었습니다. 저는 이 시위에 참여했습니다. 경찰이 총을 쏘기 시작하자 우리는 그 이상의 행동을 하기로 결심했습니다. 참의원(인종차별주의 정권에 놀아나고 있는)을 그의 집에 감금하고 조치를 취할 것을 요구하기로 한 것입니다. 그의 집에 갔을 때 경찰이 다시 총을 쏘기 시작했고, 시위대 중 누군가가 부상을 입었습니다. 저는 그 사람을 도우러 갔고, 그 사이 참의원이 죽었습니다. 3개월 후 저는 참의원 살해자로 체포되었습니다. 사형을 선고받고 3년간 사형수 생활을 했습니다. 저는 사형 집행 불과 15시간 전에 구조되었습니다.

사형수 생활은 묘지에서 사는 것과 같았습니다. 죽은 것이나 다름없었습니다. 누군가가 무덤으로 밀어 넣는 것을 기다리고 있을 뿐이었습니다. 저는 99%의 시간을 죽을 준비를 하는 데 보냈습니다. 이것이 제가 기대할 수 있는 전부였고, 어떤 면에서 우리는 사형대에서 여러 번 죽었습니다. 매 순간 고통 속에 있었으며, 죽음만이 이 상황을 벗어나게 해 줄 것이라고 수없이 생각했습니다.

처형당하지 않을 것이라는 말을 들었을 때, 저는 믿을 수 없었습니다. 그것은 현실이 아닌 꿈에서도 실현되기 힘든 일이었습니다. 잠잘 때마다 탈출하는 꿈을 꾸었습니다. 그러나 아침에 일어나면 여전히 사형수였습니다. 잊을 수 없는 수많은 일이 우리에게 일어났습니다. 그들이 우리 옷을 가져가고 사형복을 줄 때 죽음의 위기에 처한 것을 깨닫습니다. 한번은 그들이 제게 왼쪽 신발 두 짝을 주었는데, 제가 그 사실을 말하자 그들은 "여기서 걸을 일은 없어."라고 말했습니다.

처음에는 증오로 가득 차 있었지만 그래도 저는 운이 좋았습니다. 제 주위에는 우리나라 정치에 대해 가르쳐 준 사람들이 있었습니다. 이런 정치적 이해가 제 경험을 이해하는 데 도움이 되었습니다. 우리가 정치 투쟁을 하고 있다는 것을 알게 되었고, 우리가 이 투쟁에 함께했다는 것을 알게 되었습니다. 진행되고 있는 일들이 제 삶보다 훨씬 더 광범위하다는 것을 알게 되었습

278

니다. 권력자들은 우리를 집단적으로 증오했습니다. 그래서 비난받은 우리는 우리를 체포한 사람들을 더 쉽게 증오할 수 있습니다. 그러나 권력자들이 증오 때문에 더 어리석은 일을 많이 하는 것을 보면서 그들처럼 증오하는 것을 원치 않는다는 것을 알게 되었습니다. 우리가 그들처럼 증오에 사로잡힌다면, 우리도 매우 어리석은 일을 하게 되리라는 것을 깨달았습니다!

투쟁할 때, 우리는 언젠가 비난받을 사람은 권력자들이라는 것을 깨달았고, 이것이 우리가 살아남은 방법이었습니다. 우리는 권력을 전복시켰습니다. 우리는 그들이 우리가 증오할 것이라고 생각한다는 것을 알았습니다. 우리에게 일어난 고통스러운 일에 대해 웃는 것을 배웠을 때, 우리에게 미치는 그들의 영향력은 사라졌습니다.

이것이 어떻게 가능했는지 질문을 받으면 우리 각자에게 오랜 저항의 역사가 있었기 때문이라고 대답합니다. 시내 모처에서 가정부로 일했던 제 어머니에 대해 말하고 싶습니다. 어머니는 우리에게 먹일 설탕, 우유, 빵을 훔쳐서 집으로 가져오곤 했습니다. 주말이면 어머니는 흰색 아동복을 집으로 가져와 빨아서 우리에게 입혔습니다. 그 옷은 주말 동안 우리 옷이었고, 월요일이면 도시로 되돌아갔습니다. 당시에 어머니가 붙잡혔다면 반역죄로 재판을 받았을 것입니다. 자식에 대한 사랑 때문에 극도의 위험을 감수했던 것입니다. 사형수 중 많은 사람은 부모의 사랑을 기억할 수 있었으며, 이것이 그 시기에 우리가 살아남는 데 도움이 되었습니다.

그러나 처형당한 사람들의 목숨을 구하지는 못했습니다. 날마다 사람들이 교수형을 당했습니다. 우리는 많은 사람을 잃었습니다. 그 당시 저는 제가 풀려날 날이 오리라는 것을 알지 못했습니다. 오늘 저를 이끄는 것은 그 이야기를 말하는 것입니다. 그들의 혼이 제 안에 있을 것입니다. 제가 입을 열 때, 그들이 말을 할지도 모르겠습니다. 어쩌면 저를 통해 그들도 자유롭게 될 수 있을 것입니다.

2부: 소집단 반영

여기에서는 두마와 엘리아스의 이야기에 대한 소집단 반영에서 나온 의견과 이야기 일부를 소개한다.

진실 말하기

저는 오늘 아침 이야기를 나눠 준 두 분에게 감사의 말을 전하고 싶습니다. 여러분의 이야기를 통해 제가 오랫동안 역경의 시간 속에서도 희망을 유지하려고 애쓴 것이 떠올랐습니다. 우리나라 호주에도 많은 갈등이 있습니다. 갈등 중 일부는 구조적 인종주의를 어떻게 다룰 것인가, 국민들의 사회적 조건을 어떻게 다룰 것인가 하는 문제입니다. 이 때문에 우리 중 많은 사람이 어떻게 이와 같은 문제에 대응하는 데 도움이 될지 알고 싶어 합니다. 제가 오늘 이 자리에 있다는 것이 몹시 자랑스럽습니다. 여기서 제 이야기가 가치 있게 여겨진 것에 대해서도 감동을 받았습니다. 오늘 들은 이야기를 호주에 가서 전하고 싶습니다. 여러분의 이야기를 진심으로 다시 들을 것입니다. 제 자신에게 이렇게 말할 것입니다. 저는 그 사람들을 만났고, 그들의 이야기를 들었습니다. 그 이야기에서 어떻게 배울 것인가요? 오랫동안 진실을 말하면 보답을 받는다는 것을 믿었습니다. 진실하고 솔직한 방식으로 제 이야기를 하는 것은 저에게 정말로 중요했습니다. 진실을 말하는 것은 치유에 도움이 되며, 그것이 제게는 영성과도 연결됩니다[말린(Marlene), 호주].

'함께 사는 것'을 배우기

얼마 전 에이즈로 저만의 사형 선고를 받았기 때문에, 오늘 아침 나온 이야기에 연결되는 느낌을 받았습니다. 그들은 제게 이 나라의 많은 사람이 에이즈 때문에 수치심을 느끼며 산다는 것을 생각했습니다. 에이즈에 대한 낙인 때문에 많은 사람이 진단 사실 자체를 숨깁니다. 이것이 슬프고 두렵기도 합니다. 저는 에이즈 상담사로 일하며, 공개적으로 그리고 긍정적으로 에이즈와 함께 사는 것을 가능하게 만드는 사람들을 자랑스럽게 느낍니다. 에이즈를 다루는 것은 다른 정치 투쟁과는 다릅니다. HIV(인간면역결핍바이러스) 양성인 우리는 에이즈와 '싸우기'보다는 에이즈와 '함께 사는' 방법을 찾아야 합니다. 저는 우리가 서로에게서 모든 것을 배울 수 있다고 생각합니다[봉가니(Bongani), 남아프리카공화국].

르완다적 관점

예전에 수감자였던 사람의 이야기를 듣는 것이 저로서는 매우 힘든 일이었습니다. 저는 르완다 집단학살에서 살아남은 유일한 직계가족입니다. 무엇보다 먼저, 도대체 왜 예전 수감자들에게 이 모임의 첫 번째 강연을 요청했는지 황당했다고 말하지 않을 수 없습니다. 이 때문에 상당히 긴장했습니다. 르완다에는 10년 전 발생한 집단학살로 10만 명이 수감돼 있습니다. 르완다에 있는 많은 사람들은 집단학살을 저지른 사람들이 어떻게 그렇게 나쁜 짓을 했는지 이해하려고 애쓰고 있습니다. 오늘 아침 예전 수감자가 말한 것처럼 그들의 목소리를 듣게 되어 정말 고마웠습니다. 르완다에서 범죄를 저지른 사람들의 관점에서는 전혀 생각해 보지 않았음을 알게 되었습니다. 오늘 들으면서, 저 자신의 몇 가지 편견을 극복하게 되었고 제 조국에 내해 보다 희망적으로 느끼게 되었습니다[장 밥티스트(Jean-Baptiste), 르완다].

3부: 대집단의 노래와 반영

엘리아스와 두마의 이야기에 대해 노래를 하나 만들었고, 3부 초반에 이 노래를 불렀다. 가사는 다음에 나올 글상자에 있다.
노래를 부른 다음, 대집단에서는 다음과 같은 반영을 했다.

- 오늘 아침 어머니들의 거침없는 저항이 인정되고 존중되는 방식이 좋았습니다. 여자들과 어머니들의 저항은 보통 남자들의 저항만큼 눈에 띄지 않습니다. 그러나 그것은 강력한 의미가 있으며 그래서 오늘 아침 이야기에 매우 감사합니다.
- 사람들이 유머의 중요성에 대해 이야기한 것에 감사합니다.
- 감옥에서 석방된 후에도 계속해서 사람들을 괴롭히는 악몽과 '내면의 풍경' 이미지가 무서웠습니다. 이런 악몽에 시달리는 사람들을 돕기 위해 우리는 무엇을 하고 있나요?
- 교회는 세계 도처에서 일어난 수많은 트라우마 이야기로 복잡합니다. 저는 이것을 해결할 방법을 찾는 데 관심이 있습니다.

- 콰줄루나탈에는 400년 형을 선고받은 사람들이 있는데, 그들은 우리에게 자신이 상처를 준 사람들과 만나게 해 달라고 요청합니다. 그들은 자신들이 절대로 석방되지 않는다는 것을 알지만, 이런 행동이 그들의 삶에 의미를 부여한다고 생각합니다.
- 우리의 기억은 가장 힘겨울 때조차 치유 여정을 계속하도록 우리를 고무시키는 것 같습니다.
- 사람들이 말한 것처럼, 아파르트헤이트 시기에 지하 감옥에서 수년을 보낸 사람들이 우리나라의 발전에 기여할 수도 있는 사람이라는 생각을 해 보았습니다. 지금 그들 중 어떤 사람은 파이프에서 노숙을 하고, 어떤 사람은 자신이 아무 가치가 없다고 말합니다. 이렇게 말하는 사람들은 자신의 가능성을 알지 못합니다.

사형수 감옥에서

묘지에서 산다는 것은
이미 죽었다는 의미야
그저 누군가를 기다리는 것
너를 무덤으로 밀어 넣을 사람

여기에는 어떤 것이 있어
우리가 결코 잊지 못할 그것
나는 왼쪽만 두 짝인 신발을 기억하네
벗어날 수 없다는 느낌을 기억하네

우리는 여러 번 죽었지
사형수 감옥에서
선고를 받았어
꿈속에서는 멀리 날아갔어
하지만 아침이 왔고

희망은 정신이나 정치를 통해서 오지
하나가 되는 것으로
우리는 모든 것을 돌릴 수 있는 방법을 찾았어
웃음은 아름다운 소리야

오늘 나를 움직이는 건
이야기를 하는 것
그들의 영혼이 내 안에 있을 거야
내가 입을 열면 그들이 말을 하는 거야
나를 통해 자유로워질 수 있어

 284

어머니는 마을 어느 집의 가정부였어
우리를 위해 음식을 훔쳐서 집으로 가져왔지
주말이면 어머니가 빨래한 옷들이
우리 것이 되었지

우리는 너무 많은 사람을 잃었어
우리는 그들을 분명히 알고 있어
그들의 이야기를 나누는 것이 우리의 의무인 거야

4부: 엘리아스와 두마의 마무리 소감

엘리아스: 사람들이 한 반영들, 그들이 제 이야기를 듣고 해 준 이야기는 제게 일종의 약이나 치료 같았습니다. 이야기를 들으면서 그것들이 과거 사건으로부터 저를 치료해 주는 작은 알약 같다고 느꼈습니다.

두마: 존엄성을 되찾을 기회를 준 것에 고마움을 느낍니다. 저는 모든 이야기에는 듣는 사람이 필요하다고 생각합니다. 오늘 여러분이 제 이야기를 들어 주었습니다. 여러분은 제가 저의 삶을 진실하게 말할 수 있게 해 주었습니다. 감사드립니다.

다른 주제들

그다음에는 다음과 같은 주제를 다루었다. 285

• 수치심과 죄책감의 경험 탐색

이 회기에서는 두 사람이 수치심과 죄책감의 경험을 받아들이는 여정과 그들이 취한 조치에 대해 인터뷰했다. 독일에서 온 카린 페노-부르마이스터(Karin Penno-Burmeister)는 부모가 국가사회주의자였던 딸의 경험을 말했다. 그녀는 지금 홀로코스트 희생자를 기리는 라델룬트 집중캠프 기념관(Ladelund Concentration Camp Memorial Centre)에서 일하며 살해된 사람의 후손과 가해자의 후손을 연결해 주고 있다. 크리스토 테스나르(Christo Thesnarr)는 백인 아프리카 남성의 관점에서 아파르트헤이트의 역사와 유산을 받아들이는 자기 작업에 대해 말했다.

• 초월에 대한 이야기

이 회기에서는 두 사람이 그들의 과거 사건을 수용하는 여정에 대해 인터뷰했다. 분탄 포마사티트(Bounthanh Phommasathit)는 인도와 중국 간의 전쟁 시기에 라오스에서 성장한 자신의 경험을 말했다. 그녀는 현재 라오스에서 베트남 참전용사인 리 손(Lee Thorn)과 일하고 있는데, 그는 그녀 마을의 폭탄테러에 연루된 사람이다. 호주에서 온 말린 잭카마라(Marlene Jackamarra)는 호주 원주민인 그녀의 경험이 원주민 아동과 가족을 강제로 분리시킨 '도둑맞은 세대(Stolen Generation)'의 결과라는 입장에서 말했다.

• 화해에 대한 이야기

이 회기에서는 두 사람과 화해 관련 여정을 인터뷰했다. 팻 매기가 아일랜드공화국군에 관여했으며 팻이 속한 조직의 폭격으로 사망한 남자의 딸과 화해를 위해 후속 작업을 했다고 말했고, 앤드류 라이스는 평화로운 내일을 위한 9·11 가족의 작업에 대해 말했다.

 286

그다음 이 주제들에 대해 반영하고, 노래를 만들었으며, 모임이 끝날 무렵에는 풍부한 이야기 태피스트리[4]를 만들었다.

그 너머를 바라보기

3일 동안 수많은 이야기를 나눴지만, 최근 분쟁으로 엄청난 수의 사람이 죽었다는 사실을 인정했다. 로벤섬에서 3일을 보내면서 많

---

4) 역주: 여러 가지 색실로 그림을 짜 넣은 직물을 말한다.

은 사람이 중동에서 일어난 최근 사건을 생각했으며, 미래 세대에도 전쟁 점령, 트라우마, 정치적 폭력, 고문 사건의 기억을 치유하기 위한 모임이 필요할지 모른다고 생각했다.

모임에서 모든 나라의 트라우마 기억을 이야기하지는 못했고 그렇게 할 수도 없었지만, 이 모임은 참여자들이 다른 사람 이야기의 증인이 되고 반영하며 그것을 치유적으로 연결하는 의미 있는 이야기하기 의식에 참여할 기회가 되었다. 많은 참여자의 마음을 울린 것 중 하나는 자신의 나라를 변화시키려고 노력하는 과정에서 목숨을 잃은 사람을 기억하는 것이 중요하다는 것이었다. 이것이 모임 마무리 단계에서 르완다인 참여자가 다룬 주제이며, 이런 감정을 담아 '치유 노래의 여정'이라는 가사를 만들었다.

우리는 이 모임을 우리나라의 투쟁에서 목숨을 잃은, 모두가 287
사랑하는 사람들을 기리며 끝내고자 합니다. 떠난 사람들과 우리를 보는 모든 사람을 기억하고 경외하기 위해 잠시 묵념을 하시겠습니까?(장 밥티스트, 르완다)

치유 노래의 여정

우리가 하고 있는 여행은
혼자 하는 것이 아니라네
많은 사람이 앞서 이 길을 걸었지
그리고 미래 세대가 계속 갈 거야

치유를 위한 이 여정
우리가 부르는 이 노래
우리는 이 섬에게 노래를 불러 줄 거야
하늘에게
산에게
바다에게
그리고 오래전에 지나간 사람들에게

맺음말

288

로벤섬에서 케이프타운으로 돌아가는 페리호를 그려 보라. 그 배에는 여러 나라에서 온 칠십 명의 사람이 타고 있다. 그들 모두 지난 3일간 함께한 것에 감사하며 자국의 트라우마 역사에 대처하는 노력을 계속하기 위해 사랑하는 사람과 동료들과 다시 연결되기를 고대하고 있다. 기억치유연구소의 모임과 활동에 대한 더 많은 정보를 원한다면 웹사이트 www.healingofmemories.co.za를 참고하기 바란다.

참고문헌

Denborough, D. 2002: 'Community song-writing and narrative practice.' *Clinical Psychology*, Issue 17, September.

Lapsley, M. 2002: 'The healing of memories.' *The International Journal of Narrative Therapy and Community Work*, No. 2.

White, M. 2004: 'Working with people who are suffering the consequences of multiple trauma: A narrative perspective.' *The International Journal of Narrative Therapy and Community Work*, No. 1.

- 1, 2, 3, 4, 6, 10장은 국제학술지『이야기치료와 공동체 실천(International Journal of Narrative Therapy and Community Work)』의 2005년 2호 1장 '트라우마 대응'에 실렸다.

- 2장 마이클 화이트의 '복합트라우마로 고통받는 사람들과의 이야기치료 작업'은 국제학술지『이야기치료와 공동체 실천』의 2004년 1호에 실렸다.

- 5, 7, 8, 9장은 국제학술지『이야기치료와 공동체 실천』의 2005년 3호 2장 '트라우마 대응'에 실렸다.

- 11장 데이비드 덴보로의 '로벤섬에서 온 이야기: 치유 여행 보고서'는 국제학술지『이야기치료와 공동체 실천』의 2004년 2호에 실렸다.

• 1장

수 만(Sue Mann)은 RespondSA의 아동성학대 팀 치료사이며, 덜위치센터 (Dulwich Centre)의 교사이다. c/o Dulwich Centre Publications로 연락하면 된다.

• 2장

마이클 화이트(Michael White)는 '이야기치료와 공동체 작업'의 설립자 중 한 사람이다. 데이비드 앱스턴(David Epston)과 치료 학문 발달에 특별한 영감 을 준 『치료 목적의 이야기치료(Narrative Means to Therapeutic Ends)』를 공 동 저술했다. 셰릴 화이트(Cheryl White)와 함께 덜위치센터 공동 대표를 맡 고 있다. 그는 지난 20여 년간 보건전문인에 대해 집중훈련 워크숍을 제공하 고 있다. 마이클은 상담 실천을 활발하게 하고 있으며, 시작 단계에서 예상치 못했던 방향의 여정을 구성하는 이야기 대화에 사람들과 함께하는 즐거움을 경험하고 있다.

• 3장

샨티 아루라팔람(Shanti Arulampalam)은 스리랑카 내전의 영향을 받은 공 동체에 대응하기 위해 구성된 협회의 설립자이며 대표이다. 메일 suraso@ eureka.lk로 연락하면 된다.
라라 페레라(Lara Perera)는 콜롬보의 인권단체의 컨소시엄 심리사회 코디네 이터이다. 라라는 최근 유니세프와 일한다. c/o UNICEF, 5 Githanjali Place, Colombo 3, Sri Lanka와 메일 lperera@unicef.org로 연락하면 된다.
사디스 드 멜(Sathis de Mel)은 c/o Arthacharya Foundation 1/16 1/1 Galle Road. Mount Lavinia Sri Lanka와 메일 sulak@mail.ewisl.net으로 연락하면 된다.

- **4장**

수 미첼(Sue Mitchell)은 현재 호주의 빅토리아 지역에 산다. 수년간 도시와 농촌에서 상담사와 공동체 활동가로 일했으며, 최근에는 슈퍼바이저 역할과 가르치는 일을 즐겨 하고 있다. 특히 고문을 포함하여 난민 경험, 성폭력, 다른 폭력과 관련된 트라우마로 어려움을 겪는 사람들과의 작업에 집중하고 있다. 가자지구 팔레스타인 가족과의 최근 작업에 이어 폭력이 진행 중인 상황의 이야기치료 개념에 관심을 두고 있다. 2005년 덜위치센터 교수진에 합류하였다. 메일 sueyfmitchell@yahoo.com.au로 연락이 가능하다.

- **5장**

데이비드 덴보로(David Denborough)는 호주 남부 애들레이드 덜위치센터 출판부의 작가이며, 가수 겸 작사가이다. 그는『감옥을 벗어나기: 자유의 꿈 모으기(Beyond the Prison: Gathering Dreams of Freedom)』『가족 치료: 과거와 현재, 가능한 미래 영역 탐구(Family Therapy: Exploring the Field's Past, Present and Possible Futures)』『동성애자 상담과 이야기치료 실천(Queer Counselling and Narrative Practice)』『생각의 공동체: 장면의 배후(A Community of Ideas: Behind the Scenes)』와 『트라우마: 트라우마 경험에 대한 이야기치료 대응(Trauma: Narrative Response to Traumatic Experience)』의 책 다섯 권을 편집했다. 데이비드는 해마다 6개월 정도 세계 여러 지역에서 이루어지는 희망적인 공동체 작업과 상담 실천 이야기와 노래를 기록하는 여행을 한다. 여행을 하지 않을 때는 애들레이드에서 지낸다. 덜위치센터 출판사를 통해 연락이 가능하다.

- **6장**

야엘 게르쇼니(Yael Gershoni)는 이스라엘 텔아비브의 바르카이 결혼과 가족치료 연구소(Barcai Institute for Marriage and Family Therapy)에서 일한다. 야엘은 1990년부터 이야기치료로 작업을 해 왔으며, 이 관점으로 세상을 바라본다. 야엘은 거식증과 과식증을 겪는 여성과 십 대에게 특별한 관심이 있으며, 사랑하는 사람을 잃은 사람, 트라우마 후 영향으로 고통을 겪는 테러 공격 희생자들과 작업한다. c/o Barcai Institute, 5 Tulval Street, Tel Aviv 67897, Isarael과 메일 barcai@barak.net.il로 연락하면 된다.

- **7장**

마이클 화이트에 대한 정보는 2장의 설명을 참조하기 바란다.

• 8장

빌랄 하송(Bilal Hassounh), 이만 자오우니(Iman Ja'ouni), 디마 알 티비 (Deema Al Tibi), 아마니 알 자말(Amani Al-Jamal), 마리암 부르칸(Maryam Burqan)과 위삼 압달라(Wisam Abdallah)는 c/o the Treatment and Rehabilitation Centre for Victims of Torture(TRC). Al-Ersal ST. Al-Isra'a Building, 7th Floor P.O. Box 468 Ramallah, Palestine, Tel.:+972 2 2961710, 2963932, Fax: +972 2 2989123으로 연락이 가능하다. 메일은 info@trc-pal. org이고 TRC 웹사이트는 www.trc-pal.org이다.

• 9장

쇼나 러셀(Shona Russell)은 호주 남부, 애들레이드 덜위치센터 상담사이며 이야기 실천 교사이다. 덜위치센터 출판부를 통해 연락이 가능하다.

모니라 라만(Monira Rahman)은 염산테러생존자재단(Acid Survivors Foundation)의 대표이며, 조직의 공동 대표 두 명 중 한 명이다. 모니라는 13년 간 성폭력 및 염산테러 희생자와 일했다. 염산테러생존자재단은 인류애에 반 하는 이러한 범죄를 예방하고, 희생자의 권리를 보호하고 증진하기 위해 일하 는 특별한 조직이다. 모니라는 메일 asf@acidsurvivors.org로 연락이 가능하다.

이 장을 쓸 때 마거릿 라이언(Margaret Ryan)은 방글라데시에서 상담사로 일했 다. 지금은 로마에서 일하며, 덜위치센터 출판부를 통해 연락이 가능하다.

• 10장

사비오나 크라메르(Saviona Cramer)와 야엘 게르쇼니는 이스라엘의 텔아비브 에 있는 바르카이 결혼과 가족치료 연구소에서 일한다. 사비오나는 15년 동안 이야기치료를 실천하고 가르치며 이를 만끽해 왔다. 그녀는 다양한 문화 출신 의 사람들과 다채로운 문제에 대해 상담을 해 왔다. 야엘은 1990년부터 이야기 치료로 작업을 해 왔으며, 이 관점으로 세상을 바라본다. 야엘은 거식증과 과 식증을 겪는 여성과 십 대에게 특별한 관심을 갖고 있으며, 사랑하는 사람을 잃은 사람, 트라우마 후 영향으로 고통을 겪는 테러 공격 희생자들과 작업한 다. c/o Barcai Institute, 5 Tuval Street, Tel Aviv 67897, Isarael과 메일 barcai@ barak.net.il로 연락하면 된다.

• 11장

데이비드 덴보로에 대해서는 5장의 설명을 참조하기 바란다.

역자 소개

이경욱(Lee, Gyeung Uk)
원광디지털대학교 사회복지학과 교수로, 한국이야기치료학회장을 역임하였
다. 강점 관점과 이야기 접근으로 아동과 가족, 노인과 중독 분야에서 사람들
과 함께 삶의 이야기를 다시 쓰는 작업을 하고 있다. 주요 연구물로는 『이야기
치료의 이론과 실제』(공역, 학지사, 2006), 『416세월호 참사 관련 심리사회적
지원에 대한 질적 연구』(공저, 안산온마음센터, 2015), 「단원고 학생 생존자 및
가족 대상 실태조사 연구」(공저, 4 · 16세월호참사 특별조사위원회, 2016) 등이
있다.

유은주(Yu, Eun Ju)
원광디지털대학교 사회복지학 외래교수로, 사람들의 목소리를 충실하게 실어
나르는 데 뜻을 둔 질적 연구자이다. 4 · 16 세월호 참사 이후 이야기가 정의 실
현과 트라우마 회복에 기여할 수 있는 방안을 모색하고 있다. 주요 연구물로는
『416세월호 참사 관련 심리사회적 지원에 대한 질적 연구』(공저, 안산온마음센
터, 2015), 「단원고 학생 생존자 및 가족 대상 실태조사 연구」(공저, 4 · 16세월
호참사 특별조사위원회, 2016), 『강원도 평화지역 여성의 분단경험과 일상』(공
저, 강원도여성가족연구원, 2019) 등이 있다.

김민화(Kim, Min Hwa)

신한대학교 유아교육과 교수로, 한국독서치료학회장을 역임하였고 현재는 한국이야기치료학회장을 맡고 있다. 책 읽기와 글쓰기가 가장 중요한 교육이자 치유라고 보고, 누구나 자신을 이야기할 수 있는 세상을 만들고 싶어 한다. 주요 연구물로는 『허클베리 핀 길들이기』(역, 이너북스, 2008), 「엄청나게 시끄럽고 믿을 수 없게 가까운 독서치료 자료에서의 외상후성장 의미탐색」(한국독서치료학회, 2014), 『내러티브 메디슨』(공역, 학지사, 2019) 등이 있다.

신정식(Shin, Jeong Sik)

기쁨나눔재단 인도적심리사회지원단 단장으로, 정신건강사회복지사, 내러티브상담전문가, 표현예술치료사로 활동하고 있다. 몸과 마음, 예술과 이야기를 잇는 치유 작업을 하며 국내외 재난과 트라우마 현장에서 활동한다.

트라우마 이야기치료

Trauma: Narrative Responses to Traumatic Experience

2020년 1월 20일 1판 1쇄 인쇄
2020년 1월 30일 1판 1쇄 발행

엮은이 • David Denborough
옮긴이 • 이경욱 · 유은주 · 김민화 · 신정식
펴낸이 • 김진환
펴낸곳 • ㈜ **학지사**

04031 서울특별시 마포구 양화로 15길 20 마인드월드빌딩
대표전화 • 02-330-5114   팩스 • 02-324-2345
등록번호 • 제313-2006-000265호

홈페이지 • http://www.hakjisa.co.kr
페이스북 • https://www.facebook.com/hakjisa

ISBN 978-89-997-1997-4 93180

정가 15,000원

이 도서의 국립중앙도서관 출판시도서목록(CIP)은 서지정보유통지
원시스템 홈페이지(http://seoji.nl.go.kr)와 국가자료공동목록시스템
(http://www.nl.go.kr/kolisnet)에서 이용하실 수 있습니다.
(CIP 제어번호: CIP2019052012)

출판 · 교육 · 미디어기업 **학지사**
간호보건의학출판 **학지사메디컬** www.hakjisamd.co.kr
심리검사연구소 **인싸이트** www.inpsyt.co.kr
학술논문서비스 **뉴논문** www.newnonmun.com
원격교육연수원 **카운피아** www.counpia.com